国家骨干院校重点建设专业校企合作教材

Gonglu Shigong Jishu
公路施工技术

莫延英　贾富贵　主编
　　　　赵进友　主审

人民交通出版社

内 容 提 要

本书为国家骨干院校重点建设专业校企合作教材。本书以路基路面施工为主线，共设置了 2 个模块、12 个学习项目。路基工程施工技术模块主要包括：识读路基工程施工图、路基施工准备、一般路基施工技术、路基排水工程施工技术、路基防护与加固施工技术、特殊地区的路基施工技术、路基工程质量与检验评定；路面工程施工技术模块主要包括：路面工程施工准备、路面基层（底基层）施工技术、沥青路面施工技术、水泥混凝土路面施工技术、路面工程质量检验与评定。

本书可作为高职高专道路桥梁工程技术专业、公路监理专业等交通土建类专业教材，也可供继续教育和职业培训使用。

图书在版编目(CIP)数据

公路施工技术 / 莫延英主编. --北京：人民交通出版社，2014.5
国家骨干院校重点建设专业校企合作教材
ISBN 978-7-114-11315-4

Ⅰ.①公… Ⅱ.①莫… Ⅲ.①道路施工－工程技术－高等职业教育－教材 Ⅳ.①U415.6

中国版本图书馆 CIP 数据核字(2014)第 057170 号

国家骨干院校重点建设专业校企合作教材

书　　名：	公路施工技术
著 作 者：	莫延英　贾富贵
责任编辑：	尤晓昕
出版发行：	人民交通出版社
地　　址：	(100011)北京市朝阳区安定门外外馆斜街 3 号
网　　址：	http://www.ccpress.com.cn
销售电话：	(010)59757973
总 经 销：	人民交通出版社发行部
经　　销：	各地新华书店
印　　刷：	北京鑫正大印刷有限公司
开　　本：	787×1092　1/16
印　　张：	13.5
字　　数：	334 千
版　　次：	2014 年 5 月　第 1 版
印　　次：	2019 年 5 月　第 3 次印刷
书　　号：	ISBN 978-7-114-11315-4
定　　价：	39.00 元

(有印刷、装订质量问题的图书由本社负责调换)

青海交通职业技术学院

国家骨干院校重点建设专业校企合作教材编审委员会
道路桥梁工程技术专业建设委员会

主 任 委 员	李文时
副主任委员	刘建明　王海春　李元庆　张建明
	陈湘青　许　云
委　　　员	段国胜　严莉华　商　可　李海岩
	莫延英　李令喜　尹　萍　姚青梅
企 业 委 员	史国良　王文祖　王　毅　夏长青
	刘　宁　杨洪福　徐昌辉　吴海涛
	王伦兵　张发军

序

2010年青海交通职业技术学院跻身于全国百所骨干高职院校行列，成为青藏高原和西北地区唯一一所交通运输类国家骨干高职院校，道路桥梁工程技术专业及专业群是中央财政重点支持建设的项目之一。

道路桥梁工程技术专业是青海省唯一培养道路桥梁大、中专学历层次的专业。经过了35年的发展，形成了青藏高原特色鲜明的专业底蕴。近年来在"以就业为导向，以服务为宗旨，走产学研结合的发展道路"的办学方针指导下，结合行业和区域需求，突出职业教育的特点，积极探索校企合作培养模式，深化"校企合作、工学结合"的人才培养模式，形成符合"自然条件恶劣、地理条件复杂、工程建设艰难"特点的"知行合一、项目贯通、三合三段"的工学结合人才培养模式。

本套教材基于道路桥梁工程技术专业"知行合一、项目贯通、三合三段"的工学结合人才培养模式，在企业调研的基础上，吸收高职高专专业建设与课程体系开发的先进理念，结合现代教育技术，以"勘察设计、招标与投标、材料试验与应用、施工与组织、验收与评定"5个专业核心能力为目标，按照专业与产业和职业岗位对接、专业课程内容与职业标准对接、教学过程与生产过程对接、学历证书与职业资格证书对接、职业教育与终身学习对接的"五对接原则"，组织企业技术人员和学院教师共同编写，体现了学校教学和企业实践的有机统一，并严格贯彻最新的技术标准和行业规范，突出高原特色。编写过程中注重教学对象的认识能力和认知规律，采用图文结合的形式，力求直观明了，提高学生职业素养和职业能力，做到理论够用、重在实践。

本教材的主要特点：

1. 从企业需求出发，重塑教学目标

本教材是从企业的需要及学生职业发展出发，让学生通过对专业学习，能够切实找到自己的职业发展方向或能更好地适应未来企业的用人需要。

2. 从人才培养的目标出发，重整教学内容

根据道路桥梁工程技术专业人才培养目标，与企业合作进行职业岗位分析，确定道路桥梁工程技术专业岗位和岗位群，根据行动体系重新构建学习领域，以工作过程为导向培养学生的知识和能力。

本教材在编写过程中参考了近5年来不同版本的相关教材和规范规程，在此谨向各位参考文献编写的专家们致以诚挚的谢意！

青海交通职业技术学院
国家骨干院校重点建设专业校企合作教材编审委员会
道路桥梁工程技术专业建设委员会
2012年12月

前　言

　　本书主要内容包括：识读路基工程施工图、路基施工准备、一般路基施工技术、路基排水工程施工技术、路基防护与加固施工技术、特殊地区路基施工技术、路基工程质量检验与评定、路面工程施工准备、路面基层(底基层)施工技术、沥青路面施工技术、水泥混凝土路面施工技术、路面工程质量检验与评定等。

　　本书由青海交通职业技术学院莫延英、青海省育才公路工程试验检测中心贾富贵主编，青海第三路桥建设有限公司赵进友主审。其中项目一、二、三、八由青海交通职业技术学院莫延英编写；项目四、五由青海交通职业技术学院严莉华编写；项目六由青海交通职业技术学院李令喜编写；项目七、十二由青海省育才公路工程试验检测有限公司贾富贵编写；项目九由青海交通职业技术学院尹萍编写；项目十、十一由青海交通职业技术学院段国胜编写。

　　由于编者水平有限，书中不当之处在所难免，敬请读者批评指正。

编　者
2012 年 12 月

目 录

模块一 路基工程施工技术

项目一 识读路基工程施工图 1
 任务一 认知影响路基强度与稳定性的因素 1
 任务二 认知路基干湿类型及力学特性 3
 任务三 认知路基土分类与分级 5
 任务四 识读路基横断面图 7

项目二 路基施工准备 12
 任务一 组织准备 12
 任务二 技术准备 13
 任务三 物资准备 25
 任务四 现场准备 26

项目三 一般路基施工技术 28
 任务一 路基填料选择及试验路段铺筑 28
 任务二 路基施工机械的选型与配套 30
 任务三 填方路基施工技术 34
 任务四 挖方路基施工技术 41

项目四 路基排水工程施工技术 45
 任务一 路基地面排水工程施工技术 45
 任务二 路基地下排水工程施工技术 52

项目五 路基防护与加固施工技术 57
 任务一 路基防护工程施工技术 57
 任务二 路基加固工程施工技术 61

项目六 特殊地区路基施工技术 69
 任务一 软土地区路基施工技术 69
 任务二 盐渍土地区路基施工技术 73
 任务三 黄土地区路基施工技术 76
 任务四 多年冻土地区路基施工技术 78

项目七 路基工程质量检验与评定 81
 任务一 路基整修 81
 任务二 路基工程质量检验与评定 82

模块二 路面工程施工技术

项目八 路面工程施工准备 ·· 89
    任务一 识读路面工程施工图 ·· 89
    任务二 路面面层施工放样 ·· 92
    任务三 路面施工机械设备的选型与配套 ······························· 94

项目九 路面基层(底基层)施工技术 ····································· 106
    任务一 基层(底基层)材料准备 ·· 106
    任务二 基层(底基层)混合料组成设计及试验路段铺筑 ················· 113
    任务三 粒料类基层(底基层)施工技术 ································· 118
    任务四 稳定类基层(底基层)施工技术 ································· 123

项目十 沥青路面施工技术 ··· 132
    任务一 沥青路面材料准备 ·· 132
    任务二 热拌沥青混合料路面试验路段铺筑 ····························· 139
    任务三 热拌沥青混合料路面施工技术 ·································· 144
    任务四 沥青表面处治路面施工技术 ···································· 153
    任务五 沥青贯入式路面施工技术 ······································ 157

项目十一 水泥混凝土路面施工技术 ··································· 163
    任务一 水泥混凝土路面材料准备 ······································ 163
    任务二 水泥混凝土路面施工技术 ······································ 169
    任务三 水泥混凝土路面接缝施工技术 ·································· 182

项目十二 路面工程质量检验与评定 ··································· 190
    任务一 路面工程质量检验一般规定 ···································· 190
    任务二 路面工程质量检验与评定 ······································ 191

参考文献 ··· 203

模块一 路基工程施工技术

项目一 识读路基工程施工图

任务一 认知影响路基强度与稳定性的因素

知识目标

熟悉设计文件,在充分领会设计文件意图的基础上,结合路基设计规范,正确理解影响路基强度和稳定性的因素。

能力目标

结合相关规范,能够将影响路基强度和稳定性的因素在实际工程中应用。

一、影响路基强度与稳定性的因素

路基是按照路线位置和一定的技术要求修筑的带状构造物,是路面的基础,承受由路面传递下来的行车荷载。路床是指路面底面以下80cm范围的路基部分,其中0~30cm路基范围称为上路床,30~80cm称为下路床。路基边坡是指路基两侧的坡面部分,经常承受各种自然因素的侵蚀和破坏作用,因此,对路基边坡要进行适当的防护和加固。路基按其形式可分为整体式路基和分离式路基。

路基是裸露在大气中的空间带状结构物,其稳定性在很大程度上由当地自然条件所决定。因此,深入调查公路沿线的自然条件,从总体到局部,从大区域到具体路段的自然情况,掌握其规律及对路基稳定性的影响,因地制宜地采取有效的工程措施,以确保路基具有足够的强度和稳定性。影响路基强度与稳定性的因素主要有:

1. 自然因素

1)工程地质和水文地质条件

沿线的地质条件,如岩石的种类、成因、节理,风化程度和裂隙情况,岩石走向、倾向、倾角、层理和岩层厚度,有无夹层或遇水软化的夹层,以及有无断层或其他不良地质现象(岩溶、冰川、泥石流、地震等)都对路基的稳定性有一定的影响。水文地质条件包括地下水位,地下水移动的规律,有无层间水、裂隙水、泉水等。这些因素均对路基的稳定性有直接的影响。

2) 水文与气候条件

水文条件如公路沿线地表水的排泄、河流洪水位、常水位、有无地表积水和积水时期的长短、河岸的淤积情况等,气候条件如气温、降水、湿度、冰冻深度、日照、蒸发量、风向、风力等都会影响公路沿线地面水和地下水的状况,并且影响到路基的水文情况。这些因素都会严重影响路基的稳定性。

3) 地理条件

公路沿线的地形、地貌和海拔高度不仅影响路线的选定,也影响到路基的设计。平原、丘陵、山岭各区地势不同,路基的水文情况也不同。平原区地势平坦,排水困难,地表易积水,地下水位相应较高,因而路基需要保持一定的最小填土高度;对于丘陵区和山岭区,地势起伏较大,路基排水设计至关重要,否则会导致稳定性下降,出现破坏现象,影响路基的稳定性。

4) 土质条件

土是修筑路基的基本材料,不同的土类具有不同的工程性质,因而将直接影响路基的强度与稳定性。不同的土类含有不同粒径的土颗粒,砂粒成分多的土,强度构成以内摩擦力为主,强度高,受水的影响小,但施工时不易压实。黏粒成分多的土,强度形成以黏聚力为主,其强度随密实程度的不同,变化较大,并随湿度的增大而降低。粉土类土毛细现象强烈,路基路面的强度和承载力随着毛细水上升、湿度增大而下降,在负温度坡差作用下,水分通过毛细作用移动并积聚,使局部土层湿度大幅度增加,造成路基冻胀,最后导致路基翻浆破坏。

2. 人为因素

影响路基稳定的人为因素主要有:路基设计是否合理,施工是否规范,养护是否及时等。

二、公路自然区划

我国各地气候、地形、地貌、水文地质等自然条件相差很大,而这些自然条件与公路建设密切相关。为区分不同地理区域自然条件对公路工程影响的差异性,并在路基路面的设计、施工和养护中采取适当的技术措施及采用合适的设计参数,以体现各地公路设计、施工与养护的特点,侧重解决突出的问题,以保证路基、路面的强度和稳定性。

为使自然区划便于在实践中应用,结合我国地理、气候特点,将全国的公路自然区划分为三个等级。

一级区划首先将全国划分为多年冻土、季节冻土和全年不冻三大地带,再根据水热平衡和地理位置,划分为冻土、湿润、干湿过渡、湿热、潮暖、干旱和高寒 7 个大区。

Ⅰ——北部多年冻土区;

Ⅱ——东部湿润季冻区;

Ⅲ——黄土高原干湿过渡区;

Ⅳ——东南湿热区;

Ⅴ——西南潮暖区;

Ⅵ——西北干旱区;

Ⅶ——青藏高寒区。

二级区划是在每个一级区划内,以潮湿系数为依据,再结合各个大区的地理、气候特征(如雨季、冰冻深度)、地貌类型、自然病害等因素,将全国分为 33 个二级区划和 18 个二级副区划。

三级区划是二级区划的具体化。

任务实施

详细阅读项目设计文件说明,结合相关规范及标准,充分领会项目设计意图,正确理解影响路基强度与稳定性的因素。

(1)正确理解设计文件总说明及路基路面分篇说明中关于本项目所在地自然因素、环境条件等资料的调查说明及本项目所处公路自然区划。

(2)在相关知识学习的基础上,结合项目载体和相关技术标准及规范,找出影响本项目路基强度与稳定性的主要自然因素。

复习思考题

1. 影响路基强度与稳定性的因素有哪些?
2. 试述保证路基强度与稳定性的措施。
3. 划分公路自然区划的目的是什么?

任务二 认知路基干湿类型及力学特性

知识目标

结合相关规范,正确理解路基干湿类型、路基临界高度及路基力学特性等基本概念。

能力目标

结合相关规范,在理论知识学习的基础上,能在工程实际中正确运用路基干湿类型、路基临界高度及路基力学特性等基本理论。

一、路基干湿类型

路基干湿类型表示路基工作时,路基所处的含水状态。它直接影响路基的强度与稳定性,并在很大程度上影响路面结构设计。路基按干湿状态不同,分为干燥、中湿、潮湿、过湿4种类型。为保证路基路面结构的稳定性,一般要求路基处于干燥或中湿状态。

我国现行《公路沥青路面设计规范》(JTG D50—2006)的规定,对于改建公路,用分界稠度作为土基干湿类型的判断依据,按实测不利季节路床顶面以下80cm深度内土的平均稠度判断。

对于新建公路,土基干湿类型需根据自然区划、临界高度等综合论证确定。

二、路基临界高度与最小填土高度

1. 路基临界高度

路基临界高度是指在不利季节当路基处于某种干湿状态时,路槽底面距地下水位或地表长期积水位的最小高度,可根据土质、气候因素按当地经验确定。

2. 路基最小填土高度

路基最小填土高度是指为保证路基稳定,根据土质、气候和水文地质条件所规定的路肩边缘距原地面的最小高度。为利于排水,干燥路基最小填土高度规定为:细粒土质砂0.3～

0.5m；黏质土0.4~0.7m；粉质土0.5~0.8m。

挖方或填筑路堤有困难的地段可加深边沟，使路肩边缘距边沟底面的高度符合上述规定。当路基填土高度不能满足上述规定时，则应采取相应的措施，以保证路基的强度与稳定。

沿河受水浸淹的路基高度，应高出路基设计洪水频率计算水位加壅水高，再加波浪侵袭高以上0.5m。

三、路基受力状况与路基工作区

1. 路基受力状况

路基承受两种荷载，一种是路基路面自重产生的荷载，另一种是车辆轴重产生的荷载。在两种荷载的共同作用下，路基土在一定范围内，处于受力状态。正确的设计应使路基土在轮载作用下只产生弹性变形，当车辆驶过后，路基可以恢复原状，这样可以保证路基的相对稳定，而不致引起路面的破坏。

若假定车轮荷载为一圆形均布垂直荷载，路基为一弹性均质半空间体，路基内任一点处的垂直应力，应是由车辆荷载引起的垂直应力和由土基自重引起的垂直应力的叠加。

2. 路基工作区

在路基的某一深度处，车辆荷载引起的应力与路基自重引起的应力相比只占一小部分（1/5~1/10），在此深度以下，车辆荷载对土基的作用影响很小，可以忽略不计。将此深度Z_a范围内的路基称为路基工作区。路基工作区的深度Z_a随车轮荷载的增大而加深。

路基工作区内，土基的强度和稳定性对保证路面结构的强度和稳定性尤为重要。工作区深度内土质的选择及路基的压实度应满足设计要求。当工作区深度大于路基填土高度时，行车荷载的作用不仅施加于路堤，而且施加于地基的上部土层，因此，天然地基上部土层和路堤应同时满足工作区的要求，均应进行充分压实。

3. 路基土的应力应变特性

路面结构的损坏除了它本身的原因之外，路基的变形过大是重要原因之一。路基土的变形包括弹性变形和塑性变形两部分。过大的塑性变形将导致各种沥青路面产生车辙和纵向不平整，对于水泥混凝土路面，路基土的塑性变形将引起板块断裂。弹性变形过大将使得沥青面层和水泥混凝土面板产生疲劳开裂。在路面结构总变形中，土基的变形占很大部分，约占70%~95%，所以提高路基土的抗变形能力是提高路基路面结构整体强度和刚度的重要因素。

理想的线性弹性体在一定的应力范围内，应力与应变的关系呈线性特性，而且当应力消失时，应变随之消失，恢复到初始状态。但路基土的内部结构十分复杂，路基土为弹塑性体，由固相、液相和气相三部分所组成，固相部分又由不同成分、不同粒径的颗粒所组成，所以路基土在应力作用下呈现的变形特性同理想的线性弹性体有很大区别。压入承载板试验是研究土基应力应变特性最常用的一种方法，这种方法是以一定尺寸的刚性承载板置于土基顶面，逐级加荷卸荷，记录施加于承载板上的荷载及由该荷载所引起的沉降变形，根据试验结果，可绘出土基顶面压应力与回弹变形的关系曲线。根据弹性力学理论，通过试验测得的回弹变形计算出土基的回弹模量。土基回弹模量是表征土基承载能力的指标之一。

任务实施

结合相关规范及标准，在相关知识学习的基础上，能在工程实际中正确运用路基干湿类型、路基临界高度及路基力学特性等基本理论，处理路基强度与稳定性的问题。

复习思考题

1. 什么是路基干湿类型？如何划分路基干湿类型？
2. 什么是路基临界高度？
3. 什么是路基最小填土高度？
4. 什么是路基工作区？
5. 简述路基土的应力应变特性。

任务三　认知路基土分类与分级

结合相关规范及规程，掌握路基土的分类及分级，了解路基土的工程性质。

熟悉设计文件，在充分领会设计文件意图的基础上，根据路基土的工程性质，进行路基土的分类及分级，正确选择路基填料，核算工程量。

一、路基土分类及工程性质

我国公路用土依据土的颗粒组成特征、土的塑性指标和土中有机质存在的情况，分为巨粒土、粗粒土、细粒土和特殊土4类，并进一步细分为11种土，如图1-1所示。

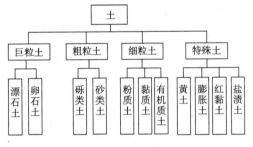

图1-1　公路用土的分类

土的颗粒组成特征用不同粒径粒组在土中的百分含量表示。不同粒组的划分界限及范围见表1-1。

粒组划分　　　　　　　　　　　　　　　　　　　　表1-1

200		60	20		5	2		0.5	0.25	0.075		0.002(mm)
巨粒组			粗粒组								细粒组	
漂石	卵石		砾(角砾)				砂				粉粒	黏粒
(块石)	(小块石)		粗	中	细	粗		中	细			

巨粒组（大于60mm的颗粒）质量多于总质量50%的土称为巨粒土。巨粒土分为漂石土和卵石土。

粗粒土分砾类土和砂类土两种。砾粒（2～60mm的颗粒）质量多于总质量50%的土称为

5

砾类土,砾粒质量少于或等于50%的土称为砂类土。

土中细粒组(小于0.075mm的颗粒)质量多于总质量50%的土总称为细粒土,土中粗粒组(2~60mm颗粒)质量少于总质量25%的土称为细粒土,粗粒组质量为总质量25%~50%的土称为含粗粒的细粒土,含有机质的细粒土称为有机质土。

特殊土主要包括黄土、膨胀土、红黏土和盐渍土。黄土、膨胀土、红黏土塑性指数和液限划分,根据塑性图上的位置定名。黄土属低液限黏土(CLY),分布范围大部分在A线以上,$w_L<40\%$;膨胀土属高液限黏土(CHE),分布范围大部分在A线以上,$w_L>50\%$;红黏土属高液限粉土(MHR),分布位置大部分在A线以下,$w_L>55\%$。

盐渍土按照土层中所含盐的种类和质量百分率进行分类,分为弱盐渍土、中盐渍土、强盐渍土、过盐渍土。

各类公路用土具有不同的工程性质,在选择路基填筑材料以及修筑稳定土路面结构层时,应根据不同的土类分别采取不同的工程技术措施。

巨粒土包括漂石(块石)和卵石(块石),有很高的强度和稳定性,是填筑路基良好的材料,亦可用于砌筑边坡。

级配良好的砾石混合料,密实程度好,强度和稳定性均能满足要求。除了填筑路基之外,可以用于铺筑中级路面,经适当处理后可以铺筑高级路面的基层、底基层。砂土无塑性,透水性强,毛细上升高度小,具有较大的内摩擦系数,强度和水稳定性均好,但砂土黏结性小,易于松散,压实困难,但是经充分压实的砂土路基,压缩变形小,稳定性好。为了加强压实和提高稳定性,可以采用振动法压实,并可掺加少量黏土,以改善级配组成。

砂性土既含有一定数量的粗颗粒,又含有一定数量的细颗粒,级配适宜,强度与稳定性等均能满足要求,是理想的路基填筑材料。如细粒土质砂土,其粒径组成接近最佳级配,遇水不粘着,不膨胀,雨天不泥泞,晴天不扬尘,便于施工。

粉性土含有较多的粉土颗粒,干时虽有黏性,但易于破碎,浸水时容易成为流动状态。粉性土毛细作用强烈,毛细上升高度大(可达1.5m)。在季节性冰冻地区容易造成冻胀、翻浆等病害。粉性土属于不良的公路用土,如必须用粉性土填筑路基,则应采取技术措施改良土质并加强排水、采取隔离水等措施。

黏性土中细颗粒含量多,土的内摩擦系数小而黏聚力大,透水性小而吸水能力强,毛细现象显著,有较大的可塑性。黏性土干燥时较坚硬,施工时不易破碎。浸湿后能长期保持水分,不易挥发,因而承载力小。对于黏性土如在适当含水率时加以充分压实和设置良好的排水设施,筑成的路基也能获得稳定。

重黏土工程性质与黏性土相似,但其含黏土矿物成分不同时,性质有很大差别。黏土矿物主要包括蒙脱土、高岭土、伊里土。蒙脱土主要分布在东北地区,其塑性大,吸湿后膨胀强烈,干燥时收缩大,透水性极低,压缩性大,抗剪强度低。高岭土分布在南方地区,其塑性较低,有较高的抗剪强度和透水性,吸水和膨胀量较小。伊里土分布在华中和华北地区,其性质介于上述两者之间。重黏土不透水,黏聚力特强,塑性很大,干燥时很坚硬,施工时难以挖掘与破碎。

总之,土作为路基建筑材料,砂性土最优,黏性土次之,粉性土属不良材料,最容易引起路基病害,重黏土特别是蒙脱土也是不良的路基土。此外,还有一些特殊土类,如有特殊结构的土(黄土)、含有机质的土(腐殖土)以及含易溶盐的土(盐渍土)等,用以填筑路基时必须采取相应技术措施。

二、路基土的工程分级

在施工中路基土、石按其开挖时的难易程度,可分为十六级。路基土石工程分级见表1-2。

土 石 工 程 分 级　　　　　　　　　　　　　　　表1-2

公路工程定额分类	松土	普通土	硬土	软石	次坚石	坚石
十六级分类	Ⅰ-Ⅱ	Ⅲ	Ⅳ	Ⅴ-Ⅵ	Ⅶ-Ⅸ	Ⅹ-ⅩⅩⅠ

注:土石方划分的主要因素是是否需要爆破。

三、天然密实与压实方

断面方:路基横断面设计图所显示的填挖方工程量,包含填方和挖方,填方按压实后的体积计算,称为"压实方";挖方是天然密实体积计算,称为"天然密实方"。定额规定:当以填方压实体积为工程量,采用天然密实方为计量单位的定额时,所采用的定额应乘以调整系数,调整系数见表1-3。

定 额 调 整 系 数　　　　　　　　　　　　　　　表1-3

公路等级	土 方				石方
	松土	普通土	硬土	运输	
二级以上公路	1.23	1.16	1.09	1.19	0.92
三、四级公路	1.11	1.05	1.00	1.08	0.84

任务实施

(1)能运用相关规范及标准,在相关知识学习的基础上,能根据路基土的工程性质,合理选择路基填料,能进行路基土的工程分类和分级。

(2)根据某项目路基土石方数量表,确定本项目路基土的类型,并进行路基土石方数量的核算,注意断面方、天然密实方、压实方之间的关系。

复习思考题

1.简述路基土的分类及工程性质。

2.路基土的工程分级如何划分?

3.什么是断面方?什么是天然密实方?什么是压实方?

任务四　识读路基横断面图

结合相关规范,掌握路基横断面图的形式及路基各部分尺寸、路基设计表的内容。

能运用相关规范及标准,正确识读路基横断面图、路基设计表。

路基设计之前,应做好全面调查研究,充分收集沿线地质、水文、地形、地貌、气象、地震等设计资料。根据当地自然条件和工程地质条件,选择适当的路基横断面形式和边坡坡度。河谷地段不宜侵占河床,可视具体情况设置其他的结构物和防护工程。陡坡上的半填半挖路基,可根据地形、地质条件,采用护肩、砌石或挡土墙。

路基横断面形式及尺寸,应符合《公路工程技术标准》(JTG B01—2003)的有关规定和要求。

1. 路基宽度

路基宽度是指在一个横断面上两侧路肩外缘之间的宽度。路基宽度一般为车道宽度与路肩宽度之和,但应按技术等级及具体要求的不同,除上述宽度外,当设有中间带、加(减)速车道、爬坡车道、错车道、慢行车道或路用设施(如护栏、照明、绿化)等可能占用的宽度时应计入这些宽度,如图1-2、图1-3所示。各等级公路的路基宽度见表1-4。路面宽度根据设计通行能力及交通量大小而定,每个车道宽度见表1-5。中间带应设置必要的安全、防眩和导向等设施,其宽度见表1-6。路肩宽度应尽可能增大,一般取1~3m,见表1-7。

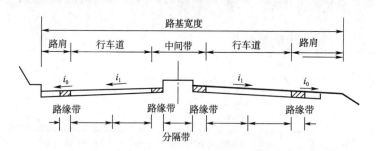

图1-2 高等级公路路基横断面设计图　　　图1-3 一般公路路基横断面设计图

公路路基宽度　　　　　　　　　　　　　　　　表1-4

公路等级		高速、一级公路								
设计速度(km/h)		120			100			80		60
车道数		8	6	4	8	6	4	6	4	4
路基宽度(m)	一般值	45.00	34.50	28.00	44.00	33.50	26.00	32.00	24.50	23.00
	最小值	42.00	—	26.00	41.00	—	24.50	—	21.50	20.00
公路等级		二、三、四级公路								
设计速度(km/h)		80		60	40		30	20		
车道数		2		2	2		2	2或1		
路基宽度(m)	一般值	12.00		10.00	8.50		7.50	6.50(双车道)		4.50(单车道)
	最小值	10.00		8.50						

注:① "一般值"为正常情况下的采用值;"最小值"为条件受限时可采用的值;
② 八车道高速公路路基宽度"一般值"为设置左侧硬路肩、内侧车道采用3.50m时的宽度;八车道高速公路路基宽度"最小值"为不设置左侧硬路肩、内侧车道采用3.75m时的宽度。

车道宽度　　　　　　　　　　　　　　　　表1-5

设计速度(km/h)	120	100	80	60	40	30	20
车道宽度(m)	3.75	3.75	3.5	3.50	3.50	3.25	3.00(单车道时为3.50)

注:高速公路为八车道,当设置左侧硬路肩时,内侧车道宽度可采用3.50m。

中间带宽度 表1-6

设计速度(km/h)		120	100	80	60
中央分隔带宽度(m)	一般值	3.00	2.00	2.00	2.00
	最小值	2.00	2.00	1.00	1.00
左侧路缘带宽度(m)	一般值	0.75	0.75	0.50	0.50
	最小值	0.75	0.50	0.50	0.50
中间带宽度(m)	一般值	4.50	3.50	3.00	3.00
	最小值	3.50	3.00	2.00	2.00

路肩宽度 表1-7

设计速度(km/h)		高速、一级公路				二、三、四级公路				
		120	100	80	60	80	60	40	30	20
右侧硬路肩宽度(m)	一般值	3.00 或 3.50	3.00	2.50	2.50	1.50	0.75	—	—	—
	最小值	3.00	2.50	1.50	1.50	0.75	0.25	—	—	—
土路肩宽度(m)	一般值	0.75	0.75	0.75	0.50	0.75	0.75	0.75	0.75	0.25(双车道)
	最小值	0.75	0.75	0.75	0.50	0.50	0.50			0.50(单车道)

2. 路基高度

路基设计高程与路中线原地面高程之差,称为路基填挖高度或施工高度。路基高度设计应使路肩边缘高出路基两侧地面积水高度,同时考虑地下水、毛细水和冰冻的作用,不使其影响路基的强度和稳定性。路基高度是影响路基强度与稳定性的重要因素,因此,在路线设计时,应尽量满足路基最小填土高度要求,使路基处于干燥或中湿的状态。在取土困难或用地受到限制、不能满足要求时,则应采取相应的处置措施,如路基两侧加宽加深边沟、换土或填石、设置隔离层等,以减少或防止地面积水和地下水危害路基。

3. 路基边坡

路基边坡对路基稳定性起着重要的作用,路基边坡的形式及坡度的大小,取决于边坡的土质、岩石的性质及水文地质条件等自然因素和边坡的高度,并关系到工程投资。一般路基的边坡坡度可采用多年工程实践经验和设计规范的推荐值。

1) 土质路堤边坡

当地质条件良好、边坡高度不大于20m时,其边坡坡率不宜陡于表1-8规定。

路堤边坡坡率 表1-8

填料类别	边坡坡率	
	上部高度($H \leqslant 8m$)	下部高度($H \leqslant 12m$)
细粒土	1:1.5	1:1.75
粗粒土	1:1.5	1:1.75
巨粒土	1:1.3	1:1.5

对边坡高度超过20m的路堤,边坡形式宜采用阶梯形,边坡坡率由稳定性分析计算确定,并应进行个别设计。浸水路堤在设计水位以下的边坡坡率不宜陡于1:1.75。

2) 石质路堤边坡

砌石应选用当地不易风化的片、块石砌筑,内侧填石;岩石风化严重或软质岩石路段不宜采用砌石路基。砌石顶宽不小于0.8m,基底面向内倾斜,砌石高度不宜超过15m。砌石内、外坡率不宜陡于表1-9规定。路堑边坡高度大于20m时,其边坡形式及坡度应按稳定性分析计算确定,并应进行个别设计。

砌石边坡坡率　　　　　　　　　　表1-9

序　号	砌石高度(m)	内坡坡率	外坡坡率
1	≤5	1:0.3	1:0.5
2	≤10	1:0.5	1:0.67
3	≤15	1:0.6	1:0.75

3)土质路堑边坡

土质路堑边坡形式及坡率,应根据工程地质、水文地质条件、边坡高度、排水措施、施工方法,并结合自然稳定山坡和人工边坡的调查及力学分析综合确定。边坡高度不大于20m时,边坡坡率不宜陡于表1-10规定。

土质路堑边坡坡率　　　　　　　　　表1-10

土的类别	边坡坡率	土的类别		边坡坡率
黏土、粉质黏土、塑性指数大于3的粉土	1:1	卵石土、碎石土、圆砾土、角砾土	胶结和密实	1:0.75
中密以上的中砂、粗砂、砾砂	1:1.5		中密	1:1

注:黄土、红黏土、高液限土、膨胀土等特殊土质挖方边坡形式及坡度应按特殊路基设计有关规定确定。

4)岩质路堑边坡

岩质路堑边坡形式及坡度,应根据工程地质与水文地质条件、边坡高度、施工方法,结合自然稳定边坡和人工边坡的调查综合确定。必要时可采用稳定分析方法予以检算。边坡高度不大于30m时,无外倾软弱结构面的边坡按确定岩体类型,边坡坡率可按表1-11确定。

岩质路堑边坡坡率　　　　　　　　　表1-11

边坡岩体类型	风化程度	边坡坡率	
		$H<15m$	$15m \leq H<30m$
Ⅰ类	未风化、微风化	1:0.1~1:0.3	1:0.1~1:0.3
	弱风化	1:0.1~1:0.3	1:0.3~1:0.5
Ⅱ类	未风化、微风化	1:0.1~1:0.3	1:0.3~1:0.5
	弱风化	1:0.3~1:0.5	1:0.5~1:0.75
Ⅲ类	未风化、微风化	1:0.3~1:0.5	
	弱风化	1:0.5~1:0.75	
Ⅳ类	弱风化	1:0.5~1:1	
	强风化	1:0.75~1:1	

注:①有可靠的资料和经验时,可不受本表限制;
②Ⅳ类强风化包括各类风化程度的极软岩。

任务实施

能运用相关规范及标准,正确识读路基横断面图、路基设计表。

(1)结合相关规范、标准,以项目为载体,识读路基横断面图。

主要包括路基横断面的类型、路基横断面组成及各部分尺寸、路基标准横断面图、路基一般横断面图、路基横断面设计图等。

(2)结合相关规范、标准,以项目为载体,识读路基设计表。

复习思考题

1. 如何绘制路基标准横断面图?
2. 如何绘制路基一般横断面图?
3. 如何填写路基设计表?

项目二 路基施工准备

任务一 组织准备

知识目标

了解施工组织准备的内容。

能力目标

能结合工程施工环境及工程规模,合理设置项目组织机构,明确各部门及人员的职责。

施工准备工作的基本任务是为拟建工程的施工建立必要的技术和物质条件,统筹安排施工力量和施工现场。施工准备工作也是施工企业做好目标管理、推行技术经济承包的重要依据。同时施工准备工作还是土建施工和设备安装顺利进行的根本保证。因此认真做好施工准备工作,对于发挥企业优势、合理供应资源、加快施工速度、提高工程质量、降低工程成本、增加企业经济效益、赢得企业社会信誉、实现企业管理现代化等具有重要的意义。施工准备工作的内容主要包括组织准备、技术准备、物质准备及施工现场准备等。

组织准备阶段,应根据施工工程的特点、布局、工程范围、工程量的大小及施工进度和施工难易程度合理确定项目经理部的组织机构,从项目经理直至各种技术人员、财务、工程测量、技术质检和实验人员等相应的技术力量。组织准备主要是落实各种技术人员、管理人员及质保人员的分工数量、职责等。

在项目施工中,组织准备主要是指筹建项目经理部、组建施工队伍和筹备实验室等工作。项目经理部是施工现场管理的临时性机构,它承担着对施工项目实行管理、实施组织职能而进行组织系统的设计与建立、组织运行和组织协调三个方面。组织系统的设计与建立是指经过筹划、设计,建成一个可以完成一个施工项目管理任务的组织机构,通过建立必要的规章制度,划分并明确岗位和各层次部门的责任和权利,建立和形成管理信息系统和责任分担系统,并通过一定岗位部门内人员的规范化活动和信息流通实现组织目标。项目经理部组织机构的设置本着高效精干、业务系统化管理、弹性和流动等原则。

一、组织机构人员结构

首先,一个完整的项目经理部,应设项目经理和总工程师各一人,其次是各类专业工程师(道路、结构、实验等专项工程师)、各级职能机构(财务、合同、安全、质检、实验、计量、测量等)、各类工种(钢筋工、混凝土工、模板工、路基工、路面工、机械工等)。所有施工人员组织情况以列表的方式编制在施工组织设计中,表格内容包括姓名、性别、年龄、技术职称、职业资格等级和证书编号、参加的工程经历和在本工程中担任的职务。

二、施工队伍的组建

施工队伍的组建包括施工力量的选择和施工技术队伍的选拔与培训工作。

按照所承担工程的工程量大小、技术难易程度和工期要求，安排总进度计划图，并进一步计算全部工程用工工日数、平均日出工人数、施工高峰期日出工人数，以及技术工种、机械操作工中、普通工种等用工比例，以及各级、各类工程师的数量和比例。选择能适应其工程质量、进度要求的施工队伍。技术培训的方式和方法应根据实际情况灵活掌握。

三、实验室的筹备

在施工过程中，施工现场要进行各种试验，且试验的项目、频率和工作量是非常大的，因此在施工现场必须建立中心实验室。进行的试验可分为原材料试验和混合料试验两类，中心实验室应配备既有丰富经验又有理论的试验工程师负责。同时配备具有相当数量的试验工作技术人员。所有人员要通过培训，并做到持证上岗。

在各项工作开工之前，采集沿线路基筑路材料，并进行各项技术指标试验，如土的击实试验、集料的级配试验、混合料配合比试验、原材料和结构强度试验等，并将试验报告和试验材料提交监理工程师的中心试验室进行批准。所有试验均采用统一的表格、报告和方法进行记录、整理和保存。

任务实施

在充分领会设计文件意图的基础上，结合工程施工环境及工程规模，合理设置项目组织机构，明确各部门及人员职责。

(1) 确定项目施工组织机构设置图。
(2) 制订各部门及人员岗位分工及职责。

1. 如何根据工程实际设置项目组织机构图？
2. 如何制订项目部各部门及主要人员岗位职责？

任务二　技术准备

知识目标

1. 结合相关规范、标准及施工现场，熟悉项目设计文件。
2. 了解实施性施工组织设计的编制原则、依据、程序和内容。
3. 掌握路基放样的方法、中桩坐标的计算及坐标测量的相关知识。

能力目标

1. 熟悉设计文件及规范，能进行施工现场调查，收集相关技术资料。
2. 结合工程施工环境，根据工程规模及施工条件，合理编制施工组织设计。
3. 能根据设计文件及相关规范，进行路基施工放样。

技术准备工作内容比较多，主要包括熟悉设计文件、编制施工组织设计、路基工程施工放样及试验等。

一、熟悉设计文件

设计文件是组织工程施工的主要依据，一般由图、文、表的方式表达。熟悉、审核施工图纸是领会设计意图，明确工程内容，掌握工程特点的重要环节，一般应注意以下几个方面：

（1）了解工程全貌及设计意图。主要包括工程概况、设计标准、工程数量、重点工程等。

①核对设计是否符合施工条件，如需采用特殊施工方法和特定技术措施时，技术上和设备条件上有无困难。

②结合生产工艺和使用上的特点，核对有哪些技术要求、施工能否满足设计规定的标准。

③核对有无特殊的材料要求，这些材料的品种、规格、数量能否解决。

④核对图纸说明有无矛盾，规定是否明确、齐全。

⑤核对图纸各构造物的主要尺寸、位置、高程有无错误。

⑥核对土建工程与设备安装有无矛盾，施工中如何交叉衔接。

⑦通过熟悉图纸，明确场外在施工中所需材料和构件等制备工程项目的安排。

⑧通过熟悉设计文件，确定与施工有关的组织、物质、技术等各方面的准备工作项目。

（2）熟悉、审查设计图纸的程序。熟悉、审查设计图纸的程序通常分为自审阶段、会审阶段和现场签证等三个阶段。

①设计图纸的自审阶段。施工单位收到拟建工程的设计图纸和有关技术文件后，应尽快组织有关工程技术人员熟悉和自审图纸，写出自审图纸的记录。自审图纸的记录应包括对设计图纸的疑问和对设计图纸的建议。

②设计图纸的会审阶段。一般由建设单位主持，由设计单位和施工单位参加，三方进行设计图纸的会审。图纸会审时，首先由设计单位的工程主设计人向与会者说明拟建工程的设计依据、意图和功能要求，并对特殊结构、新材料、新工艺和新技术提出设计要求；然后施工单位根据自审记录以及对设计意图的了解，提出对设计图纸的疑问和建议；最后在统一认识的基础上，对所探讨的问题逐一做好记录，形成"图纸会审纪要"，由建设单位正式行文，参加单位共同会签、盖章，作为与设计文件同时使用的技术文件和指导施工的依据，以及建设单位与施工单位进行工程结算的依据。

③设计图纸的现场签证阶段。在拟建工程施工的过程中，如果发现施工的条件与设计图纸的条件不符，或者发现图纸中仍然有错误，或者因为材料的规格、质量不能满足设计要求，或者因为施工单位提出了合理化建议，需要对设计图纸进行及时修订时，应遵循技术核定和设计变更的签证制度，进行图纸的施工现场签证。如果设计变更的内容对拟建工程的规模、投资影响较大时，要报请项目的原批准单位批准。在施工现场的图纸修改、技术核定和设计变更资料，都要有正式的文字记录，归入拟建工程施工档案，作为指导施工、竣工验收和工程结算的依据。

（3）施工现场的详细调查。通过对施工现场的调查，把握施工队伍的部署、驻地建设、材料供应场地建设，并对施工现场的环境、客观条件进行调查。

（4）收集技术资料和有关规范。根据设计图纸内容确定应收集技术资料、行业标准、国家规范、试验规程、质检标准、施工规范等。

二、编制施工组织设计

1. 施工组织设计原则

施工组织设计是对施工活动实行科学管理的重要手段,它具有战略部署和战术安排的双重作用。它体现了实现基本建设计划和设计的要求,提供了各阶段的施工准备工作内容,协调施工过程中各施工工种、各项资源之间的相互关系。

1)认真贯彻我国基本建设的方针政策

公路工程建设工期长,规模大,耗用的人力、物力等各种资源多,需要巨大投资。因此,必须纳入国家的计划安排,经上级主管部门批准,公路建设才有保障。

组织施工,应严格按照基本建设程序和施工程序,按照合同签订的或上级下达的施工期限,根据工程情况,对人、材料、机械等资源合理组织,确保重点工程,分期、分批进行安排,保质、保量完成施工任务。

2)合理安排施工顺序

公路施工是野外作业,受外界影响很大,不仅要考虑时间顺序,还要考虑空间顺序。首先考虑影响全局的工程项目,再按照公路工程施工的客观规律安排施工顺序,如施工准备、基础工程、主体结构工程、路面工程、附属结构物工程等。

将整个施工项目划分为几个阶段或分项工程,在保证质量的前提下,尽量实现连续、紧凑、均衡的施工过程,以减少资源的不均衡利用,尽可能缩短工期,降低工程成本。

3)应用科学的计划方法

根据工程的特点和工期要求,尽可能采用流水作业施工方法。当工程项目较大时,可采用平行流水作业、立体交叉平行流水作业,并积极应用网络计划技术、管理控制工程计划,在保证关键线路畅通的情况下,组织连续、均衡的施工。

4)采用先进的施工技术和设备

采用先进的科学技术是提高劳动生产率、加快施工速度、提高工程质量、降低工程成本的重要途径。同时,积极运用和推广新技术、新工艺、新材料、新设备,是现代文明施工的标志。

在条件允许的情况下,尽可能采用先进的施工技术(但要经过试验),不能固守陈规。不断提高施工机械化、预制装配化程度,减轻劳动强度,提高劳动效率,无形中缩短了工期,降低了成本。

5)合理安排冬、雨季施工项目

对于受季节影响的工程项目,应优先考虑安排,如混凝土工程、路面工程不宜在冬季施工,桥梁基础工程、下部工程不宜在汛期施工。

合理安排冬、雨季施工项目,就是把那些不因冬、雨季施工而带来技术复杂的工程项目列入冬、雨季施工。当然,冬、雨季施工采取的一些必要措施,会增加工程的其他直接费用,但能全面均衡人工、材料的需要量,提高施工的均衡性和连续性。

6)确保工程质量与安全

公路是永久性的建筑物,工程质量的好坏直接影响使用效果,甚至影响到沿线国民经济的发展。为了保证工程质量,要认真贯彻施工技术规范,严格按设计要求组织施工。

在进行施工组织设计时,要有确保工程质量和安全施工的措施,尤其是一些复杂大型工程项目,如大跨径现浇连续箱梁施工、后张预应力施工的质量与安全保证等。在组织施工时,要经常进行质量与安全教育,严格按操作规程进行施工。杜绝一切违章操作,是保证工程质量和施工安全的必要措施。

7) 统筹布置施工现场,降低工程成本

合理布置施工平面图,节约施工用地,充分利用原有地形、地物,尽量减少临时设施、临时便道、临时便桥的设置,方便施工,避免材料二次搬运,充分利用当地人工、材料等。公路工程建设所耗费的巨额资金和各种资源数量,由公路工程概、预算求得。这是一个最高限额,施工企业要想获得经济效益,必须实行经济核算,在保证工程质量的前提下,尽量通过各种途径降低工程成本。对于大型工程项目,在以上几条做得合理的情况下,可降低工程成本。

2. 公路施工组织设计的编制依据

编制公路施工组织设计需要各种资料,根据公路工程建设的不同阶段,以及施工组织设计的具体用途不同,对资料的内容及深度要求不尽相同,一般需要如下资料:

(1) 计划文件和合同文件。是指国家批准的基本建设计划文件,施工期限要求,建设单位对工程设计、施工的要求,施工单位上级主管部门下达的施工任务及与工程沿线单位签订的协议、合同、纪要等。

(2) 自然条件调查资料。

(3) 各种定额及技术规范。

(4) 施工时可能调用的资源。

(5) 类型相似或相近项目的经验资料。

(6) 其他资料。

3. 公路施工组织设计的编制程序

(1) 分析设计资料,了解工程概况,进行调查研究。

(2) 提出施工整体部署,选择施工方案,确定施工方法。

(3) 编制工程进度图。

(4) 计算人工、材料、机具、设备需要量,编制人工、主要材料和主要机具计划。

(5) 编制临时工程计划。

(6) 工地运输组织。

(7) 布置施工平面图。

(8) 计算技术经济指标。

(9) 编写施工组织设计说明书。

4. 实施性施工组织设计的主要内容

施工组织设计一般包括:①施工方法与相应的技术组织措施,即施工方案;②施工进度计划;③施工现场平面布置;④有关劳动力、施工机具、建筑安装材料、施工用水、电、动力及运输、仓储设施等建设工程的需要量及其供应与解决办法。前两项用来指导施工,后两项则是施工准备的依据。

施工组织设计的繁简,一般要根据工程规模大小、结构特点、技术复杂程度和施工条件的不同而定,以满足不同的实际需要。复杂和特殊工程的施工组织设计需较为详尽,小型建设项目或具有较丰富施工经验的工程则可较为简略。施工组织总设计是为解决整个建设项目施工的全局问题的,要求简明扼要,重点突出,要安排好主体工程、辅助工程和公用工程的相互衔接和配套。单位工程的施工组织设计是为具体指导施工服务的,要具体明确,要解决好各工序、各工种之间的衔接配合,合理组织平行流水和交叉作业,以提高施工效率。施工条件发生变化时,施工组织设计须及时修改和补充,以便继续执行。

三、路基工程施工放样

1. 公路中线施工放样

路线中线施工放样就是利用测量仪器和设备，按设计图纸中的各项元素（如公路平纵横元素）和控制点坐标（或路线控制桩），将公路的"中心线"准确无误地放到实地，指导施工作业，习惯上称为"中线放样"。

路线中线施工放样是保证施工质量的一个重要环节。这是一项严肃认真、精确细致的工作，稍有不慎，就有可能发生错误。一旦发生错误而又未能及时发现，就会影响下一步工作，影响工作进度，甚至造成损失。因此，要严格按照有关规范、规程的要求，对测量数据认真复核检查，不合格的成果一定要返工重测，要一丝不苟，树立质量重于泰山的意识。为确保施工测量质量，在施工前必须对导线控制点和路线控制桩进行复测，施工过程中要定期检查。放样时应尽量使用精良的测量设备，采用先进的测设方法。

公路中线施工放样又称恢复中线。一般有两种方法：①用导线控制点放样；②用路线控制桩（交点、直圆、圆直等点）放样。

用导线控制点放样中线，放样精度能得到充分的保障。在测量技术飞速发展的今天，测距仪的使用越来越普遍。现在，几乎所有的施工单位都有测距仪或全站仪，因而这种方法得到了广泛的应用，成为恢复中线的主要手段。《公路路基施工技术规范》（JTG F10—2006）规定，对高速公路、一级公路，应用坐标法恢复路线主要控制桩。实际应用中，二级以上的公路勘测设计，均沿路线建有导线控制点，作为首级控制，故可采用导线控制点放样中线。

用路线控制桩来恢复中线，这种方法常用于低等级公路，在《测量学》中已详细介绍，在此不再赘述。现重点介绍用导线控制点放样公路中线的方法。

1）施工放样测量的精度

施工放样测量的精度取决于公路等级和设计要求以及施工控制测量的精度。测量时应从工程设计和施工的精度需要出发，确定与之相匹配的测量技术相应的精度等级，确定满足精度要求的测量方案，使放样测量的结果满足施工的需要。具体内容参考教材《测量学》。

2）施工放样测量的基本要求

（1）熟悉设计图纸和施工现场。设计图纸主要有路线平面图，纵、横断面图，桥涵、构造物图及附属工程图等。要求熟悉设计图纸，充分领会设计图纸的设计思路和意图。核对图纸主要尺寸、位置、高程有无错误。在清楚设计意图及在对测量精度要求的范围内，应勘察施工现场，找出各交点桩、转点桩、里程桩和水准点的位置，并应实测校核，为施工测量做好充分准备。了解工程施工组织计划，协调测量与施工进度的关系，合理安排施工放样测量工作。

（2）加强测量标志的管理与保护，注意受损测量标志的恢复。

3）导线控制点复测

导线控制点复测是施工测量前必不可少的准备工作，路线勘测设计完成以后，往往要经过一段时间才能施工。在这段时间内，导线控制点是否移位，精度如何，需对其进行复测。另外，由于人为或其他原因，导线控制点丢失或遭到破坏，要对其进行补测；有的导线点在路基范围以内，需将其移至路基范围以外。只有当这一切都完成无误，方能进行施工放样工作。

导线控制点的复测主要是检查它的坐标和高程是否正确。检测方法如图 2-1 所示。

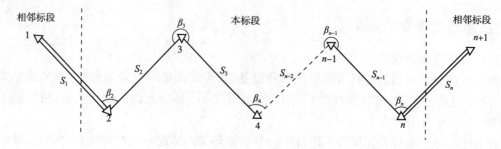

图 2-1 导线点复测图

第一步：根据导线点 $1\sim n$ 的坐标反算转角（左角）$\beta_2\sim\beta_n$ 和导线边长 $S_1\sim S_n$。

$$\alpha_{i+1,i} = \arctan\frac{Y_i - Y_{i+1}}{X_i - X_{i+1}} \tag{2-1}$$

$$\alpha_{i+1,i+2} = \arctan\frac{Y_{i+2} - Y_{i+1}}{X_{i+2} - X_{i+1}} \tag{2-2}$$

$$\beta_{i+1} = \alpha_{i+1,i+2} - \alpha_{i+1,i} \tag{2-3}$$

$$S_i = \sqrt{(X_{i+1} - X_i)^2 - (Y_{i+1} - Y_i)^2} \tag{2-4}$$

第二步：实地观测各左角 β'_{i+1} 及导线边长 S'_i。角度观测可取一个测回平均值，边长测量可取连续测量 3~4 次的平均值。当观测值和计算值满足下式：

$$|\beta_{i+1} - \beta'_{i+1}| \leqslant 2m_\beta = 16'' \tag{2-5}$$

$$\left|\frac{S_i - S'_i}{S_i}\right| \leqslant \frac{1}{15000} \tag{2-6}$$

此时，可认为点的平面坐标和位置是正确的。

另外，还要对导线进行检查，检查时可将图 2-1 中的 1、2 和 n、$n+1$ 点作为已知点，$\alpha_{1,2}$ 和 $\alpha_{n,n+1}$ 作为已知坐标方位角，按二级导线的方位角闭合差和导线全长闭合差的精度要求进行控制。具体详见《测量学》教材中导线测量的有关知识。

第三步：水准点高程的检查。

在使用水准点之前应仔细校核，并与国家水准点闭合。水准点高程的检查和水准测量的方法一样。高速公路和一级公路水准测量按四等水准控制，水准点闭合差为 $\pm 20\sqrt{L}$，二级以下（含二级）公路水准测量按五等水准控制，水准点闭合差为 $\pm 30\sqrt{L}$。大桥附近的水准点闭合差应按《公路桥涵施工技术规范》(JTJ 041—2000) 的规定办理。如满足精度要求，则认为点的高程是正确的。

一般情况下，公路两旁布设导线点，其坐标和高程均在同一点上，因此，在复测坐标同时可利用三角高程测量的方法检测高程。

水准点间距不宜大于 1km。在人工构造物附近、高填深挖地段、工程量集中及地形复杂地段宜增设临时水准点。临时水准点必须符合精度要求，并与相邻路段水准点闭合。

值得注意的是，有的施工单位在复测导线点时，只检查本标段的点，而忽视了对前后相邻标段点的检查，这样就有可能在标段衔接处出现路中线错位或断高。在实际工作中，应引起重视，防止有这种问题发生。复测导线时，必须和相邻标段的导线闭合。

4) 用导线控制点恢复中线

用导线控制点恢复中线，实质上就是根据导线点坐标与公路中线坐标之间的关系，借以高精度的测距手段，将公路中线放到实地。因此，也可称之为"坐标法"。如图 2-2 所示，P 为公路中线点,坐标为(X_P,Y_P);A、B为公路中线附近的导线点,坐标分别为(X_A,Y_A)、(X_B,Y_B),P点与A点的极坐标关系用A点到P点的距离S_{AP}、坐标方向α_{AP}表示,即:

$$S_{AP} = \sqrt{(X_P - X_A)^2 + (Y_P - Y_A)^2} \quad (2\text{-}7)$$

$$\alpha_{AP} = \arctan\frac{Y_P - Y_A}{X_P - X_A} \quad (2\text{-}8)$$

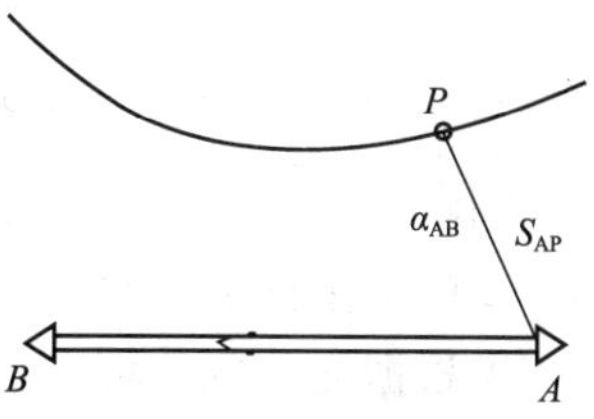

图2-2 用导线点恢复中线

上式就是两点间距离和坐标方位角的计算公式。式中,导线点A的坐标通过控制测量求得,P点的坐标可由放线人员自己计算(或查设计文件中的逐桩坐标表),可分以下几种情况:

(1)当P点在直线段上

如图2-3所示,JD_n的坐标为(X_n,Y_n),$JD_n \sim JD_{n+1}$的坐标方位角为$\alpha_{n,n+1}$,P点在JD_n与JD_{n+1}的直线段上,则P点的坐标按下式求得:

$$X = X_n + [T_n + (L_i - L)] \cdot \cos\alpha_{n,n+1} \quad (2\text{-}9)$$
$$Y = Y_n + [T_n + (L_i - L)] \cdot \sin\alpha_{n,n+1} \quad (2\text{-}10)$$

式中:L_i、L——P点和YZ(或HZ)点的里程桩号;
T_n——切线长。

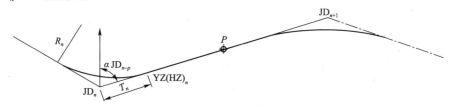

图2-3 点P在直线段上

(2)当P点在平曲线段上

单圆曲线中桩坐标的计算比较简单,而带有缓和曲线的平曲线其坐标计算则比较麻烦,现举例如下:

P点在带有缓和曲线的平曲线段上,已知JD_{n-1}、JD_n、JD_{n+1}的坐标分别为(X_{n-1},Y_{n-1})、(X_n,Y_n)、(X_{n+1},Y_{n+1}),$JD_{n-1}\sim JD_n$、$JD_n \sim JD_{n+1}$的坐标方位角分别为$\alpha_{n-1,n}$、$\alpha_{n,n+1}$。如图2-4所示。

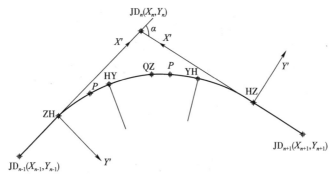

图2-4 点P在平曲线上

①坐标方位角的计算

$$\alpha_{n-1,n} = \arctan\frac{Y_n - Y_{n-1}}{X_n - X_{n-1}} \quad (2\text{-}11)$$

$$\alpha_{n,n+1} = \arctan \frac{Y_{n+1} - Y_n}{X_{n+1} - X_n} \tag{2-12}$$

则转角：$\alpha = \alpha_{n,n+1} - \alpha_{n-1,n}$，负为左传，正为右转。

②中桩坐标的计算

先根据交点的坐标、切线的坐标方位角与切线长，采用导线坐标的计算方法，计算主点 ZH、HZ 的坐标，然后以 ZH（或）HZ 为坐标原点，以向 JD_n 的切线为 X' 轴，过原点的法线为 Y' 轴，建立 $X'OY'$ 局部坐标系，计算 P 点在局部坐标系中的坐标 (X',Y')，再利用坐标平移和旋转的方法将此坐标转化为路线坐标系中的坐标 (X,Y)。

a. 主点坐标的计算

$$X_{ZH} = X_n + T_h \cos(\alpha_{n-1,n} + 180°) \tag{2-13}$$

$$Y_{ZH} = Y_n + T_h \sin(\alpha_{n-1,n} + 180°) \tag{2-14}$$

$$X_{HZ} = X_n + T_h \cos\alpha_{n,n+1} \tag{2-15}$$

$$Y_{HZ} = X_n + T_h \sin\alpha_{n,n+1} \tag{2-16}$$

b. 计算 P 点在坐标系 $X'OY'$ 中的坐标 (X',Y')

当 P 点在缓和曲线段内：

$$X' = L_i - \frac{L_i^5}{40R^2 L_s^2} \tag{2-17}$$

$$Y' = \frac{L_i^3}{6RL_s} \tag{2-18}$$

式中：L_i——P 点桩号与 ZY 或 YZ 点桩号之差；

R——圆曲线半径；

L_s——缓和曲线长度。

当 P 点在圆曲线段内：

$$X' = \left[R\sin \frac{\left(L_i - \frac{L_s}{2}\right) \cdot \frac{180°}{\pi}}{R} \right] + q \tag{2-19}$$

$$Y' = R\left[1 - \cos \frac{\left(L_i - \frac{L_s}{2}\right) \cdot \frac{180°}{\pi}}{R} \right] + p \tag{2-20}$$

式中：p——内移值；

q——切线增长值；

其余符号同前。

c. 坐标转换

对于前半个曲线有：

$$X = X_{ZH} + X'\cos\alpha_{n-1,n} - Y'\sin\alpha_{n-1,n} \tag{2-21}$$

$$Y = Y_{ZH} + X'\sin\alpha_{n-1,n} + Y'\cos\alpha_{n-1,n} \tag{2-22}$$

对于后半个曲线有：

$$X = X_{HZ} + X'\cos(\alpha_{n,n+1} + 180°) - Y'\sin(\alpha_{n,n+1} + 180°) \tag{2-23}$$

$$Y = Y_{HZ} + X'\sin(\alpha_{n,n+1} + 180°) + Y'\cos(\alpha_{n,n+1} + 180°) \tag{2-24}$$

式中,X'的符号始终为正值,Y'的符号有正有负。当起点为 ZH 点,曲线为左偏时,Y'取负值;当起点为 HZ 点,曲线为右偏时,Y'取负值;反之取正值。

(3)P 点的放样

根据求得的 P 点坐标,代入式(2-7)、式(2-8)中,计算出 P 点与导线点 A 的距离 S_{AP} 和坐标方位角 α_{AP},并按以下放样步骤进行放样:

①在控制点 A 架设全站仪或经纬仪,对中、整平(图 2-2)。
②将导线点坐标、路线有关数据输入计算机,运行计算机程序。
③后视已知导线点 B,配置水平度盘读数至后视导线点坐标方位角 α_{AP}。
④根据待放点 P 的桩号 L_i,计算机自动判断并计算该点的放样资料 S_{AP}、α_{AP}。
⑤转动照准部,拨方位角 α_{AP},量距离 S_{AP},精确定出待放点 P。
⑥检查点 P 的桩号、方位角、距离是否正确。

重复④~⑥,放样其他路线中桩。

2.路基横断面施工放样

1)路基路面设计的基本参数

在公路中线施工控制桩恢复完成后,即可进行路基施工。路基施工前,应先在地面上把路基的轮廓表示出来,即把路堤坡脚点(或路堑坡顶点)找出来,钉上边桩,同时还应把边坡的坡度表示出来,为路堤填筑和路堑开挖提供施工依据。在进行路基路面施工放样以前,应首先了解路基路面设计的基本参数,以便在进行放样测量时计算放样数据。路基路面的设计计算参数主要包括路基宽度、路面宽度、排水沟宽度(梯形排水沟的边坡坡度)、填挖高度、路堤、路堑的边坡坡度、路基的超高和加宽等。

(1)路基宽度

公路路基宽度是指行车道与路肩宽度之和。当设有中间带、变速车道、爬坡车道、应急停车带时,还包括这些设施的宽度。如图 2-5 所示。

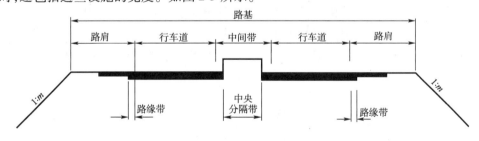

图 2-5 路基横断面布置图

(2)边坡坡度

路基边坡坡度通常以 $1:m$ 的形式表示,即
$$i = h/d = 1/m$$

式中:m——边坡坡度;
h——边坡的高度;
d——边坡的宽度。

(3)超高

根据路基路面的设计要求,在公路直线段路基边缘点处于同一高度,路面横断面由路中心向两侧略向下倾斜形成双向横坡。但是在曲线路段为保证汽车行驶安全,在公路曲线半径小于各级公路的不设超高最小半径时,均应设置超高。圆曲线段路面的设计超高值是

常数,路面倾斜形成单向横坡;缓和曲线段路面的超高值随着缓和曲线上的长度的不同而变化,路面横坡倾斜由直线段的双向横坡向圆曲线的单向横坡逐步过渡。超高值可从设计文件中查取。

(4)加宽

当圆曲线半径小于或等于250m时,在圆曲线段应按规定设置加宽,同时在曲线两端设置加宽缓和段。曲线上的加宽值可从设计文件中查取。

若圆曲线的加宽值为 B_j,加宽缓和段内任一中桩的加宽值,可按下式计算:

①当加宽缓和段为直线过渡时

$$B_{jx} = \frac{X}{L_c} B_j \tag{2-25}$$

②当加宽缓和段为高次抛物线过渡时,

$$B_{jx} = 4\left(\frac{X}{L_c}\right)^3 - 3\left(\frac{X}{L_c}\right)^4 \tag{2-26}$$

式中:B_{jx}——加宽缓和段内任意中桩的加宽值;

X——对应于 B_{jx} 的中桩到加宽缓和段起点的长度;

L_c——加宽缓和段(或缓和曲线段)的长度。

2)路基边桩放样的一般要求

公路路基的边桩包括路堤的填挖边界点和路堑的开挖边界点。除此之外,在路基土石方施工以前,还应把公路红线界桩和公路工程界桩也要在地面上标定。

路基边界点是指路堤(或路堑)边坡与自然地面的交点。

公路红线界桩是指为保证公路工程的正常使用和行车安全,根据《公路勘测设计规范》(JTG C10—2007)所确定的公路占用土地的分界用地界桩。公路用地在土地管理中属于公用地籍,界桩的设立将标明公路用地的边界范围,界桩之间连成的线称为红线。公路红线界桩确定了公路用地的范围、归属和用途,具有保护公路用地不受侵犯的法律效力。

公路工程界桩是根据公路设计的要求,表明路基、涵洞、挡土墙等边界点位实际位置的桩位,如公路的路基界桩、绿化带界桩等。公路工程界桩有时可能在公路用地的边界上,这种公路工程界桩兼有红线界桩的性质。

3)路基横断面的放样

路基横断面的放样主要是路基边桩和边坡的放样。

(1)路基边桩放样

路基边桩放样就是在地面上将每一个横断面的路基边坡线与地面的交点,用木桩标定出来。边桩的位置由横断面方向、两侧边桩至中桩的距离来确定。常用的边桩放样方法如下:

①图解法。路基横断面图为路基施工的主要依据,可根据已戴好"帽子"的横断面图放样边桩。就是直接在横断面图上量取中桩至边桩的距离,然后在实地用皮尺沿横断面方向将边桩丈量并标定出来。每个横断面都放出边桩后,再分别将路中线两侧的路基坡脚桩或路堑坡顶桩用灰线连接起来,即为路基填挖边界。在填挖方不大时,使用此法较多。此法一般使用于较低等级的公路路基边桩放样。

②解析法。就是根据路基填挖高度、边坡率、路基宽度和横断面地形情况,先计算出路基中心桩至边桩的距离;然后,在实地沿横断面方向按距离将边桩放出来。一般情况下,当

施工现场没有横断面设计图,只有施工填挖高度时,可用解析法放样路基边桩。解析法放样路基边桩的精度比图解法高,主要用于一般公路平坦地形或地面横坡均匀一致地段的路基边桩放样。

③渐进法。渐进法的原理是,在分段丈量水平距离的同时,用水准仪或全站仪测出该段地面两点的高差,最后累计得出边桩点与中桩点的高差,验证其水平距离是否正确。如有不符,就逐渐移动边桩,直至正确位置为止。该法精度高,即可用于高等级公路,又可用于中、低级公路。

实际工作中,采用渐进法放边桩,在现场边测边标定,一般试探1~2次即可。如果结合图解法,则更为简便。当然,对于倾斜地面上的边桩也可采用极坐标法放样。先计算出两侧边桩的坐标,然后再用坐标法确定边桩的位置。

(2)路基边坡的放样

在放样出边桩后,为了保证填、挖的边坡达到设计要求,还应把设计边坡在实地标定出来,以方便施工。

①用竹竿、绳索放样边坡。

②用边坡样板放样边坡。施工前按照设计边坡坡度做好边坡样板,施工时,按照边坡样板进行放样。

3. 纵断面的施工放样

纵断面施工放样时,如果待放点在直坡段,则其放样较为简单,下面关键介绍竖曲线的放样。竖曲线放样时,可以在路基设计表或纵断面图上直接查得中桩设计高程。但有时根据实际,放线人员需要自己计算时,可根据纵断面图上的设计资料,按如下方法进行(图2-6)。

图2-6 路线纵断面示意图

$$T = \frac{1}{2}R(i_1 - i_2) \tag{2-27}$$

$$L = R(i_1 - i_2) \tag{2-28}$$

$$E = \frac{T^2}{2R} \tag{2-29}$$

当中桩位于竖曲线范围内时,应对其坡道高程进行修正。竖曲线的高程改正值计算公式为:

$$Y_i = \frac{X_i^2}{2R} \tag{2-30}$$

上式中Y_i的值在竖曲线中为正号,在凹曲线中为负号。计算时,只需把已算出的各点的坡道高程加上(对于凹曲线)或减去(对于凸曲线)相应点的高程改正值即可。

例如,设$i_1 = -1.114\%$,$i_2 = +0.154\%$,为凹曲线,变坡点的桩号为K1+670,高程为48.60,欲设置$R = 5000$m的竖曲线,求各测设元素、起点、终点的桩号和高程、曲线上每隔10间距里程桩的高程改正数和设计高程。

按上述公式求得:

$$T = \frac{1}{2}R(i_1 - i_2) = \frac{1}{2} \times 5000 \times (-1.114\% - 0.154\%) = -31.7\text{m}$$

$$L = R(i_1 - i_2) = 5000 \times (-1.114\% - 0.154\%) = -63.4\text{m}$$

$$E = \frac{T^2}{2R} = \frac{31.7^2}{2 \times 5000} = 0.10\text{m}$$

竖曲线起点、终点的桩号和高程为：

起点桩号 = K1 + (670 − 31.70) = K1 + 638.30

终点桩号 = K1 + (638.30 + 63.40) = K1 + 701.70

起点坡道高程 = 48.60 + 31.7 × 1.114% = 48.96m

终点坡道高程 = 48.60 + 31.70 × 0.154% = 48.65m

然后根据 $R = 5000\text{m}$ 和相应的桩距 X_i，即可求得竖曲线上各桩的高程改正数 Y_i，计算结果列于表2-1。

竖曲线高程计算(m) 表2-1

桩 号	至起点、终点距离 X_i	高程改正数 Y_i	坡道高程	竖曲线高程	备 注
K1+638.30			48.95	48.95	竖曲线起点
K1+650	$X_i = 11.7$	$Y_i = 0.01$	48.82	48.83	$i_1 = -1.114\%$
K1+660	$X_i = 21.7$	$Y_i = 0.05$	48.71	48.76	
K1+670	$X_i = 31.7$	$Y_i = 0.10$	48.60	48.70	变坡点
K1+680	$X_i = 21.7$	$Y_i = 0.05$	48.62	48.67	$i_2 = +0.154\%$
K1+690	$X_i = 11.7$	$Y_i = 0.01$	48.63	48.64	
K1+701.70			48.65	48.65	竖曲线终点

任务实施

1. 以项目为载体，通过教师引导，熟悉设计文件，了解施工现场调查内容，熟悉有关技术资料及相关规范。

2. 以实际项目为载体，通过教师引导，根据工程规模及施工条件，合理编制施工组织设计。

3. 教师在实训基地现场选择交点，进行坐标测量，曲线设计，计算坐标，然后现场放样公路中线、路基横断面等。

(1) 坐标测量；

(2) 曲线设计计算；

(3) 坐标计算；

(4) 坐标放样；

(5) 横断面放样；

(6) 竖曲线高程计算。

复习思考题

1. 熟悉、审核施工图纸的主要内容是什么？

2. 设计图纸的自审阶段的主要内容是什么？

3. 请列出与路基施工相关的规范、规程及标准。
4. 施工组织设计编制的依据是什么?
5. 施工组织设计编制的主要内容有哪些?
6. 简述公路中线施工放样的步骤。
7. 如何完成曲线设计计算?
8. 如何完成中桩坐标计算?
9. 怎样进行竖曲线高程计算?

任务三 物资准备

掌握路基施工前的物资准备工作的内容。

能够根据施工组织设计进行施工前的材料、构(配)件、制品、机具和设备等物资准备工作。

材料、构(配)件、制品、机具和设备是保证施工顺利进行的基础,这些物资的准备工作必须在工程开工之前完成。根据各种物资的需要量计划,分别落实货源,安排运输和储备,使其满足连续施工的要求。

一、物资准备工作的内容

物资准备工作主要包括:建筑材料的准备,构(配)件和制品的加工准备,建筑安装机具的准备和生产工艺设备的准备。

(1)建筑材料的准备。建筑材料的准备主要是根据施工预算进行分析,按照施工进度计划要求,按材料名称、规格、使用时材料储备定额和消耗定额进行汇总,编制出材料需要量计划,为组织备料、确定仓库、场地堆放所需的面积和组织运输等提供依据。

(2)构(配)件、制品的加工准备。根据施工预算提供的构(配)件、制品的名称、规格、质量和消耗量,确定加工方案和供应渠道以及进场后的储存地点和方式,编制其需要量计划,为组织运输、确定堆场面积等提供依据。

(3)建筑安装机具的准备。根据采用的施工方案,安排施工进度,确定施工机械的类型、数量和进场时确定施工机具的供应办法和进场后的存放地点和方式,编制建筑安装机具的需要量计划,为组织运输、确定堆场面积等提供依据。

(4)生产工艺设备的准备。按照拟建工程生产工艺流程及工艺设备的布置图,提出工艺设备的名称、型号、生产能力和需要量,确定分期分批进场时间和保管方式,编制工艺设备需要量计划,为组织运输、确定堆场面积提供依据。

二、物资准备工作的程序

物资准备工作的程序是做好物资准备的重要手段。通常按如下程序进行:

(1) 根据施工预算、分部（项）工程施工方法和施工进度的安排，拟定国拨材料、统配材料、地方材料、构（配）件及制品、施工机具和工艺设备等物资的需要量计划。

(2) 根据各种物资需要量计划，组织货源，确定加工、供应地点和供应方式，签订物资供应合同。

(3) 根据各种物资的需要量计划和合同，拟订运输计划和运输方案。

(4) 按照施工总平面图的要求，组织物资按计划时间进场，按规定方式储存或堆放在指定地点。

任务实施

根据施工组织设计进行施工前的材料、构（配）件、制品、机具和设备等物资准备工作。

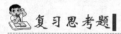
复习思考题

简述物资准备工作的内容。

任务四 现 场 准 备

知识目标

理解现场准备工作的内容。

能力目标

能根据拟建工程规模、施工条件做好施工前的现场准备工作。

施工现场是施工的全体参加者为夺取优质、高速、低消耗的目标，而有节奏、均衡连续地进行战术决战的活动空间。施工现场的准备工作，主要是为了给拟建工程的施工创造有利的施工条件和物资保证。

一、现场交桩

道路平面控制点的点位、坐标及纵面水准点的点位和高程以实地和图纸对应的方法，同监理工程师和业主查对，如有疑问或与图纸不符之处，应及时予以纠正和补测。

二、做好"三通一平"

"三通一平"是指路通、水通、电通和平整场地。

路通：施工现场的道路是组织物资运输的动脉。拟建工程开工前，必须按照施工总平面图的要求，修好施工现场的永久性道路以及必要的临时性道路，形成完整畅通的运输网络，为建筑材料进场、堆放创造有利条件。

水通：水是施工现场的生产和生活不可缺少的。拟建工程开工之前，必须按照施工总平面图的要求，接通施工用水和生活用水的管线，使其尽可能与永久性的给水系统结合起来，做好地面排水系统，为施工创造良好的环境。

电通：电是施工现场的主要动力来源。拟建工程开工前，要按照施工组织设计的要求，接通电力和电信设施,确保施工现场动力设备和通信设备的正常运行。

平整场地:按照建筑施工总平面图的要求,首先拆除场地上妨碍施工的建筑物或构筑物,确定平整场地的施工方案,进行平整场地的工作。

三、做好施工现场的补充勘探

对施工现场做补充勘探是为了进一步寻找枯井、防空洞、古墓、地下管道、暗沟和枯树根等隐蔽物,以便及时拟定处理隐蔽物的方案,并进行实施,为基础工程施工创造有利条件。

四、建造临时设施

按照施工总平面图的布置,建造临时设施,为正式开工准备好生产、办公、生活、居住和储存等临时用房。

五、安装、调试施工机具

按照施工机具需要量计划,组织施工机具进场,根据施工总平面图将施工机具安置在规定的地点或仓库。对于固定的机具要进行就位、搭棚、接电源、保养和调试等工作。对所有施工机具都必须在开工之前进行检查和试运转。

六、做好建筑构(配)件、制品和材料的储存和堆放

按照建筑材料、构(配)件和制品的需要量计划组织进场,根据施工总平面图规定的地点和指定的方式进行储存和堆放。

七、场地清理

(1)公路用地范围内原有构造物,应根据设计要求进行处理。

(2)二级及二级以上公路路堤和填方高度小于1m的公路路堤,应将路基基底范围内的树根全部挖除并将坑穴填平夯实;填方高度大于1m的二级以下公路路堤,可保留树根,但根部不能露出地面。取土坑范围内的树根应全部挖除。

(3)应对路幅范围内、取土坑的原地面表层腐殖土、表土、草皮等进行清理,填方地段还应按设计要求整平压实。清出的表层土宜充分利用。

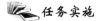
任务实施

根据拟建工程规模、施工条件做好施工前的现场准备工作。

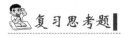
复习思考题

简述施工现场准备工作的内容。

项目三 一般路基施工技术

任务一 路基填料选择及试验路段铺筑

掌握规范对路基填料的要求。

根据施工实际情况,按规范对路基填料的要求,合理选择路基填料。

一、路基填料选择

各类公路用土具有不同的工程性质,在选择路基填料时,应考虑其工程性质合理选择路基填料。

各级公路路基填料选择的关键是最小强度和最大粒径应满足现行规范的要求。CBR 通常被认为是最小强度指标,当路基填料的 CBR 值达不到要求时,可掺入石灰或其他稳定材料处理。要求选择的路基填料水稳定性好,压缩性小。一方面考虑料源和经济性,另一方面顾及填料的性质是否适宜。一般而言,当采用砾石、不易风化的石块填筑路基时,其渗水性很强,水稳定性较好,强度高,为最好的填料。石块空隙用小石块塞实时,塑性变形小。对于碎石土、卵石土、砾石土、粗砂、中砂,由于渗水性很强,水稳性好,为施工性能良好的一类优质填料。黏土含量多时,水稳性下降。砂性土,既含一定数量的粗颗粒,具有足够的强度和水稳性,又含有一定数量的细颗粒,把粗颗粒黏结在一起,为修筑路堤的良好填料。黏性土虽然渗水性差,干燥时不易挖掘,浸水后水稳性差,强度低,变形大,在给予充分压实和良好排水设施的情况下,可作为路堤填料。极细砂和粉性土,毛细现象严重,冻胀翻浆现象严重。极易风化的软质石块,稳定性差,不宜作为路基填料。

二、规范对路基填料规定

《公路路基施工技术规范》(JTJ F10—2006)规定,路堤填料应符合下列规定:
(1)含草皮、生活垃圾、树根、腐殖质的土严禁作为填料。
(2)泥炭、淤泥、冻土、强膨胀土、有机质土及易溶盐超过允许含量的土,不得直接用于填筑路基;确需使用时,必须采取技术措施进行处理,经检验满足设计要求后方可使用。
(3)液限大于 50%、塑性指数大于 26 的土,以及含水率超过规定的土,不得直接作为路堤填料。需要使用时,必须采取技术措施进行处理,经检验满足设计要求后方可使用。

(4)粉质土不宜直接填筑路床,不得直接填筑冰冻地区的路床及浸水部分的路堤。

(5)填料强度和粒径,应符合表3-1的规定。

路基填料最小强度和最大粒径　　　　表3-1

填料应用部位	填料最小强度(CBR,%)			填料最大粒径
(路面底高程以下深度,cm)	高速、一级公路	二级公路	三、四级公路	(mm)
路堤 上路床(0~30)	8	6	5	100
路堤 下路床(30~80)	5	4	3	100
路堤 上路堤(80~150)	4	3	3	150
路堤 下路堤(>150)	3	2	2	150
零填及挖方路基 (0~30)	8	6	5	100
零填及挖方路基 (30~80)	5	4	3	100

注:①表列强度按《公路土工试验规程》(JTG E40—2007)规定的浸水96h的CBR试验方法测定。

②三、四级公路铺筑沥青混凝土和水泥混凝土路面时,应采用二级公路的规定。

③表中上、下路堤填料最大粒径150mm的规定不适用于填石路堤和土石路堤。

三、试验路段修筑

(1)二级及二级以上公路路堤、填石路堤、土石路堤、特殊地段路堤、特殊填料路堤,拟采用新技术、新工艺、新材料的路基在施工前应铺筑试验路段。

(2)试验路段应选择在地质条件、断面形式等工程特点具有代表性的地段,路段长度不宜小于100m。

(3)路堤试验路段施工应包括以下内容:

①填料试验、检测报告等。

②压实工艺主要参数:机械组合;压实机械规格、松铺厚度、碾压遍数、碾压速度;最佳含水率及碾压时含水率允许偏差等。

③过程质量控制方法、指标。

④质量评价指标、标准。

⑤优化后的施工组织方案及工艺。

⑥原始记录、过程记录。

⑦对施工设计图的修改建议等。

任务实施

根据施工实际情况,按规范对路基填料的要求,合理选择路基填料。

复习思考题

1.简述铺筑试验路段的目的。

2.简述规范对路基填料的要求。

任务二　路基施工机械的选型与配套

知识目标

了解路基施工机械的性能及作用。

能力目标

根据工程实际,结合施工条件,进行路基施工机械的选型与配套。

公路建设采用机械化施工,目的是为了优质、高效、安全、低耗地完成工程建设任务,在提高劳动生产率的同时减轻施工人员的劳动强度,这是公路建设机械化施工应遵循的基本原则。路基工程施工需要采用相应的施工机械去完成,或按施工工序连续作业,或使用若干种、若干台施工机械联合作业。而公路工程施工机械的种类、型号、规格很多各自又有独特的技术性能和作业范围。为保证公路建设的施工质量,按时完成施工任务,获得最佳的技术经济效益和社会效益,根据公路建设项目要求和具体施工条件,对公路工程施工机械进行合理选择和组合,使其发挥最大效能是公路工程采用机械化施工时必须首先妥善处理的重要问题。

一、合理选择施工机械的原则

合理选择施工机械的主要依据是公路建设项目的工程量和施工进度。一般情况下,为了保证公路工程的施工质量、施工进度和提高技术经济效益,公路建设项目工程量大时应采用大型机械和先进设备,而工程量小时、工期要求较松的工程,宜选用中、小型机械和现有设备,但这不是绝对的。因此,在公路建设采用机械化施工时,选择施工机械应遵循以下原则:

1. 施工机械与公路建设项目的具体实际相适应

这里所说的工程具体实际,主要包括工程量大小、工期要求、施工气候、地形条件、土质情况、场地大小、运距远近、施工断面尺寸、工程质量要求等方面。在条件允许的情况下,尽量选择最适合公路建设项目内容的施工机械。

2. 施工机械应具有较好的经济性

施工机械经济性是选择施工机械非常重要的因素。施工机械经济性选择的依据是施工单价,主要和机械固定资产消耗及运行费用有关。在选择施工机械时,既要权衡工程量和机械费用的关系,同时又要考虑机械的先进性和可靠性,这是影响经济效益的主要方面。

3. 应能保证工程质量和施工安全

选择合适的施工机械是保证工程质量的重要因素之一,同时选择的施工机械应具有可靠的安全性。

4. 各种施工机械应达到合理组合

合理进行施工机械组合是充分发挥机械设备效能的重要因素,也是机械化施工的一个基本要求,主要包括技术性能、机械类型及其数量等方面的配置。在进行各种施工机械组合时应当考虑以下几点:

(1)主导机械与配套机械,其工作容量、数量及生产效率应稍有储备,机械的工作能力应配合适宜。一般情况下,配套机械的工作能力应稍大于主导机械要求配套机械的工作能力,以充分发挥主导机械的生产率。

（2）牵引车与配套机械的组合应适宜。

（3）配合作业机械组合数尽量少，以提高施工的总效率。

（4）尽量选用信誉厂家生产的系列产品，以保证施工机械的质量，便于施工机械的维修和管理。

对土方工程，施工机械组织施工的方法有推土机施工法、铲运机施工法、挖掘机加装载机施工法等。根据土方工程作业程序，机械的配套与组合可参考表3-2。

土方工程施工机械的配套与组合　　　　　表3-2

	作业名称	挖掘	装载	搬运	路基表面整修	撒布
	作业程序	1	2	3	4	5
机械的配套与组合	推土机施工法	推土机			机动平地机	推土机 机动平地机 压实机
	铲运机施工法	机动铲运机 拖式铲运机+推土机			机动平地机	推土机 机动平地机 压实机
	挖掘机加装载机施工法	挖掘机		装载机 翻斗车 自卸汽车	机动平地机	推土机 机动平地机 压实机

二、施工机械的选择

在公路工程施工中，应当根据施工机械的技术性能，针对各项工程作业的具体情况，按照作业内容、土质条件、运距大小和气候条件等方面，合理选择施工机械。

1. 根据作业内容选择

路基工程作业内容可分为基本作业和辅助作业两部分。基本作业包括土石方挖掘、装运、填筑、压实、修整和挖沟；辅助作业包括砍伐树根、松土、爆破、表层处理和其他方面处置。各种作业由相应的施工机械完成，选择时可参考表3-3。

工程实践证明，对于中小型公路工程，选择通用性施工机械较为经济、合理；而对于大型公路工程，应当更注重作业内容选择机械，才能获得最佳的技术经济效益。在具体选择时，首先选定作业的主要施工机械，然后根据其生产能力、工作参数及施工条件选择辅助施工机械，以保证工程连续均衡开展。

2. 根据土质条件选择

在路基工程施工中，土石是机械施工的主要对象，其性能和状态直接影响施工机械作业的质量、功效和成本等，因此，土质条件也是选择施工机械的一个重要依据。在一般情况下，应从以下几个方面选用。

1）根据机械通行性选择

所谓机械通行性是用以表示车辆，特别是工程车辆在土质等条件限制情况下，在工地现场行使的可能程度。一定土质路面的车辆通行性，可通过对土壤性能变化的测定来确定。

2）根据土的工程特性来选择

不同土质对不同机械的施工作业的可能性和难易程度影响比较大，因此，必须根据工地现场土质的工程特性，选择合适的施工机械。硬土开挖和运输的机械选择见表3-4，软土开挖机械选择见表3-5。

根据作业内容选择施工机械 表3-3

工程类别	作业内容	选择的施工机械与设备
准备工作	(1)清基(树丛、草皮、淤泥、黑土、岩基、废墟、冰雪等清除)和料场准备 (2)松土、破冻土(厚度小于0.2m)	(1)伐木机、履带式拖拉机、推土机、挖掘机、装载机、水泵、高压水泵 (2)松土器、大犁、平地机
土方开挖	(1)底宽大于2.5m的河渠、基坑、池塘、港口、码头、采土场 (2)小型沟渠和基坑	推土机、铲运机、挖掘机、装载机、冲泥机、吸泥机、开沟机、清淤机
石方开挖	(1)砾石开采 (2)岩石开采 (3)石料破碎	(1)挖掘机、推土机 (2)移动式空气压缩机、凿岩机、挖掘机、推土机、爆破设备 (3)破碎机、筛分机
冻土开挖	河渠、基坑、池塘、港口、码头	推土机、冻土犁、冻土锯、冻土拍、冻土钻、冻土铲
土石填筑	(1)大型堤坝、高质量路基、场地、台阶 (2)小型堤坝、路基、梯田、台阶	(1)推土机、铲运机、羊足碾、压路机、夯板碾压机、洒水车、平地机 (2)推土机、平地机、铲运机、大犁
运输	(1)机械设备调运 (2)土石方运输	(1)火车、轮船、载货汽车、卡车、起重机、推土机、铲运机、装载机 (2)自卸汽车
整形	(1)削坡 (2)平整	(1)平地机、大犁、推土机、铲运机、挖掘机 (2)平地机、推土机、大犁、铲运机

硬土开挖和运输机械选择 表3-4

施工机械 地质条件	推土机	铲运机	正铲挖掘机	反铲挖掘机	装载机	压土器	开沟机	平地机	自卸汽车	钻孔机	凿岩机
黏土和壤土	A	B	A	A	A	A	A	A	A		
砂土	A	A	A	A	A	A	B	A	A		
砂砾土	A	C	A	A	A	C		B	A		
软岩和块岩	B	C	A	B	B	C	C	C	A	A	A
岩石	C	C	C	C	B	C	C	C	A	A	A

注:A代表适用;B代表无适当机械时可用;C代表不适用。

软土开挖机械选择 表3-5

施工机械 水分状况	适用推土机	低比压推土机接地比压(kPa)			装载机	压土器
		19.6~29.4	11.8~19.6	<11.8		
湿地	B	A	A	A	A	C
软沼泽地	C	A	A	A	A	C
重沼泽地	C	C	C	B	A	B
水下泥地	C	C	C	C	A	A

注:A代表适用;B代表无适当机械时可用;C代表不适用。

各种土质的压实机械,可参考表3-6。

各种土质适宜的压实机械　　　　表3-6

机械名称＼土的类别	细粒土	砂类土	砾石土	巨粒土	备 注
6～8t 两轮光轮压路机	A	A	A	A	用于预压整平
12～8t 三轮光轮压路机	A	A	A	B	最常使用
25～50t 轮胎压路机	A	A	A	A	最常使用
羊足碾	A	C 或 B	C	C	粉、黏土质砂可用
振动压路机	B	A	A	A	最常使用
凸块式振动压路机	A	A	A	A	最宜使用于含水率较高的细粒土
手扶式振动压路机	B	A	A	C	用于狭窄地点
振动平板夯	B	A	A	B 或 C	用于狭窄地点,机械质量800kg 的可用于巨粒土
手扶式振动夯	A	A	A	B	用于狭窄地点
夯锤(板)	A	A	A	A	夯击影响深度最大
推土机、铲运机	A	A	A	A	仅用于摊平土层和预压

注：①表中符号：A 代表适用；B 代表无适当的机械时可用；C 代表不适用。
②土的类别按《公路土工试验规程》(JTG E40—2007)的规定划分。
③对特殊土和黄土(CLY)、膨胀(CHE)、盐渍土等的压实机械选择可按细粒土考虑。
④自行式压路机宜用于一般路堤堑基底的换填等的压实,宜采用直线式进退运行。
⑤羊足碾(包括凸块式碾、条式碾)应有光轮压路机配合使用。

几种常见碾压机具适应的松铺厚度如下：

　　　　羊足碾(6～8t)　　　　≤0.50m
　　　　振动压路机(10～12t)　　≤0.40m
　　　　压路机(8～12t)　　　　0.20～0.25m
　　　　压路机(12～15t)　　　 0.25～0.30m
　　　　动力打夯机　　　　　　0.20～0.25m
　　　　人工打夯　　　　　　　≤0.20m

3. 根据运输距离选择

各种运输机械都有自己的经济运距,在选择公路工程施工机械时,应当结合工程规模及现场施工条件,参考表3-7选择。

施工机械的经济运距　　　　表3-7

机械类型	履带推土机	履带装载机	轮胎装载机	拖式铲运机	自行铲运机	轮式拖车	自卸汽车
经济运距(m)	<80	<100	<150	100～500	200～1000	>2000	>2000
道路条件	土路不平	土路不平	土路不平	土路不平	土路不平	平坦路面	平坦路面

4. 根据气候条件选择

公路工程气候条件,主要是指雨季的雨水、冬季的结冰的融水及冬季的冻土。因为雨水会使施工条件恶化,降低原有机械的作业效率,有时甚至不得不使用效率较低的履带式施工机械。冬季冻土需要爆破或用松土器等机械来帮助作业,不仅影响进度而且施工质量难以保证。

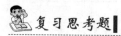任务实施

以项目为载体,根据工程实际,结合施工条件,按施工组织设计要求,进行路基施工机械的选型与配套。

复习思考题

简述合理选择施工机械的原则。

任务三　填方路基施工技术

知识目标

掌握填方路基施工工艺、各类填方路基施工技术及质量标准。

能力目标

根据路基施工方案组织路基施工,进行施工现场管理,并进行路基质量控制。

一、路基施工工艺流程

路基施工工艺流程如图 3-1 所示。

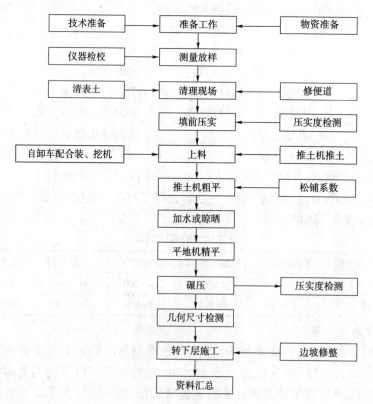

图 3-1　路基工程填筑施工工艺流程

二、路堤施工技术

1. 施工取土

（1）路基填方取土,应根据设计要求,结合路基排水和当地土地规划、环境保护要求进行,不得任意挖取。

（2）施工取土应不占或少占良田,尽量利用荒坡、荒地,取土深度应结合地下水等因素考虑,利于复耕。原地面耕植土应先集中存放,以利再用。

（3）自行选定取土方案时,应符合下列技术要求：

①地面横向坡度陡于 1:10 时,取土坑应设在路堤上侧。

②桥头两侧不宜设置取土坑。

③取土坑与路基之间的距离,应满足路基边坡稳定的要求。取土坑与路基坡脚之间的护坡道应平整密实,表面设 1%~2% 向外倾斜的横坡。

④取土坑兼作排水沟时,其底面宜高出附近水域的常水位或与永久排水系统及桥涵出水口的标高相适应,纵坡不宜小于 0.2%,平坦地段不宜小于 0.1%。

⑤线外取土坑等与排水沟、鱼塘、水库等蓄水(排洪)设施连接时,应采取防冲刷、防污染的措施。

（4）对取土造成的裸露面,应采取整治或防护措施。

2. 土质路堤施工技术

1）路堤基底处理

路堤基底的处理是保证路堤稳定、坚固极为重要的措施。在路堤填筑前进行基底处理,能使填土与原来的表土密切结合;能使初期填土作业顺利进行,能使地基保持稳定,增加承载能力;能防止因草皮、树根腐烂而引起的路堤沉陷。对于一般的路堤基底处理,应按下列规定执行：

（1）二级及二级以上公路路堤基底的压实度应不小于 90%;三、四级公路应不小于 85%。路基填土高度小于路面和路床总厚度时,基底应按设计要求处理。

（2）基底土密实,且地面横坡不陡于 1:10 时,经碾压符合要求后可直接在地面上修筑路堤,但在不填不挖或路堤高度小于 1m 的地段,应清除草皮、树根等杂物。在稳定的斜坡上,横坡为 1:10~1:5 时,基底应清除草皮。横坡陡于 1:5 时,原地面应挖成台阶,台阶宽度不小于 2m,设置向内倾的大于 4% 横坡。若地面横坡超过 1:2.5 时,外坡脚应进行特殊处理,如修护墙和护脚。

（3）当路基受到地下水影响时,应予以拦截或排除,引地下水至路堤基础范围之外,再进行填方压实。

（4）路堤基底为耕地土或松土时,应先清除种植有机土,平整后按规定要求压实。在深耕地段,必要时应将松土翻挖,土块打碎,然后回填、整平、压实。经过水田、池塘或洼地时,应根据具体情况采取排水疏干、挖除淤泥、打砂桩、抛填片石、砂砾石或石灰(水泥)处理土等措施,以保持基底的稳固。

（5）路堤修筑范围内,原地面的坑、洞、墓穴等,应用原地的土或砂性土回填,并按规定进行压实。

（6）陡坡地段、土石混合地基、填挖界面、高填方地基等都应按设计要求进行处理。

2）路堤填筑方式

路堤填筑必须考虑不同的土质,从原地面逐层填起,并分层压实,每层厚度随压实方法而定。填筑方式有以下几种:

(1)水平分层填筑。填筑时按照横断面全宽分成水平层次,逐层向上填筑。如原地面不平,应由最低处分层填起,每填一层,经压实合格后再填上一层。此法施工操作方便、安全、压实质量容易保证。

(2)纵坡分层填筑。适用于推土机或铲运机从路堑取土填筑运距较短的路堤。依纵坡方向分层、逐层推土填筑。原地面纵坡小于20°的地段可用此法施工。

(3)横向填筑。从路基一端按各横断面的全部高度,逐步推进填筑,适用于无法自下而上,分层填土的陡坡、断岩或泥沼地区。此法不易压实,且还有沉陷不均匀的缺点。为此,应采用必要的技术措施,如选用高效能的压实机械(振动压路机)碾压,采用沉陷量较小的砂性土或废石方作填料等。

(4)混合填筑。采用混合填筑法时,即路堤下层采用全高填筑,上层采用水平分层填筑。

当需要加宽路堤时,所用填土应与原路堤用土尽量接近或为透水性好的土,并将原边坡挖成向内倾斜的台阶,分层进行填筑,并碾压到规定的密实度。严禁将薄层新填土贴在原边坡的表面。

高速公路和一级公路,横坡陡峻地段的半填半挖路基,必须在山坡上从填方坡脚向下挖成向内倾斜的台阶,台阶宽度不应小于2m。其中沿横断面挖方的一侧,在行车范围之内的宽度不足一个行车道宽度时,应挖够一个行车道宽度,其上路床深度范围之内的原地面土应予以挖除换填,并按上路床填方的要求施工。

3)土质路堤填筑的相关规定

(1)性质不同的填料,应水平分层、分段填筑,分层压实。同一水平层路基的全宽应采用同一种填料,不得混合填筑。每种填料的填筑层压实后的连续厚度不宜小于500mm。填筑路床顶最后一层时,压实后的厚度应不小于100mm。

(2)对潮湿或冻融敏感性小的填料应填筑在路基上层。强度较小的填料应填筑在下层。在有地下水的路段或临水路基范围内,宜填筑透水性好的填料。

(3)在透水性不好的压实层上填筑透水性较好的填料前,应在其表面设2%~4%的双向横坡,并采取相应的防水措施。不得在由透水性较好的填料所填筑的路堤边坡上覆盖透水性不好的填料。

(4)每种填料的松铺厚度应通过试验确定,每一填筑层压实后的宽度不得小于设计宽度,最后削坡。

(5)路堤填筑时,应从最低处起分层填筑,逐层压实;当原地面纵坡大于12%或横坡陡于1:5时,应按设计要求挖台阶,或设置坡度向内并大于4%、宽度大于2m的台阶。

(6)填方分几个作业段施工时,接头部位如不能交替填筑,则先填路段,应按1:1坡度分层留台阶;如能交替填筑,则应分层相互交替搭接,搭接长度不小于2m。

(7)选择施工机械,应考虑工程特点、土石种类及数量、地形、填挖高度、运距、气候条件、工期等因素,经济合理地确定。填方压实应配备专用碾压机具。

4)土方路基的压实

路堤填料的碾压实路基工程中的一个关键施工工序,只有有效的压实路基填料,才能保证路基工程的施工质量。除了采用透水性良好的砂石材料外,其他填料均需使其含水率在最佳含水率的±2%内方可进行碾压。因此,在路堤土石料碾压的施工中,必须经常地检查填料的含水率,并按规定检查压实度。

(1)确定路基压实标准。路基压实标准,应根据填挖类型、公路等级和路堤填筑高度按表3-8确定。用标准击实试验,求出最大干密度和最佳含水率,并计算出要求的最小干密度。

土质路堤压实度标准　　　　　　　　　表3-8

填挖类型		路面底面计起深度范围(m)	压实度(%)		
			高速、一级公路	二级公路	三、四级公路
路堤	上路床	0~0.30	≥96	≥95	≥94
	下路床	0.30~0.80	≥96	≥95	≥94
	上路堤	0.80~1.50	≥94	≥94	≥93
	下路堤	>1.50	≥93	≥92	≥90
零填及挖方路基		0~0.30	≥96	≥95	≥94
		0.30~0.80	≥96	≥95	—

注:①表列压实度以《公路土工试验规程》(JTG E40—2007)重型击实试验法为准。
②三、四级公路铺筑水泥混凝土路面或沥青混凝土路面时,其压实度应采用二级公路的规定值。
③路堤采用特殊填料或处于特殊气候地区时,压实度标准根据试验路在保证路基强度要求的前提下可适当降低。
④特别干旱地区的压实度标准可降低2%~3%。

(2)进行试验段的碾压试验。各种压实机具碾压不同土类的适宜厚度、所需碾压遍数和填土的实际含水率要求的压实度大小有关。在正式对路堤填土压实前,应根据要求的压实度,在试验段碾压试验时确定。

(3)压实度检测。用灌砂法、灌水(水袋)法检测压实度时,取土样的底面位置为每一压实层底部;用环刀法试验时,环刀中部处于压实层厚的1/2深度;用核子仪试验时,应根据其类型,按说明书要求办理。

施工过程中,每一压实层均应检验压实度,检测频率为每1000m^2至少检验2点,不足1000m^2时检验2点,必要时可根据需要增加检验点。

5)土质路堤施工质量标准

路堤填筑至设计高程并整修完成后,其施工质量应符合表3-9的规定。

土质路堤施工质量标准　　　　　　　　　表3-9

序号	检查项目	规定值或允许偏差			检查方法和频率
		高速、一级公路	二级公路	三、四级公路	
1	压实度(%)	符合规定	符合规定	符合规定	按附录B检查
2	弯沉(0.01mm)	不大于设计值	不大于设计值	不大于设计值	按附录I检查
3	纵断高程(mm)	+10,-15	+10,-20	+10,-20	每200m测4断面
4	中线偏位(mm)	50	100	100	每200m测4点,弯道加HY、YH
5	宽度(mm)	符合设计要求			每200m测4处
6	平整度(mm)	15	20	20	每200m测2处×10尺
7	横坡(%)	±0.3	±0.5	±0.5	每200m测4个断面
8	边坡	不陡于设计值			每200m测4处

3.填石路堤施工技术

1)基底处理相关规定

(1)填石路堤的填筑,其基底处理除与土质路堤的基底处理相同,承载力应满足设计要求。

(2)在非岩石地基上,填筑填石路堤前,应按设计要求设过渡层。

2)填石路堤填筑相关规定

(1)路堤施工前,应先修筑试验路段,确定满足表 3-10 中孔隙率标准的松铺厚度、压实机械型号及组合、压实速度及压实遍数、沉降差等参数。

(2)路床施工前,应先修筑试验路段,确定能达到最大压实干密度的松铺厚度、压实机械型号及组合、压实速度及压实遍数、沉降差等参数。

(3)二级及二级以上公路的填石路堤应分层填筑压实。二级以下砂石路面公路在陡峻山坡地段施工特别困难时,可采用倾填的方式将石料填筑于路堤下部,但在路床底面以下不小于 1.0m 范围内仍应分层填筑压实。倾填时,路堤边坡坡脚应用直径大于 30cm 的硬质石料码砌。码砌的厚度:填石路堤高度小于或等于 6m 时应不小于 1m;高度大于 6m 时,应不小于 2m 或按设计规定。

(4)岩性相差较大的填料应分层或分段填筑。严禁将软质石料与硬质石料混合使用。

(5)中硬、硬质石料填筑路堤时,应进行边坡码砌,码砌边坡的石料强度、尺寸及码砌厚度应符合设计要求。边坡码砌与路基填筑宜基本同步进行。

(6)压实机械宜选用自重不小于 18t 的振动压路机。

(7)在填石路堤顶面与细粒土填土层之间应按设计要求设过渡层。

(8)每层的松铺厚度:高等级公路不宜大于 0.5m,其他公路不宜大于 1.0m。

3)填石路堤的压实

(1)填石路堤在压实之前,应选用大型推土机摊铺平整,个别不平处,应用人工配合以细石屑找平。

(2)采用的压路机宜选 12t 以上的重型振动压路机、工作质量 2.5t 以上的夯锤或 25t 以上的轮胎压路机压(夯)实。当缺乏上述压实机具时,可采用重型静载光轮压路机压实并减少每层填筑厚度和减少石料粒径,其适宜的压实厚度应根据试验确定,但不得大于 50cm。当采用重型振动压路机或夯锤压实时,可加厚至 1.0m。

(3)填石路堤所要求的密实度所需的碾压遍数(或夯压遍数)应经过试验确定。采用 12t 以上振动压路机进行压实试验,当压实层顶面稳定,不产生压实沉降差(无轮迹)时,可判为密实状态。

(4)高等级公路路基填土压实宜采用振动压路机或 35～50t 轮胎压路机进行。采用振动压路机碾压时,第一遍应静压。然后先慢后快,由弱到强。各种压路机行驶速度,开始时宜慢速,最大速度不宜超过 4km/h。

(5)填石路堤表面层,用细粒土、粉煤灰等细料填筑时,填石料表面应无明显孔隙空洞。填石路堤最后一层的铺筑厚度应不大于 40cm,填石料粒径应小于 15cm,其中 0.05mm 的细料含量不应小于 30%。在必要时,宜设置土工布做隔离层。

(6)填石路堤压实标准

上、下路堤的压实质量标准见表 3-10。

(7)填石路堤施工过程中的每一压实层,可用试验路段确定的工艺流程和工艺参数,控制压实过程;用试验路段确定的沉降差指标检测压实质量。

4)填石路堤施工质量标准

填石路堤填筑至设计高程并整修完成后,其施工质量应符合表 3-11 的规定。

填石上、下路堤的压实质量标准   表3-10

分区	路面底面以下深度(m)	硬质石料孔隙率(%)	中硬石料孔隙率(%)	软质石料孔隙率(%)
上路堤	0.8~1.5	≤23	≤22	≤20
下路堤	>1.5	≤25	≤24	≤22

填石路堤施工质量标准   表3-11

序号	检查项目		规定值或允许偏差		检查方法和频率
			高速、一级公路	其他公路	
1	压实度(%)		层厚和碾压遍数符合要求		查施工记录
2	纵断高程(mm)		+10,-20	+10,-30	每200m测4个断面
3	中线偏位(mm)		50	100	每200m测4点,弯道加HY、YH两点
4	宽度(mm)		符合设计要求		每200m测4处
5	平整度(mm)		20	30	每200m测2处×10尺
6	横坡(%)		±0.3	±0.5	每200m测4个断面
7	边坡	坡度	符合设计要求		每200m抽查4处
8		平整度	符合设计要求		

4. 土石路堤施工技术

(1)基底处理应与土质路堤的基底处理相同。在陡、斜坡地段,土石路堤靠山一侧应按设计要求,做好排水和防渗处理。

(2)土石填筑应符合以下规定:

①压实机械宜选用自重不小于18t的振动压路机。

②施工前,应根据土石混合材料的类别分别进行试验路段施工,确定能达到最大压实干密度的松铺厚度、压实机械型号及组合、压实速度及压实遍数、沉降差等参数。

③土石路堤不得倾填,应分层填筑压实。每层铺填厚度应根据压实机械类型和规格确定,不宜超过40cm。

④碾压前应使大粒径石料均匀分散在填料中,石料间孔隙应填充小粒径石料、土和石渣。

⑤压实后透水性差异大的土石混合材料,应分层或分段填筑,不宜纵向分幅填筑;如确需纵向分幅填筑,应将压实后渗水良好的土石混合材料填筑于路堤两侧。

⑥土石混合材料来自不同料场,其岩性或土石比例相差较大时,宜分层或分段填筑。如不能分层或分段填筑,应将含硬质石块的混合料铺于填筑层的下面,且石块不得过分集中或重叠,上面再铺含软质石料混合料,然后整平碾压。

⑦填料由土石混合材料变化为其他填料时,土石混合材料最后一层的压实厚度应小于300mm,该层填料最大粒径宜小于150mm,压实后,该层表面应无孔洞。

⑧中硬、硬质石料的土石路堤,应进行边坡码砌,码砌边坡的石料强度、尺寸及码砌厚度应符合设计要求。边坡码砌与路堤填筑宜基本同步进行。软质石料土石路堤的边坡按土质路堤边坡处理。

(3)土石路堤的压实规定如下:

①土石路堤的压实方法和检验,应根据填料混合料中巨粒土(石)的含量多少,区分选用不同的压实方法压实。如填料中巨粒土较少,可按照土质路基的压实方法进行压实和检验。如填料中巨粒土含量较多时,可按填石路堤的压实方法压实和检验。

②土石路堤的压实度可采用灌砂法或水袋法检测。其标准干密度应根据每一种填料的不同含石量的最大干密度做出标准干密度曲线,然后根据试坑挖去试样的含石量,从标准干密度曲线上查出对应的标准干密度。

③当采用灌砂法或水袋法现场检验压实度有困难时,可采用填石路堤的检验方法,进行现场检验。

④如用几种填料混合填筑,则应从试坑挖去的试样中计算各种填料的比例,利用混合料中几种填料的标准干密度曲线查得相对应的标准干密度,用加权平均的计算方法,计算所挖试坑的标准干密度。

⑤土石路堤的压实标准,应根据填料的颗粒组成等具体情况,分别酌情选用土质路堤或填石路堤的压实标准。

(4)对中硬、硬质石料土石路堤,施工过程中的每一压实层,可用试验路段确定的工艺流程和工艺参数,控制压实过程;用试验路段确定的沉降差指标,检测压实质量。土石路堤填筑至设计高程并整修完成后,对中硬、硬质石料土石路堤,质量应符合表3-11的规定;对软质石料填筑的土石路堤,质量应符合表3-9的规定。

5. 高填方路堤

(1)基底处理应符合下列规定:

①基底承载力应满足设计要求。特殊地段或承载力不足的地基应按设计要求进行处理。

②覆盖层较浅的岩石地基,宜清除覆盖层。

(2)高填方路堤填筑应符合下列规定:

①施工中应按设计要求预留路堤高度与宽度,并进行动态监控。

②施工过程中宜进行沉降观测,按照设计要求控制填筑速率。

③高填方路堤宜优先安排施工。

6. 桥涵及结构物的回填

(1)基坑回填必须在隐蔽工程验收合格后方可进行。基坑回填应分层填筑、分层压实,分层厚度宜为100~200mm。二级及二级以上公路,采用小型夯实机具时,基坑回填的分层压(夯)实厚度不宜大于150mm,并应压(夯)实到设计要求的压实度。

(2)台背及与路堤间的回填施工应符合以下规定:

①二级及二级以上公路应按设计做好过渡段,过渡段路堤压实度应不小于96%,并应按设计做好纵向和横向防排水系统。

②二级以下公路的路堤与回填的连接部,应按设计要求预留台阶。

③台背回填部分的路床宜与路堤路床同步填筑。

④桥台背和锥坡的回填施工宜同步进行,一次填足并保证压实整修后能达到设计宽度要求。

(3)涵洞回填施工应符合以下规定:

①洞身两侧,应对称分层回填压实,填料粒径宜小于150mm。

②两侧及顶面填土时,应采取措施防止压实过程对涵洞产生不利后果。

7. 半填半挖路基、路堤与路堑过渡段

(1)基底处理应符合下列规定:

①应从填方坡脚起向上设置向内侧倾斜的台阶,台阶宽度不小于2m,在挖方一侧,台阶应与每个行车道宽度一致、位置重合。

②石质山坡,应清除原地面松散风化层,按设计开凿台阶。
③孤石、石笋应清除。
④纵向填挖结合段,应合理设置台阶。
⑤有地下水或地面水汇流的路段,应采用合理措施导排水流。
(2)施工应符合下列规定:
①路基应从最低高程处的台阶开始分层填筑,分层压实。
②填筑时,应严格处理横向、纵向、原地面等结合界面,确保路基的整体性。
③路基填筑过程中,应及时清理设计边坡外的松土、弃土。
④高度小于800mm的路堤、零填及挖方路床的加固换填宜选用水稳性较好的材料。

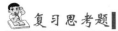

结合工程实例,依据相关规范及标准,通过教师讲解,掌握填方路基施工工艺、各类填方路基施工技术及质量标准。

1. 简述土质路堤基底处理要求。
2. 简述土质路堤施工质量标准。
3. 简述石质路堤施工质量标准。
4. 高填方路堤填筑应符合哪些规定?
5. 台背及与路堤间的回填施工应符合哪些规定?

任务四　挖方路基施工技术

掌握挖方路基施工工艺、各类挖方路基施工技术及质量标准。

能力目标

根据路基施工方案组织路基施工,组织施工及质量控制。

路堑施工就是按设计要求进行挖掘,并将挖掘的土石方运到路堤地段作为填料,或者运往弃土堆处,有时也可经加工,作为自采材料,用于结构物或其他工程部位。

一、路堑开挖前的施工准备

(1)复核施工组织设计,核实(或编制)土方调运图。
(2)进行施工现场的场地清理(同填方路基)。
(3)进行路堑施工放样,并标明轮廓桩。
(4)路基开挖前,应对沿线土质选有代表性的土样,进行试验。
(5)路堑的排水设施,按以下规定办理:
①在路堑开挖前做好截水沟,并视土质情况做好防渗工作。土方工程修建期间应修建临

时排水设施。

②临时排水设施应与永久排水设施相结合,流水不得排入农田、耕地,污染自然水源,也不得引起淤积和冲刷。

③根据施工组织设计配齐各种必要的施工机械设备,并做好保修工作。

二、弃土

(1)施工前,应对设计提供的弃土方案进行现场核对,若有疑问,应及时处理。

(2)弃土不得占用耕地。

(3)沿河弃土不得影响排洪、通航,不得加剧河岸冲刷。不得向水库、湖泊、岩溶漏斗及暗河口处弃土。禁止在贴近桥墩台、涵洞口处弃土。

(4)沿线弃土堆设置应符合设计要求;设计无要求时应符合下列规定:

①弃土应相对集中堆放,并与周边环境相协调,严禁随意处理。

②弃土堆的几何尺寸、压实程度、位置,应保证路基边坡和弃土堆自身的稳定。弃土堆的边坡不陡于1:1.5,顶面向外设不小于2%的横坡,其内侧高度不宜大于3m。路堑旁的弃土堆,其内侧坡脚与路堑顶之间的距离,对于干燥硬土不应小于3m;对于湿软土,不应小于路堑深度加5m。

③在地面横坡陡于1:5的路段,不得在高于路堑边坡顶的山坡上方设弃土堆。

④在山坡上侧的弃土堆,应连续而不间断,并在弃土堆上侧设置截水沟。山坡下侧的弃土堆,应每隔50~100m设宽度不小于1m的缺口排水,排水主流方向不得对地面结构物及农田等造成不利影响,必要时可设人工沟渠导引排水。弃土堆坡脚应进行防护和加固。

⑤弃土应按设计要求进行压实。

⑥应按设计要求及时完成弃土场的防护、排水工程。

三、土方路堑开挖的施工规定

(1)已开挖的适用于种植草皮或其他用途的表土,应储存于指定地点;根据沿线土样试验结果,可作为路基填料的土方,应分类开挖,分类使用,各类材料不应混杂。非适用材料应按设计要求或作为弃方办理。

(2)土方开挖不论开挖工程量和开挖深度大小,均应自上而下进行,不得乱挖超挖,严禁掏底开挖。

(3)开挖过程中,应采取措施保证边坡稳定。开挖至边坡线前,应预留一定宽度,预留的宽度应保证刷坡过程中设计边坡线外的土层不受到扰动。

(4)路基开挖中,基于实际情况,如需修改设计边坡坡度、截水沟和边沟的位置及尺寸时,应及时按规定报批。边坡上稳定的孤石应保留。

(5)开挖至零填、路堑路床部分后,应尽快进行路床施工;如不能及时进行,宜在设计路床顶高程以上预留至少300mm厚的保护层。

(6)应采取临时排水措施,确保施工作业面不积水。

(7)挖方路基路床顶面终止高程,应考虑因压实而产生的下沉量,其值通过试验确定。

(8)边沟与截水沟应从下游向上游开挖。截水沟通过地面坑凹处时,应将凹处填平夯实。边沟及截水沟开挖后,应及时进行防渗处理,不得渗漏、积水和冲刷边坡及路基。

(9)挖方地段施工遇有地下含水层时,首先应做好路堑施工排水,并结合现场实际情况做好路堑地下水的排除；当路堑路床顶部以下位于含水率较多的土层时，应换填透水性良好的材料，换填深度应满足要求，并整平凹槽底面，设置渗沟，将水引入路基排水系统。不得随意堵塞泉眼。

（10）路床土含水率高或为含水层时，应采取设置渗沟、换填、改良土质、土工织物等处理措施，路床填料除应符合表3-1的规定外，还应具有良好的透水性能；路堑路床的表层下为有机土、难以晾干压实的土、CBR值小于设计要求时，均应清除换填水稳性良好的土质，如砂、砂砾、碎石等材料或采用无机结合料（如石灰、水泥等）进行加固处理；路基开挖如遇特殊土质时，应按特殊土路基设计的相关技术要求处理。

（11）土质路基开挖应根据地面坡度、开挖断面、纵向长度及出土方向等因素，结合土方调配，选用安全、经济的开挖方案。

（12）因受冬季或雨季影响，使挖出的土方不能及时用于填筑路堤时，应按冬季施工或雨季施工的有关规定办理。

四、土方路堑的开挖方法

土方路堑开挖根据路堑深度和纵向长度，开挖方式可分为横挖法、纵挖法及混合式开挖法三种。

1. 横挖法

对路堑整个横断面的宽度和深度，从一端或两端逐渐向前开挖的方式称为横挖法，本法适用于短而深的路堑。

（1）用人力按横挖法挖路堑时，可在不同高度分成几个台阶开挖，其深度视工作与安全而定，一般1.5～2.0m；无论自两端一次横挖到路基高程还是分台阶横挖，均应设单独的运土通道和临时排水沟。

（2）用机械横挖法挖路堑且弃土（或以挖作填）运距较远时，宜用挖掘机配合自卸汽车进行。每层台阶可增到3～4m。路堑横挖也可用推土机进行，如弃土或以挖作填运距超过推土机的经济运距时，可用推土机堆积，再用装载机配合自卸汽车运土。

2. 纵挖法

（1）分层纵挖。沿路堑全宽以深度不大的纵向分层挖掘前进的作业方式称为分层纵挖法，适用于较长的路堑开挖。

（2）通道纵挖法。先沿路堑纵向挖掘一通道，然后将通道向两侧拓宽，上层通道拓宽至路堑边坡后，在开挖下层通道，如此向纵深开挖至路基标高。本法适用于路堑较长、较深，两端地面纵坡较小的路堑开挖。

（3）分段纵挖法。沿路堑纵向选择一个或几个适宜处，将较薄一侧堑壁横向挖穿，使路堑分成两段或数段，各段再纵向开挖。本法适用于路堑过长，弃土运距过远的傍山路堑，其一侧堑壁不厚的路堑开挖。

3. 混合式开挖法

当路线纵向长度和挖深都很大时，宜采用混合式开挖法，即将横挖法与通道纵挖法混合使用。先将路堑纵向挖通后，然后沿横向坡面挖掘，以增加开挖坡面。

五、石方路堑的开挖

（1）石方开挖应根据岩石的类别、风化程度、岩层产状、岩体断裂构造、施工环境等因素确定开挖方案。对于软石和强风化岩石,能用机械直接开挖的均应尽可能采用机械开挖,但有时也可采用人工开挖。凡不能使用人工或机械开挖的石方,则应采用爆破法开挖。

(2)深挖路基施工,应逐级开挖,逐级按设计要求进行防护。

(3)爆破作业必须符合《爆破安全规程》(GB 6722—2003)。爆破施工组织设计应按相关规定报批。

(4)石方开挖严禁采用峒式爆破,近边坡部分宜采用光面爆破或预裂爆破。

(5)爆破法开挖石方,应先查明空中缆线、地下管线的位置、开挖边界线外可能受爆破影响的建筑物结构类型、居民居住情况等,然后制定详细的爆破技术安全方案。

(6)爆破开挖石方宜按以下程序进行:爆破影响调查与评估→爆破施工组织设计→培训考核、技术交底→主管部门批准→清理爆破区施工现场的危石等→炮眼钻孔作业→爆破器材检查测试→炮孔检查合格→装炸药及安装引爆器材→布设安全警戒岗→堵塞炮孔→撤离施爆警戒区和飞石、震动影响区的人、畜等→爆破作业信号发布及作业→清除盲炮→解除警戒→测定、检查爆破效果(包括飞石、地震波及对施爆区内构造物的损伤、损失等)。

任务实施

结合工程实例,依据相关规范及标准,通过教师讲解,掌握挖方路基施工工艺、各类挖方路基施工技术及质量标准。

复习思考题

1. 简述路堑开挖前的施工准备。
2. 简述土质路堑开挖规定。
3. 简述弃土的规定。

项目四　路基排水工程施工技术

任务一　路基地面排水工程施工技术

1. 掌握各类地面排水设施的构造。
2. 掌握各类地面排水设施的一般施工方法,几种沟渠加固的基本方法。

会进行路基地面排水工程的施工。

路基地面排水结构物(统称沟渠)常见的类型有边沟、截水沟、排水沟、跌水、急流槽、拦水带和倒虹吸等。高速公路、一级公路应有自身的地面排水设施。各种沟渠分别设置在路基的不同部位,各自的主要功能、布置要求或构造形成,均有所差异。

一、边沟

边沟设置在挖方路基的路肩外侧或低路堤的坡脚外侧,多与路中线平行,用以汇集和排除路基范围内和流向路基的少量地面水。平坦地面填方路段的路旁取土坑,常与路基排水设计综合考虑,使之起到边沟的排水作用。

边沟的排水量不大,一般不需要进行水文和水力计算,依据沿线具体条件,选用标准横断面形式。边沟紧靠路基,通常不允许其他排水沟渠的水流引入,亦不能与其他人工沟渠合并使用。

1. 主要形式及适用范围

边沟的横断面形式,有梯形、矩形、三角形及流线型等,如图 4-1 所示。边沟横断面一般采用梯形,梯形边沟内侧边坡为 1:1.0~1:1.5,外侧边坡坡度与挖方边坡坡度相同。石方路段的边沟宜采用矩形横断面,其内侧边坡直立,坡面应采用浆砌片石防护,外侧边坡坡度与挖方边坡坡度相同。少雨浅挖地段的土质边沟可采用三角形横断面,其内侧边坡宜采用 1:2~1:3,外侧边坡坡度与挖方边坡坡度相同。边沟不宜过长,出水口的间距,一般地区不超过 500m,多雨地区不超过 300m,三角形和碟形边沟不超过 200m。尽量使沟内水流就近排至路旁自然水沟或低洼地带,必要时设置涵洞,将边沟水横穿路基从另一侧排出。

2. 施工要求

(1)土质地段边沟当沟底纵坡大于 3%,应采用干砌或浆砌片石进行铺砌。

(2)边沟水流流向桥涵进水口处,为避免边沟水对桥涵的冲刷,通常做以下处理:

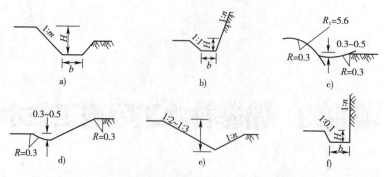

图 4-1 边沟的横断面形式示意图(尺寸单位:m)
a)、b) 梯形;c)、d) 流线型;e) 三角形;f) 矩形

①在涵洞进门处设置跌水井,并根据地形需要,可在进口前设置急流槽或跌水等构造物,将水引入涵洞,如图 4-2 所示。

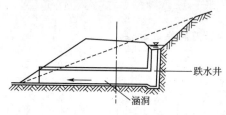

图 4-2 涵洞进口的跌水形式

②在边沟与桥头翼墙或挡土墙之后墙交汇处,应在边沟出水口设置急流槽或跃水,将水引入河道,避免边沟水积聚在桥头或挡土墙后。

(3)路堑与路堤衔接处,由于二者高差大,应在路堑边沟出水口处设置急流槽或排水沟。并延伸至填方坡脚以外,以免边沟水冲向填方坡脚。

(4)边沟水流流至回头弯处,流水已充满边沟断面,流速较大。应顺边沟方向沿山坡开挖排水沟,将水流引入路基范围以外的自然沟,或用急流槽引下山坡,以免增加对回头弯的冲刷。

(5)边沟与通道交叉时,可设纵向涵管通过,也可将边沟起点设在通道两侧,以减少纵向涵管的数量。

(6)边沟与灌溉涵立交时,通常采用渡槽方式通过,应避免沟底高程与涵底高程相接近,造成排水断面不足的现象。

(7)当边沟通过集镇路段时,可在边沟顶面加带槽孔的混凝土盖板,或采用纵向涵管通过。

二、截水沟

截水沟又称天沟,一般设置在挖方路基边坡坡顶以外,或山坡路堤上方的适当地点,用以拦截并排除路基上方流向路基的地面径流,减轻边沟的水流负担,保证挖方边坡和填方坡脚不受流水冲刷。

1. 主要形式及适用范围

截水沟的断面形式一般为梯形,如图 4-3 所示。截水沟一般底宽不小于 0.5m,深度按设计流量确定,亦不应小于 0.5m。边坡视土质情况而定,一般为 1:1 ~ 1:1.5。截水沟长度一般不宜超过 500m,以 200 ~ 500m 为宜。超过 500m 时,应选择适当地点增设出水口。由急流槽或急流管分流引排,将水引至山坡侧的自然沟中或桥涵进水口。截水沟沟底最小纵坡为 0.3% ~ 0.5%,亦不宜超过 3%,以 1% 为适当。

对于挖方路基,边坡坡顶距分水岭的距离不长、土质好、坡度缓、植被茂密的路段可不设截水沟;相反,如果降雨量较多、暴雨频率高、山坡覆盖层比较松散、被面较长、水土流失比较严重的地段,必须设置截水沟,必要时可设置两道或多道截水沟。

2. 施工要求

（1）当山坡覆盖层较薄（小于1.5m），且不稳定时，修建截水沟可将沟底设置在基岩上，如图4-4所示，以截除覆盖层与基岩面间的地下水，保证沟身稳定。必要时还应与沟身加固设计进行技术与经济比较。

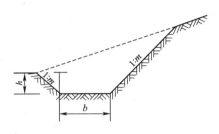

图4-3 截水沟常用断面形式

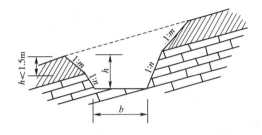

图4-4 基岩处截水沟断面形式

（2）当截水沟沟壁最低边缘开挖深度不能满足断面设计要求时，可在沟壁较低一侧培筑土埂。土埂顶宽1~2m，背水面坡1:1~1:1.5，迎水面坡则按设计水流速度、浸水高度所确定的加固类型而定。如土埂基底横坡陡于1:5时，沿地面须挖0.5~1.0m宽的台阶，如图4-5所示。

（3）当地形较陡，如采用一般沟渠断面会导致地表覆盖层破坏范围太大时，或遇地质条件不良的土层，为了缩小山坡破坏面，可采用图4-6所示的断面形式。

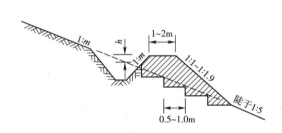

图4-5 截水沟沟壁一侧填筑土埂的断面形式

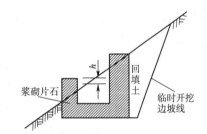

图4-6 浆砌片石截水沟断面形式

（4）截水沟离开路基坡顶距离视土质而定，以不影响边坡稳定为原则。对一般土层，$d \geq 5m$；对有软弱层地段（如破碎或松散土层、淤泥层等），$d \geq (H+5)m$ 但不应小于10m，如图4-7所示。路基上方有弃土堆时，截水沟应离开弃土堆坡脚1~5m，弃土堆坡脚离开路基挖方坡顶不应小于10m，如图4-8所示。

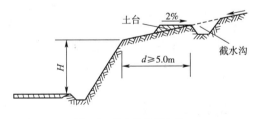

图4-7 挖方路段截水沟

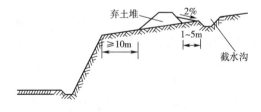

图4-8 挖方路段截水沟与弃土堆的关系

（5）当挖方边坡较高，降雨量也较大时，如边坡上设平台，可在平台上加设截水沟，拦截由坡顶流下的水流，如图4-9所示。

（6）山坡路堤上方的截水沟离开坡脚至少2m，并利用开挖截水沟的土在路堤与截水沟之间修成向沟倾斜坡度为2%的土台或护坡道，使路堤内侧地面水流入截水沟排除，确保路堤不受水害,如图 4-10 所示。

(7)截水沟内的水流一般应避免排入边沟,通常应尽量利用地形,将截水沟的水流排到所在山坡一侧的自然沟中,或直接引到桥涵进口处。截水沟出水口处应与其他排水设施平顺衔接,同时要注意防渗加固,必要时可设跌水或急流槽,以免水在山坡上任意自流,造成冲刷。

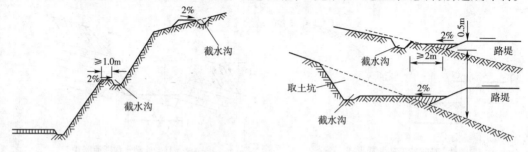

图 4-9　挖方路段土质边坡较高时坡顶截水沟　　　　图 4-10　山坡路堤上方截水沟系

(8)在土质松软、透水性强的地段或裂隙较多的岩石地段,截水沟应进行加固;沟底纵坡较大的土质截水沟,为防止冲刷,也应予加固。

(9)截水沟应结合地形合理布置,要求线形直接通顺,在转弯处应以平滑曲线连接,尽量与绝大多数地面水流方向垂直,以提高截水效果和缩短沟的长度;若因地形限制,截水沟绕行,工程艰巨,附近又无出水口时,可分段考虑,中部以急流槽衔接,如图 4-11。

(10)如将截水沟中的水流引至自然沟或路堤地段确有困难,且引入边沟又将过大增加路基挖方时,则应考虑在挖方较低处增设急流槽和涵洞,直接将水引至路基另一侧,排除路基范围之外,如图 4-12 所示。

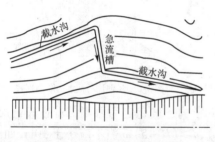 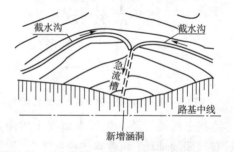

图 4-11　中部以急流槽衔接的截水沟　　　　图 4-12　增设急流槽与涵洞

三、排水沟

排水沟的主要用途在于引水,将路基范围内各种水源的水流(如边沟、截水沟、取土坑、边坡和路基附近积水),引至桥涵或路基范围以外的指定地点。当路线受到多段沟渠或水道影响时,为保护路基不受水害,可以设置排水沟或改移渠道,以调节水流,整治水道。

1. 主要形式及适用范围

排水沟的横断面,一般采用梯形,尺寸大小应经过水力水文计算选定。用于边沟、截水沟及取土坑出水口的排水沟,横断面尺寸根据设计流量确定,底宽与深度不宜小于 0.5m,土沟的边坡坡度约为 1:1~1:1.5。

2. 施工要求

(1)排水沟的位置,可根据需要并结合当地地形等条件而定,离路基尽可能远些,距路基坡脚不宜小于 2m,平面上应力求直捷,需要转弯时亦应尽量圆顺,做成弧形,其半径不宜小于

10~20m,连续长度宜短,一般不超过500m。

(2)排水沟水流注入其他沟渠或水道时,应使原水道不产生冲刷或淤积。通常应使排水沟与原水道两者成锐角相交,即交角不大于45°。有条件可用半径$R=10b$(b为沟顶宽)的圆曲线朝下游与其他水道相接,如图4-13所示。

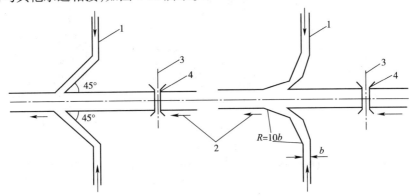

图4-13 排水沟与水道衔接示意图
1-排水沟;2-其他渠道;3-路基中心线;4-桥涵

(3)排水沟应具有合适的纵坡,以保证水流畅通,不致流速太大而产生冲刷,亦不可流速太小而形成淤积,为此宜通过水文水力计算择优选定。一般情况下,可取0.5%~1.0%,不小于0.3%,亦不宜大于3%。若纵坡大于3%,应采取相应的加固措施。

路基排水沟渠的加固类型有多种,表4-1为土质沟渠各种加固类型,图4-14为沟渠加固横断面图,设计时可结合当地条件,根据沟渠土质、水流速度、沟底纵坡和使用要求等而定。

沟渠加固类型　　　　　　　表4-1

形 式	名 称	铺砌厚度(cm)
简易式	平铺草皮	单层
	竖铺草皮	叠层
	水泥砂浆抹平层	2~3
	石灰三合土抹平层	3~5
	黏土碎砾石加固层	10~15
	石灰三合土碎砾石加固层	10~15
干砌式	干砌片石	15~25
	混凝土预制块	15~25
	砖砌水槽	20~25
浆砌式	浆砌片石	20~25
	混凝土预制块	
	砖砌水槽	6~10

沟渠加固类型与沟底纵坡有关,表4-2所列可供设计时参照使用。

沟渠加固类型与沟底纵坡关系　　　　　　　表4-2

纵坡(%)	<1	1~3	3~5	5~7	>7
加固类型	不加固	(1)土质好,不加固 (2)土质不好,简易加固	简易加固或干砌石加固	干砌式或浆砌式加固	浆砌式加固或改用跌水

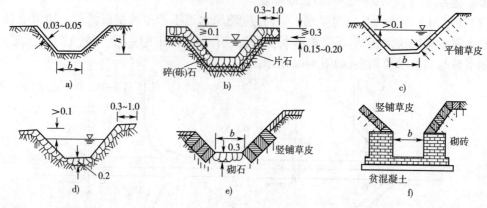

图 4-14 沟渠加固断面图(尺寸单位:m)

a)石灰三合土抹平层;b)干砌片石(碎石垫平);c)平铺草皮;d)浆砌片石(碎石垫平);e)竖铺草皮,砌石底;f)砖砌水槽

四、跌水

跌水一般设置在沟渠的纵坡较陡地段,其目的是要在较短的距离内,降低流速,消减水流能量,因此要求结构本身稳固耐久,多采用浆砌块石或混凝土结构,并配有相应的防护加固措施。

1. 主要形式及适用范围

跌水有单级和多级之分,沟底有等宽和变宽之别。单级跌水适用于排水沟渠连接处,由于水位落差较大,需要消能或改变水流方向,图 4-15 表示路基边沟水流通过涵洞排泄时,采用单级跌水(相当于雨水井)的示例之一。较长陡坡地段的沟渠,为减缓水流速度,并予以消能,可采用多级跌水,图 4-16 即为示例之一。多级跌水底宽和每级长度,可以采用各自相等的对称形,亦可根据实地需要,做成变宽或不等长度与高度。

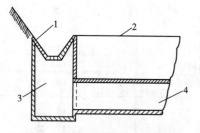

图 4-15 边沟与涵洞单级跌水连接图

1-边沟;2-路基;3-跌水井;4-涵洞

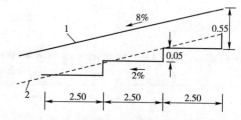

图 4-16 多级跌水纵剖面图(尺寸单位:m)

1-沟顶线;2-沟底线

跌水的基本构造可分为进水口、消力池和出水口三个组成部分。各个组成部分的尺寸,由水力计算而定。跌水两端的土质沟渠,应注意加固,保持水流畅通,不致产生水流冲刷或淤积,以充分发挥跌水的排水效能。

2. 施工要求

(1)跌水可考虑采用人工粗糙增加槽底粗糙度,使水流消能和减速。

(2)山坡较陡时,跌水与下游水面的连接形式宜采用淹没式水跃。

(3)跌水槽身一般砌成矩形,如跌水高度不大,槽底纵坡较缓,亦可采用梯形。梯形跃水槽应在台阶前 50~100cm 和台阶后 100~150cm 范围内进行加固。

五、急流槽

急流槽与跌水是路基地面排水沟渠的特殊形式,是一种较陡的人工水槽,一般设置在地质情况不允许冲刷的较陡山坡及涵洞的进出口地段,其目的是集中消减水流能量,使水流经陡坡引流后降低流速,以避免冲蚀路基内外坡体而造成坍塌。这是山区公路回头展线,沟通上下线路基排水及沟渠出水口的一种常见排水措施。

1. 主要形式及适用范围

由于急流槽的纵坡比跌水的纵坡更长,而且坡度更陡,因此结构要求更加坚固。在坚固岩石面上可砌壁成槽,亦可在岩石坡面上挖槽,但需防渗漏;风化岩石或土质坡面上一般宜挖槽,并采用浆砌片石或水泥混凝土预制件铺砌而成;临时急需时,也可就地采用木槽。

(1)急流槽构造分进水槽、急流槽、消力池和出水槽4个部分,如图4-17所示。急流槽的横断面一般为矩形或梯形,尺寸视水流大小而定,浆砌片石急流槽的槽底厚度可为0.2~0.4m,槽壁厚0.3~0.4m;混凝土急流槽的厚度可为0.2~0.3m,槽深最小0.2m,槽底宽最小0.25m。

(2)纵坡。急流槽纵坡一般不宜超过1:2,同时应与天然地面坡度相配合。急流槽较长时,槽底可用几个纵坡,一般上段较陡、下段较缓。当急流槽纵坡陡于1:1.5时,宜采用金属管,管径应大于20cm。各节急流槽用管须用桩锚固在坡体上,其连接接口应做防水处理,以免管内水流渗漏而冲刷坡面。

(3)基础。急流槽纵坡较陡时,为防止槽体顺坡下滑,槽底可每隔2.5~5.0m以及在转折点处设置耳墙,深入地基约30~50cm,如图4-18所示。

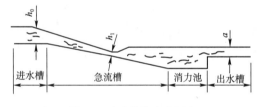

图4-17 急流槽构造示意图

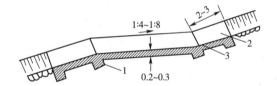

图4-18 设耳墙的急流槽(尺寸单位:m)
1-耳墙;2-消力池;3-混凝土槽底

(4)进出口处。急流槽或急流管的进水口与沟渠泄水口之间应做成喇叭口式连接。变宽段应有至少深15cm的下凹,并铺砌防护。急流槽或急流管的出水口处应设置消能设施,可采用混凝土或石块铺筑的消力池或消力槛。急流槽进出水槽处,底部宜用片石铺砌,长度一般不小于10m,特殊情况下应在下游设厚20~50cm、长2.5m的防冲铺砌。

2. 施工要求

(1)傍山路线遇有岩石山沟,有的相当于天然急流槽,应予利用,必要时适当加工修整,将水流沿该山沟引排。

(2)长草困难的土质高路堤,为防止雨水漫流,冲刷边坡,在道路纵坡不大地段,急流槽进水口在路肩上可做成簸箕式,引导水流流入急流槽;在纵坡较大地段,急流槽进水口与路肩应增设拦水带,拦截上游来水使之进入急流槽。拦水带的路缘石开口与流水进入路堤边坡急流槽的过渡段应连接圆顺。

(3)当急流槽边墙高度大于1.5m时,墙脚下要设基础。急流槽很长时,应分段砌筑,每段长度一般为5~10m,接头处用防水材料填缝,确保密实无空隙。

(4)为减小纵坡很大的急流槽中水流的流速,常采用人工加糙的方式进行处理。

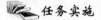**任务实施**

描述各类地面排水设施的类型、作用、设置位置及适用范围。

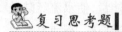

简述常见路基地表排水设施的作用及设置要求。

任务二 路基地下排水工程施工技术

1. 掌握各类地下排水设施的构造。
2. 掌握各类地下排水设施的一般施工方法。

会进行地下排水设施的施工。

拦截、汇集和排除地下水，或降低地下水位，以使路基免遭破坏的结构物，称为地下排水结构物。其构造比一般地面排水结构物复杂，且维修改建困难，投资也较大，故在施工中应予高度重视，以免建成后因结构物失效而酿成后患。

常用地下排水结构物主要有明沟、暗沟、渗井和渗沟等。其特点是排水量不大，主要是以渗流方式汇集水流，并就近排出路基范围以外。对于流量较大的地下水，应设置专用地下管道予以排除。

一、明沟

对路基及边坡土体中的上层滞水或埋藏很浅的潜水，可设置兼排除地面水的明沟。明沟通常有梯形断面和矩形槽式断面。梯形断面如图4-19所示，一般适用于地下水埋藏很浅，深度仅在1~2m之内，或水沟通过的地层稳定且能够进行较深明挖的地方。矩形槽式断面如图4-20所示，适用于处理地下水埋藏相应较深，或地质不良、水沟边坡容易发生滑塌的地方，其深度可达3m左右。

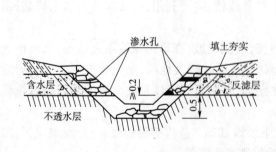

图4-19 浆砌片石梯形断面明沟(尺寸单位:m)

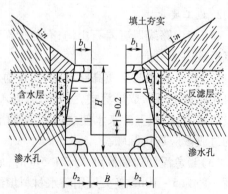

图4-20 浆砌片石矩形断面明沟

明沟用处很广泛,施工简便,养护容易,造价低廉,是排除浅层地下水的良好措施。明沟的开挖一般采用人工或机械进行,施工时必须注意安全,防止塌方。当土质均匀、地下水位低于槽沟底面高程,且开挖深度符合表4-3要求时,其挖方边坡可不加支撑。当开挖深度较深、土质情况又较差时,必须考虑支撑。

沟槽开挖支撑规定　　　　　　　　　　　　　　表4-3

土 质 情 况	可不支撑的深度(m)
密实、中密实的砂土和碎石类土(充填物为砂土)	1.0
硬塑、可塑的轻亚黏土及亚黏土	1.25
硬塑、可塑的轻亚黏土和碎石类土(充填物为黏性土)	1.5
硬塑的黏土	2.0

注:沟槽开挖好后,应及时进行浆砌块石等有关结构工程的施工。

二、暗沟(管)

1. 主要形式及适用范围

暗沟是设在地面以下引导排除水流的沟渠,无渗水和汇水作用,常用形式如图4-21所示。暗沟通常在以下两种情况下设置:

(1)当路基遇有个别泉眼、泉水外涌、路线不能绕行时,为将泉水引至填方坡脚以外或挖方边沟加以排除,可在泉眼与出水口之间开挖沟槽,修建暗沟或暗管。

(2)市区或穿集镇路段的街道污水管或雨水管,以及公路中央分隔带弯道处的排水设计也有采用暗沟或暗管排除积水。暗沟造价一般高于明沟,一旦发生淤塞,疏通费事,一般必须与明沟方案做比较,择优选用。

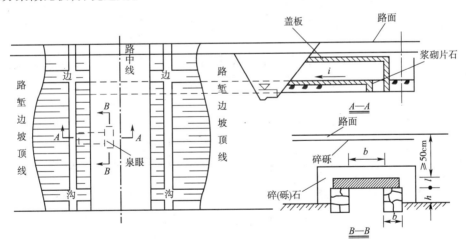

图4-21 暗沟构造图

2. 施工要求

(1)路基回填之前,挖出泉眼时,可按照泉眼范围大小,剥去泉眼上层浮土,并挖成泉井,砌筑井壁与沟壁,上盖混凝土(或石)盖板。井深应保证盖板顶面的填土高度不小于50cm,井宽 b 按泉眼范围大小决定。暗沟高度约为20cm,宽20~30cm。如沟身两侧为石质,盖板可直接放在两侧石壁上。

(2)暗沟沟底纵坡建议不小于1%,采用暗管时,管底纵波不小于0.5%,如出水口为边沟,暗沟(管)底应高出边沟最高水位 20cm 以上,不允许出现倒灌现象。

(3)在施工过程中,应防止泥土或砂粒落入沟槽或泉眼,以免堵塞。暗沟顶可铺筑碎(卵)石一层,上填砂砾。

三、渗沟

采用渗透方式将地下水汇集于沟内,并通过沟底通道将水排到指定地点,这种设施统称为渗沟。渗沟具有疏干表层土体、增加坡面稳定性、截断及引排地下水、降低地下水位、防止地下细颗粒土壤被冲移的作用。在路基中,浅埋的渗沟约为 2～3m,深埋时可达 6m 以上。

1. 主要形式及适用范围

由于渗沟是隐蔽工程,埋置于地面以下,不易维修,因此在选择时一定要与修建明沟相比较,择优选用。必须采用渗沟时,要确保施工质量,使之长久牢固,渗流畅通,引排有效。渗沟一般在下列情况采用:

(1)地基中存在层间水流向路基,为防止路基边坡滑塌和毛细水上升危及路基强度与稳定性,通常在一侧边沟下设置渗沟,如图 4-22 所示。

(2)在地下水位较高、毛细水易上升到路基工作区范围内,形成水分积聚而造成冻胀和翻浆,通常在两侧边沟下均设置渗沟,以降低地下水位,如图 4-23 所示。

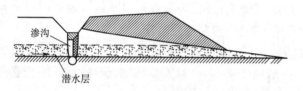

图 4-22 拦截潜水流向路堤的渗沟

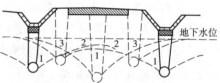

图 4-23 降低地下水位的渗沟

注:图中数字 1、2、3 表示位置不同的渗沟所降低的不同水位曲线

(3)在挖方与填方交界段,为拦截和排除路堑下层间水或小股泉水,保持路堤填土不受水害,通常在填挖方交界处设置横向渗沟,如图 4-24 所示。

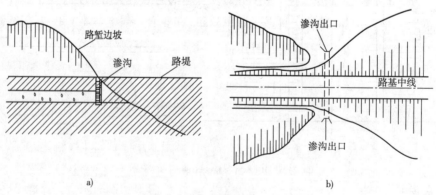

图 4-24 截断路堑层间水的渗沟
a)剖面;b)平面

结构形式的不同可分为填石渗沟、管式渗沟和洞式渗沟。这三种形式的渗沟均由排水层(石缝、管或洞)、反滤层和封闭层所组成,构造如图 4-25 所示。

填石渗沟又称盲沟,一般用于流量不大、渗沟不长的地段,是目前公路上最常采用的一种渗沟形式。由于排水层阻力较大,其纵坡不应小于 1%,一般可采用 5%。

管式渗沟设于排除地下水较长的地段，但渗沟过长时，应加设横向泄水管，将纵向渗沟的水流迅速分段排除；沟底纵坡取决于设计流速，一般以不大于 1.0m/s 为宜，为避免淤积，沟底纵坡不得小于 0.5%；洞式渗沟采用石砌涵洞，一般用于地下水流量较大，或石料比较丰富的地区，洞口大小依设计流量而定；沟底纵坡最小为 0.5%，有条件时适当采用较大纵坡，以利排水。

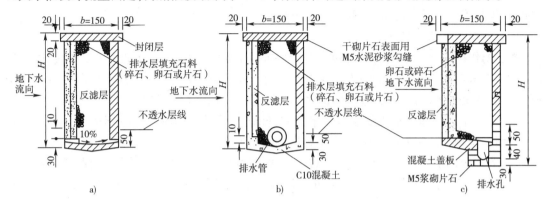

图 4-25 渗沟的结构形式（尺寸单位：cm）
a）填石渗沟；b）管式渗沟；c）洞式渗沟

2. 施工要求

(1) 渗沟要尽可能与地下水流向相互垂直，使之能拦截更多的地下水，用作引水的渗沟应布置成条形或树枝形。

(2) 渗沟的槽宽（人工开挖）视沟深而定，深度在 2m 时，宽度为 0.6~0.8m，深度为 3~4m 时，宽度不小于 1m，沟内用于排水渗水的砂石填料，应经过筛选和清洗。

(3) 渗沟的封闭层是为了防止土粒落进填充石料的孔隙，以免造成渗沟堵塞而设置的，同时也能防止地面水流入渗沟。封闭层通常采用浆砌片石、干砌片石水泥砂浆勾缝和黏土夯实。黏土层厚约 50cm，下面铺双层反铺草皮或铺土工布。寒冷地区沟顶填土高度小于冰冻深度时，应设置保温层，并加大出水口附近纵坡，保温层可采用炉渣、砂砾、碎石或草皮铺筑。

(4) 渗沟的出水口宜设置端墙，端墙下部留出与渗沟排水通道大小一致的排水沟。端墙排水孔底面距排水沟沟底的高度不宜小于 20cm，在寒冷地区不宜小于 50cm，端墙出口的排水沟应进行加固，防止冲刷，如图 4-26 所示。

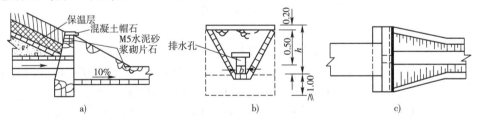

图 4-26 端墙式出水口示意图（尺寸单位：m）
a）立面图；b）断面图；c）平面图

(5) 渗沟的排水沟（管或洞）与沟壁之间应设置反滤层和隔渗层。沟底挖至不透水层形成完整渗沟时，反滤层设在迎水面一侧，背水面一侧设隔渗层；沟底设在含水层内形成不完整渗沟时，两侧沟壁均设置反滤层。

反滤层的作用是当含水层中水流从细粒土流向相邻的排水层时，为了防止细粒土被水流挟走和便于水流自由顺畅而不致引起排水层堵塞，需要在含水层与排水层交界面处设置一层由砂砾石、渗水土工织物或无砂混凝土板组成的过滤层。

四、渗井

当地下存在多层含水层,其中影响路基的上部含水层较薄、排水量不大且平式渗沟难以布置时,则可采用立式排水设备,这种设备称为渗井。

1. 主要形式及适用范围

渗井的作用是穿过不透水层,将路基范围内的上层地下水引入更深的含水层中去,以降低上层的地下水位或全部予以排除上层地下水。由于渗井施工不易,单位渗水面积的造价高于渗沟,一般尽量不用,选用时要进行分析比较后确定。一般在下列情况才考虑设置渗井:

(1)路基附近的地面水或浅层地下水无法排除时,可以修建渗井经过不透水层将水流渗入到地面1.5m以下的透水层中排除,不致影响路基稳定。

(2)高速公路或城市道路立交桥下的通道,如路线为凹形竖曲线时,当通道路基下层有良好的渗水性土层,可于凹形的最底部设置渗井,将低洼处积水排走。这种构造较涵管、水泵排水经济、简单。

(3)当土基含水率较大,严重影响路基路面强度,其他地下排水设施不易布置时作为方式之一。渗井上部构造为集水结构,下部为排水结构,如图4-27所示。渗井的一般要求如下:

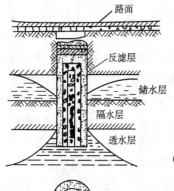

图4-27 渗井结构与布置图

①渗井面积的大小取决于路基表面积水流量,一般可采用直径为70cm的圆井,或边长60~100cm的方井。当排除表面集中水流时,渗井顶部四周(进口部分除外)用黏土填筑围护,顶上也可加筑混凝土盖,严防渗井淤塞。

②渗井的下部必须穿过不透水层而深达透水层,井内填充材料用碎石或卵石,上部不透水层内填充砂和砾石。透水层离地面较深时,可用钻井机钻孔,直径不应小于15cm,有时可达50~60cm。

③立交桥下通道采用渗井时,雨水口的铁箅盖板及其两侧墙身即为上部积水结构,墙身应深达透水层。墙身可用砖、片(块)石砌筑,境内不透水性的土应挖除,而以碎(卵)石与砂、砾石回填来作为下部构造,疏散雨水。

2. 施工要求

(1)渗井直径一般为50~80cm,井内填充材料由中心向四周分层次填入由粗而细的砂石材料;粗料渗水,细料反滤;填充料要求筛分冲洗,施工时需用铁皮套筒分隔,用以填入不同粒径的材料,要求层次分明;不得粗细混杂,以保证渗井达到预期排水效果。

(2)在下层透水范围内填碎石或卵石,上层不透水层范围内填砂或砾石;井壁和填充料之间应设反滤层。

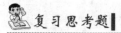

描述各类地下排水设施的类型、作用、设置位置及适用范围。

复习思考题

简述常见路基地下排水设施的作用及设置要求。

项目五 路基防护与加固施工技术

任务一 路基防护工程施工技术

知识目标

1. 掌握路基防护的基本概念。
2. 掌握各种坡面防护设施和各种冲刷防护设施。

能力目标

会进行各种坡面防护设施和冲刷防护设施的施工。

防护工程的重点是路基边坡,尤其是地质不良和水文地质不良地段的路堑、容易受水冲刷的边坡、不稳定的山坡更应该重视。路基防护工程一般可分为坡面防护和冲刷防护两大类。

坡面防护主要用以防护易受自然因素影响而破坏的土质与岩石边坡。常用类型有植物防护、砌石防护和坡面处治。植物防护又称为"生命"防护,以土质边坡为主。砌石防护、坡面处治又称为"无机"防护,以石质路堑边坡为主。

冲刷防护用于防护水流对路基的冲刷与淘刷,可分为直接防护和间接防护两类。直接防护类型有植物防护、砌石防护与加固两种。间接防护主要指设置导治结构物,如丁坝、顺坝、防洪堤和拦水坝等,必要时疏通河床、改变河道,以改变流水方向,避免或减缓水流对路基的直接破坏作用。

一、植物防护

植物防护可美化路容,协调环境,调节边坡土的湿度与温度,起到固结和稳定边坡的作用。它对于坡高不大、边坡比较平缓的土质坡面是一种简易有效的防护设施,其方法有种草、铺草皮和植树。土质边坡防护也可采用拉伸网草皮、固定草种布或网格固定撒种,用土工合成材料进行土质边坡防护的边坡坡度宜为1:1.0~1:2.0。

1. 植物防护

1)拉伸网草皮

拉伸网草皮是在土工网或土工垫等土工合成材料上铺设3~5cm的种植土层,经过撒种、养护后形成的人工草皮。固定草种布(也可称植生带)是在土工织物纺织时将草种固定于土工织物中,然后到现场铺筑以促使草皮生长的一种土工合成材料草皮制品。网格固定撒种是先将土工网固定于需防护的边坡上,然后撒播草种形成草皮的一种边坡防护方法。

2)种草

种草适用边坡坡度不陡于1:1、土质适宜种草、不浸水或短期浸水但地面径流速度不超过0.6m/s的边坡。草的品种要适应当地自然条件,最好是根系发达,中茎低矮,多年生长,几种草籽混种。不宜种草的坡面,可以铺5~10cm厚的种植土层,土层与原坡面结合稳固。

当坡面冲刷比较严重、边坡较陡、径流速度大于0.6m/s、容许最大速度为1.8m/s时,应根据具体条件(坡度与流速等),分别采用平铺(平行于坡面)、水平叠铺。垂直坡面或与坡面成一半坡角的倾斜叠铺草皮,还可采用片石铺砌成方格或拱式边框,方格或框内再铺草皮。

铺草皮在施工时,应将边坡表面挖松整平,尽可能在春秋季或雨季进行,随挖随铺成活率较高,不宜在冰冻时期或解冻时期施工。路堑边坡铺草皮时,应铺过路堑顶部1m或铺至截水沟边。为提高防护效果,在铺草皮防护被面上,尽可能植树造林,以形成一个良好的覆盖层。

3)植树

植树主要用在堤岸边的河滩上,用来降低流速,促使泥沙淤积,防水直接冲刷路堤。多排林堤岸与水流方向斜交,还可起到排水改变水流方向的作用。沙漠与雪害地区,防护林带还起阻沙防雪作用。树木的品种与种植位置及宽度,应根据防护要求、流水速度等因素,参见有关设计手册、结合当地经验而定。城市或风景区的植物防护,应与有关部门协调配合。

2. 三维植被网防护

三维植被网以热塑树脂为原料制成,其结构分为上下两层,组成网包。由于网包能降低雨滴的冲蚀能量,阻断坡面雨水,并能很好地固定填充物(土、营养土、草籽),使其不被雨水冲走,为植被生长创造良好条件。另外,三维网固定在坡面土,直接对坡面起固定作用。当植物生长茂盛后,根系与三维网盘错、连接纠缠在一起,坡面和土相接,形成一个固定的绿色复合防护整体,起到复合护坡的作用。三维植被网中的回填土采用客土或土及含腐殖质土的混合物。三维植被网适用于砂性土、土夹石及风化岩石,且坡率缓于1:0.75的边坡防护。

3. 湿法喷播

湿法喷播是一种以水为载体的机械化植被建植技术。它采用专门的设备(喷播机)施工。种子在较短时间内萌芽、生长成株、覆盖坡面,达到迅速绿化、稳固边坡的目的。

湿法喷播适用于土质边坡、土夹石边坡、严重风化岩石且坡率缓于1:0.5的路堑和路堤边坡及中央分隔带、立交区、服务区及弃土堆绿化防护。

4. 客土喷播

客土喷播是将客土(提供植物生长的基盘材料)、纤维(基盘辅助材料)、侵蚀防止剂、缓效肥料和种子按一定比例加入专门设备中充分混合后,喷播到坡面,使植物获得必要的生长基础,达到快速绿化的目的。

客土喷播适用于风化岩石、土壤较少的软质岩石、养分较少的土壤、硬质土境、植物立地条件差的高大坡面和受侵蚀显著的坡面。当坡率陡于1:1时,宜设置挂网或混凝土框架。

5. 骨架植草

为了防止冲刷,同时美化环境,高填土路堤边坡应优先选择骨架排水及植草防护。骨架之间框格内应种植草皮。骨架嵌入压实坡面深度不小于300mm,应与坡面排水系统一起考虑合理布置;骨架可采用浆砌片石或砖、混凝土预制块砌筑成窗形、菱形、拱形和人字形。骨架所用的片石强度不小于60MPa,最小厚度不小于15cm,单个片石质量不小于30kg。砂浆强度等级为M5或M7.5,勾缝砂浆为M10。砌筑施工时,应采用勾凹缝的施工工艺,必须采用大块面石。面石应凿成多边形,并应大小相互匹配,以确保浆缝宽度均匀。坡面平整度较差时,可用多空隙混凝土整平。砌筑时,边砌筑边向墙后填筑混凝土即可,并应按规定的位置尺寸设泄水孔。

二、工程防护

当不宜使用植物防护或考虑就地取材时,采用砂石、水泥、石灰等矿质材料进行坡面防护是常用的防护形式。它主要有砂浆抹面、勾缝或喷涂以及石砌护坡或护面墙等,这些形式各自适合于一定条件。

1. 抹面

抹面防护适用于石质挖方坡面,岩石表面易受风化,但比较完整,尚未剥落,如页岩、泥砂岩、千枚岩的新坡面。对此应及时予以封面,以预防风化成害。常用的抹面材料有石灰浆等,其中石灰为胶结料,要求精选。混合料如加纸筋或竹筋,可提高强度,防止开裂;如掺加适量制盐副产品卤水,因含有氯化钙与氯化镁,可使抹面加速硬化和预防开裂。抹面用料的配合比与用量参见有关手册。抹面厚度视材料与坡面状况而定,一般2~10cm。操作前,应清理坡面风化层、浮土与松动碎块,填坑补洞,洒水润湿。抹面后,应拍浆、抹平和养生。为防止灰体表面开裂,增强抗冲蚀能力,可在表面涂沥青保护层,其沥青软化点稍高于当地最高气温,用量为$3kg/m^2$左右。

2. 捶面

适用于破碎的、有裂隙的较平整岩石边坡。捶面厚度10~15cm,一般采用等厚截面。当边坡较高时,采用上薄下厚截面。捶面护坡与未防护坡面衔接处应封闭,其措施与抹面相同。坡脚设1~2m高的浆砌片石护坡。捶面材料常用石灰土、二灰土等。

捶面前应清除坡面浮石松土,填补坑凹,有裂缝时应先用小块料塞缝。在土质边坡上,为使捶面贴牢,可挖小台阶或锯齿。坡面应先洒石灰水润湿,捶面时夯拍要均匀,提浆要及时,表面要光滑,提浆后2~3h进行洒水养生3~5d。不宜在寒冷季节施工。养护时如发现开裂和脱落应及时修补。有较大面积捶面时,应设置伸缩缝,其间距不宜越过10m。

3. 喷浆及喷射混凝土

常用于易风化表面平整度较差的岩石边坡。喷浆厚度不宜小于5cm,喷射沉淀土厚度以8cm为宜,分2~3次喷射。喷浆及喷射混凝土护坡的用边与未防护坡面之衔接与抹面护坡相同。坡脚应作1~2m高的浆砌片石护坡。

施工前,坡面如有较大裂缝、凹坑时应先嵌补牢固,使坡面平顺整齐;岩体表面要冲洗干净,土体表面要平整、密实、湿润。喷层厚度应均匀,喷后应养护7~10d。对于一般地段,采用水泥、石灰、砂与水4种原材料的混合浆(质量比为1:1:6:3)喷射比较经济适用。

4. 勾缝、灌缝

勾缝与灌缝常用于不易风化的、岩石表面有裂隙的石质地带,前者用于裂隙较小的情况,后者用于裂隙较大的情况。灌缝可用体积比1:4或1:5的水泥砂浆。裂缝很宽时,可用体积比1:3:6或1:4:6的混凝土灌注。勾缝可用体积比1:2或1:3的水泥砂浆,也可用1:0.5:3或1:2:9的水泥石灰砂浆。灌缝和勾缝前应无用水冲洗,并清除裂缝内的泥土、杂草。勾缝时要求砂浆应嵌入缝隙中,与岩体牢固结合。灌缝时要求插捣密实,灌满缝口并抹平。

5. 护面墙

护面墙是一种浆砌片石覆盖物,多用在易风化的泥岩、页岩等岩石及其他风化严重的软弱岩层和较破碎的岩石地段,以防止继续风化。护面墙仅能承受自重,不能承受侧压力,要求被防护的边坡自身必须稳定,且大致平整。墙的厚度视墙高而定。沿墙身长度每10m应设2cm

宽的伸缩缝。墙身横纵方向每隔 2～3m 设置孔口为 5cm×10cm、10cm×10cm、10cm×20cm 的方孔或直径为 5～10cm 的圆形泄水孔,泄水孔后面应用碎石和砂砾作反滤层,伸缩缝及泄水孔的布置如图 5-1 所示。

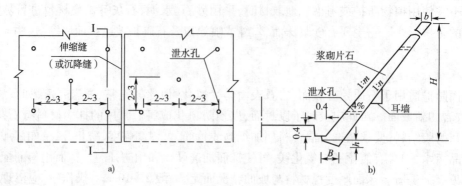

图 5-1　护面墙(尺寸单位:m)
a)正面;b)剖面Ⅰ-Ⅰ

护面墙的基础应置于坚固地基上,并应深入冰冻线以下至少 0.25m,如果地基承载力不足,则应进行加固,对个别地基的软弱段落,可用拱形或搭板的形式跨过。

为了提高护面墙的稳定性,视断面上的基岩好坏,每 6～10m 高为一级,设宽度不小于 1m 的平台,墙背每 4～6m 高设一宽度不小于 0.5m 的错台(或称耳墙)。

6. 石砌防护

1) 干砌片石护坡

干砌片石虽有一定的支撑能力,但主要作用是防止水流冲刷边坡,故要求需要防护的边坡自身应基本稳定。对严重潮湿或有冻害的路段,一般不宜使用。干砌片石防护有单层铺砌、双层铺砌以及编格内铺石等形式,可根据具体情况选用。用于冲刷防护时,只允许流速大于单层或双层时的流速,则宜采用编格内铺石护坡。

采用干砌片石防护时,为防止水流将铺石下面边坡上的细颗粒土带出来冲走,施工时,应在铺砌层的底面设 0.1～0.2m 的碎石、砾石或砂砾混合物垫层,以增加整个铺石防护的弹性,使其不易损坏。同时,干砌片石最好用砂浆勾缝,防止水分侵入过多,以提高其整体强度。

2) 浆砌片石护坡

浆砌片石护坡,适用于防护流速较大(4～5m/s)的沿河路堤或采用干砌片石不适宜或效果不理想的其他坡面防护。尤其是与浸水挡土墙或护面墙等综合使用防护不完全岩层和边坡,可收到较好的效果,但对严重潮湿或严重冻害的土质边坡,在未进行排水措施以前,则不宜采用。

浆砌片石护坡宜用 0.3～0.5m 以上的块(片)石砌筑,其厚度一般为 0.2～0.5m,用于冲刷防护时,最小厚度一般不小于 0.35m,护坡底面应设 0.10～0.20m 厚的碎石或砂砾垫层。

基础要求坚固,底面宜采用 1:5 向内倾斜的坡度,如遇坚石可挖成台阶式,在沿河地段基础应埋置于冲刷线以下 0.5～1.0m。浆砌片石护坡每长 10～15m,应留宽约 2.0m 的伸缩缝。护坡的中、下部应设 10cm×10cm 的矩形或直径为 10cm 的圆形泄水孔,一般间距为 2～3m,泄水孔后 0.5m 的范围内应设置反滤层。路堤边坡上的浆砌片石护坡,应在路堤沉实或夯实后施工,以免因路堤沉落而引起护坡破坏。

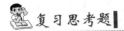

1. 简述路基防护的基本概念。
2. 简述各种坡面防护设施和各种冲刷防护设施的设置要求。

复习思考题

简述路基防护工程的类型及作用。

任务二　路基加固工程施工技术

掌握挡土墙的各种构造和适用范围。

会进行各种挡土墙施施工。

一、挡土墙分类

为防止路基填土或山坡土体坍塌而修筑的承受土体侧压力的墙式构造物,称为挡土墙。在公路工程中,它广泛地用于支撑路堤填土或路堑边坡,以及桥台、隧道洞口和河流堤岸等处。路基工程中,挡土墙的建筑费用较高,故路基设计时,应与其他可能的工程方案进行技术经济比较,择优选定。公路工程中的挡土墙主要按下述方法进行分类:

(1)按照挡土墙设置的位置,挡土墙可分为路堑墙、路堤墙、路肩墙和山坡墙等,如图 5-2 所示。

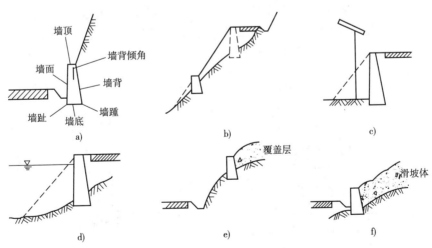

图 5-2　设置挡土墙的位置

a)路堑墙;b)路堤墙;c)路肩墙;d)浸水挡土墙;e)山坡挡土墙;f)抗滑挡土墙

(2)按照结构形式,挡土墙可分为重力式挡土墙、锚定式挡土墙、薄壁式挡土墙、加筋土挡土墙等。

二、挡土墙的使用条件

1. 重力式挡土墙

重力式挡土墙依靠强身自重支撑土压力来维持其稳定。一般多用在片(块)石砌筑,在缺乏石料的地区有时也用混凝土修建。图5-2所示的挡土墙均为重力式挡土墙。重力式挡土墙形式简单,施工方便,可就地取材,适应性较强,故被广泛应用,但其圬工数量较大,对地基的承载能力要求较高。根据墙背倾斜方向的不同,墙身断面形式可分为仰斜、垂直、俯斜、凸形折线式和衡重式等几种,如图5-3所示。

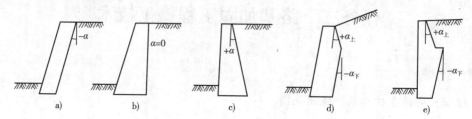

图5-3 重力式挡土墙断面形式
a)仰斜式;b)垂直式;c)俯斜式;d)凸形折线式;e)衡重式

2. 加筋土挡土墙

加筋土挡土墙是填土、拉筋、面板三者的结合体,如图5-4所示。填土和拉筋之间的摩擦力改善土的物理力学性质,而使得填土与拉筋结合为一个整体。在这个整体中起控制作用的是填土与拉筋之间的摩擦力。面板的作用是阻挡填土坍落挤出,迫使填土与拉筋结合为整体。

加筋土挡土墙属于柔性结构,对地基变形适应性大,建筑高度大,具有省工、省料、施工方便、快速等优点,适用于填土路基。

3. 锚定式挡土墙

锚定式挡土墙可分为锚杆式和锚定板式两种。

锚杆式挡土墙是由预制的钢筋混凝土立柱、挡土板构成墙面,与水平或倾斜的钢锚杆联合组成,如图5-5所示。锚杆的一端与立柱连接,另一端被锚固在山坡深处的稳定岩层或土层中。墙后侧向土压力由挡土板传给立柱,由锚杆与稳定岩层或上层之间的锚固力,使墙获得稳定。它适用于墙高较大、缺乏石料或挖基困难地区具有锚固条件的路堑挡土墙。

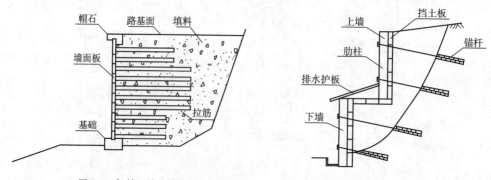

图5-4 加筋土挡土墙　　图5-5 锚杆式挡土墙构造示意图

锚定板式挡土墙是由钢筋混凝土墙面、钢拉杆、锚定板以及其间的填土共同形成的一种组合挡土结构,如图5-6所示。它借助于埋在填土内的锚定板的抗拔力抵抗侧土压力,保持墙的稳定。锚定式挡土墙的特点是构件断面小,工程量省,不受地基承载力的限制,构件可预制,有利于实现结构轻型化和施工机械化。它适用于缺乏石料地区的路肩墙或路堤墙。

4. 薄壁式挡土墙

薄壁式挡土墙属于钢筋混凝土结构,可以分为悬臂式和扶壁式两种。

悬臂式挡土墙由立壁、墙趾板和墙踵板三部分,如图 5-7a)所示。当墙身较高时,沿墙长每隔一定距离加设扶壁(肋板)连接墙面板及踵板,构成扶壁式挡土墙,如图 5-7b)所示。薄壁式挡土墙结构的稳定不是依靠本身的重量,主要依靠墙踵板上的填土重量来保证。它具有断面尺寸较小、自重轻、能修建在较弱的地基上等优点,适用于城市或缺乏石料的地区。其缺点是需耗用一定数量的水泥和钢筋,施工工艺较为复杂。

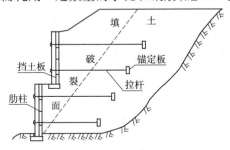

图 5-6 锚定板式挡土墙构造示意图

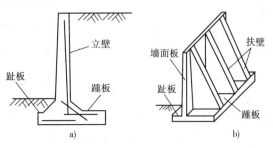

图 5-7 薄壁式挡土墙
a)悬臂式挡土墙;b)扶壁式挡土墙

三、重力式挡土墙施工

1. 施工工序

重力式挡土墙施工工序,如图 5-8 所示。

2. 施工规定

常用的重力式挡土墙,一般由墙身、基础、排水设施和沉降、伸缩缝等部分组成。

1)基础施工

(1)应将基底表面风化、松软土石清除。

(2)硬质岩石基坑中的基础易满坑砌筑。

(3)雨季在土质或易风化软质岩石基坑中砌筑基础时,应在基坑挖好后及时封闭坑底。当基底内设有倾斜的稳定横坡时,应采取临时排水措施,辅以必要坐浆后安砌基础。

(4)采用台阶式基础时,台阶与墙体应连在一起同时砌筑,基地与墙趾台阶转折处不得砌成垂直通缝,砌体与台阶壁间的缝隙砂浆要饱满。

(5)基坑应随砌筑分层回填夯实,并在表面留 3% 的向外斜坡。

2)墙身施工

(1)墙身要分层错缝砌筑,砌出地面后基坑应及时回填夯实,并完成其顶面排水、防渗设施。

(2)伸缩缝与沉降缝内两侧壁应竖直、平齐、无搭叠;缝中防水材料应按设计要求施工。

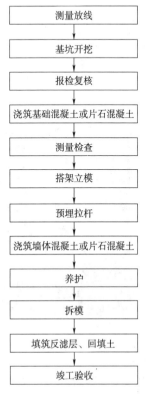

图 5-8 重力式挡土墙施工工序

（3）泄水孔应在砌筑墙身过程中设置，确保排水畅通，并应保证墙背反滤、防渗设施的施工质量。

（4）当墙身强度达到设计强度的75%时，方可进行回填等工作。在距墙背0.5~1.0m以内，不宜用重型压路机碾压。

3）排水设施施工

挡土墙的排水设施通常内地面排水和墙身排水两部分组成。

地面排水可设置地面排水沟，引排地面水；夯实回填土顶面和地面松土，防止雨水和地面水下渗，必要时可加设铺砌；对路堑挡土墙墙趾前的边沟应予以铺砌加固，以防止边沟水渗入基础。

墙身排水主要是为了迅速排除墙后积水。浆砌挡土墙应根据渗水量在墙身的适当高度处布置泄水孔。如图5-9、图5-10所示。泄水孔尺寸可视泄水量大小分别采用5cm×10cm、10cm×10cm、15cm×20cm的方孔，或直径5~10cm的圆孔。泄水孔间距一般为2~3m，上下交错设置。最下排泄水孔的底部应高出墙趾前地面0.3m；当为路堑墙时，出水口应高出边沟水位0.3m；若为浸水挡土墙，则应高出常水位以上0.3m，以避免墙外水流倒灌。为防止水分渗入地基，在最下一排泄水孔的底部应设置30cm厚的黏土隔水层。在泄水孔进口处应设置粗粒料反滤层，以避免堵塞孔道。当墙背填土透水性不良或有冻胀可能时，应在墙后最低一排泄水孔到墙顶0.5m之间设置厚度不小于0.3m的砂、卵石排水层或采用土工布。

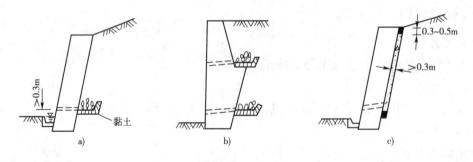

图5-9 泄水孔及排水层

图5-10 泄水孔设置实景图

4）沉降缝和伸缩缝施工

为了防止因地基不均匀沉陷而引起墙身开裂，应根据地基的地质条件及墙高、墙身断面的变化情况设置沉降缝；为了防止圬工砌体因砂浆硬化收缩和温度变化而产生裂缝，须设置伸缩缝。通常把沉降缝与伸缩缝合并在一起，统称为沉降伸缩缝或变形缝。沉降伸缩缝的间距按实际情况而定，对于非岩石地基，宜每隔 10～15m 设置一道沉降伸缩缝；对于岩石地基，其沉降伸缩缝间距可适当增大。沉降伸缩缝的缝宽一般为 2～3cm。浆砌挡土墙的沉降伸缩缝内可用胶泥填塞，但在渗水量大、冻害严重的地区，宜用沥青麻筋或沥青木板等材料，沿墙内、外、顶三边填塞，填深不宜小于 15m。当墙背为填石且冻害不严重时，可仅留空隙，不嵌填料。

对于干砌挡土墙，沉降伸缩缝两侧应选平整石料砌筑，使其形成垂直通缝。

四、悬臂式和扶壁式挡土墙施工

1. 施工工序

悬臂式和扶壁式挡土墙施工工序，如图 5-11 所示。

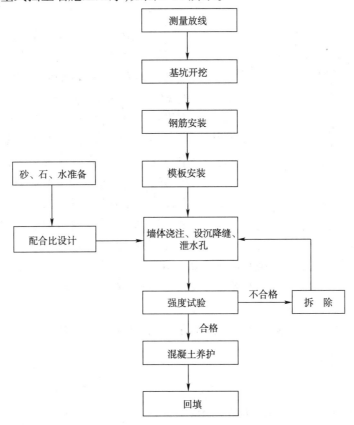

图 5-11 悬臂式和扶壁式挡土墙施工工序

2. 施工规定

(1) 凸榫必须按照设计尺寸开挖，并与墙底板一同灌注混凝土。

(2) 现场整体浇筑时，每段墙的底板、面板和肋的钢筋应一次绑扎，宜一次完成混凝土灌注。当采用现场分段浇筑时，应按设计要求进行施工，并预埋好连接钢筋，连接处混凝土面应严格凿毛，并清洗干净。

(3) 灌注混凝土后，应按有关规定进行养护。墙体达到设计强度的 75% 以后方可进行墙背填土，并应按设计要求的填料和密实度分层填筑、压实；墙背排水设施应随填土及时施工。

(4)现浇悬臂式和扶壁式挡土墙施工质量应符合规定。
(5)装配法施工应符合下列规定:
①基础混凝土强度达到设计强度75%后,方可安装。
②预制墙板与基础必须按设计要求连接牢固。
③预制墙板预制、安装质量应符合规定。

五、锚杆挡土墙施工

1. 施工工序

锚杆挡土墙施工工序,如图5-12所示。

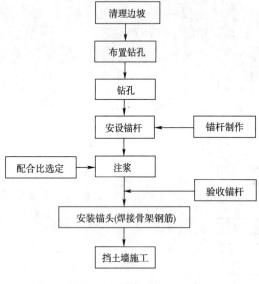

图5-12 锚杆挡土墙施工工序

2. 施工规定

(1)锚杆应按设计尺寸下料、调直、除污、加工,并按照要求,在施工前做锚杆抗拔力验证试验。

(2)钻孔施工。施工前,应清除岩面松动块石,整平墙背坡面。根据设计孔径及岩土性质合理选择钻孔机具;转轴应保持直线,钻位允许偏差±50mm,深度允许偏差-10~+50mm。钻孔应将孔内粉尘、石渣清理干净。

(3)安装普通砂浆锚杆。锚杆应安装在孔位中心,锚杆未插入岩层部分,必须按设计要求做防锈处理。有水地段安装锚杆,应将孔内的水排出或采用早强速凝药包式锚杆。砂浆应随拌随用,宜先插入锚杆然后灌浆,灌浆应采用孔底注浆法,灌浆管应插至距孔底50~100mm,并随水泥砂浆的注入逐渐拔出,灌浆压强宜不小于0.2MPa。普通砂浆锚杆在3d内,早强砂浆锚杆在12h内,不得在杆体上悬挂重物。砂浆锚杆安装后,不得敲击、摇动。必须待砂浆达到设计强度的75%后方可安装肋柱、墙板。

(4)安装墙板时,应边安装墙板边进行墙背回填及墙背排水系统施工。

六、锚定板挡土墙施工

1. 施工工序

锚定板挡土墙施工工序,如图5-13所示。

2. 施工规定

(1)拉杆使用前应按规定取样试验。拉杆埋于土中部分,必须进行防锈处理。肋柱、锚定板上的锚头及螺丝端杆也应作防锈处理和防水封闭。

(2)吊装时应保证肋柱不前倾。

(3)拉杆及锚定板埋设,应先填土后挖槽就位;挖槽时,锚定板比设计位置宜高30~50mm。锚定板前方超挖部分宜用C10水泥混凝土或灰土回填夯实。严禁直接碾压拉杆和锚定板。

(4)分级平台应按设计要求进行封闭,并设2%的外倾排水坡。

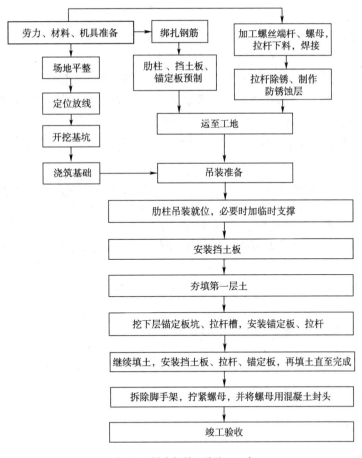

图 5-13　锚定板挡土墙施工工序

七、加筋土挡土墙施工

1. 施工工序

加筋土挡土墙施工工序,如图 5-14 所示。

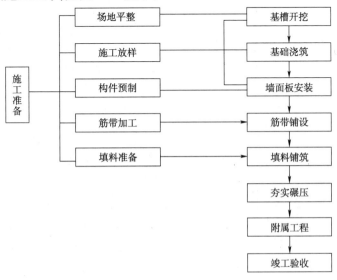

图 5-14　加筋土挡土墙施工工序

2. 施工规定

(1)安装直立式墙面板应按不同填料和拉筋预设仰斜坡,仰斜坡一般为 1:0.02~1:0.05,墙面不得前倾。

(2)拉筋应有粗糙面,并按设计布置呈水平铺设,当局部与填土不密贴时应铺砂垫平。钢拉筋与钢材外露部分应作防锈处理。连续敷设的拉筋接头应置于其尾部;拉筋尾端宜用拉紧器拉紧,各拉筋的拉力应大体均匀,但应避免拉动墙面板。

(3)墙背拉筋锚固段填料宜采用粗粒土或改性土等填料。墙背填土必须满足设计压实度要求。

(4)填料摊铺、碾压应从拉筋中部开始平行于墙面碾压,先向拉筋尾部逐步进行,然后再向墙面方向进行,严禁平行于拉筋方向碾压。

(5)填土分层厚度及碾压遍数,应根据拉筋间距、碾压机具和密实度要求,通过试验确定,严禁使用羊足碾碾压。靠近墙面板 1m 范围内,应使用小型机具夯实或人工夯实,不得使用重型压实机械压实。

(6)当采用聚丙烯土工带时,拉带应平顺,不得出现打折、扭曲等现象,不得与硬质、棱角填料直接接触。

(7)施工过程中随时观测加筋土挡土墙异常变化。

任务实施

描述挡土墙的各种构造和适用范围。

复习思考题

简述重力式挡土墙的施工工序。

项目六 特殊地区路基施工技术

任务一 软土地区路基施工技术

知识目标

1. 掌握湿软地基的基本特性。
2. 了解湿软地基的处理方法。
3. 掌握常用湿软地基处理的施工工艺。

能力目标

1. 能正确判断湿软地基。
2. 能选择正确的方法处理湿软地基。

在软土地基上修建的高速公路,特别是高路堤时,如对软基不加以处治或处理不当,往往会导致路基失稳或过量沉降,造成公路不能正常使用。软土地基处理恰当与否也关系到整个工程项目的质量、投资和进度。因此当高速公路修建于软土地基上时,不论是设计还是施工都应给予高度重视。

一、软土的物理力学性能指标

(1)天然含水率高,空隙率大。含水率为 34% ~72%,孔隙比为 1.0 ~1.9,饱和度一般大于 95%,液限一般为 35% ~60%,塑性指数为 1.3 ~20,天然重度为 15 ~19kN/m²。

(2)透水性差。大部分软土的渗透系数为 1×10^{-3} ~ 1×10^{-5} cm/s。

(3)压缩性高。压缩系数 $\alpha_{0.1-0.3}$ 为 0.5 ~2.0MPa^{-1},属高压缩性土。

(4)抗剪强度低。其快剪黏聚力在 10kPa 左右,快剪内摩擦角为 10° ~15°。

(5)流变性显著。其长期抗剪强度只有一般抗剪强度的 0.4 ~0.8。

二、各种软基处治方法及适用范围

软土地基处治方法很多,各种方法都有它的适用范围,应根据具体工程的地质情况、材料机具、地基条件、处理要求、处理范围、工程进度等进行综合考虑,以确定合适的处治方法。常见软土地基的处置方法及适用范围如表 6-1 所示。

三、各种软基处治施工技术

软土地基处治前,应复核处治方案的可行性,编制实施性施工组织设计。软土地基处治材料的选用及处治方案,宜因地制宜、就地取材。

常见软土地基处理方法及适用范围　　　　表 6-1

分类	处理方法		使用情况						加固效果				最大有效处理深度(m)	高路堤工程应用
			淤泥质土	人工填土	黏性土饱和	黏性土非饱和	无黏性土	湿陷性黄土	降低压缩性	提高地基强度	形成不透水性	减小地基沉降		
1	换填法		√	√	√	√		√	√	√		√	3	
2	浅层处理	砂垫层		√			√			√			3	
		碎石、岩渣垫层											3	
		加固土垫层		√									3	
3	砂桩、碎石桩法		√	√	√	√			√	√		√	18	√
4	砂井、塑料板排水法		√		√				√	√			18	√
5	高压喷射注浆法				√	√	√		√	√	√		20	
6	水泥搅拌法		√		√	√			√	√			18	
7	粉喷桩法		√		√	√			√	√			18	
8	堆载预压		√		√				√	√			30	
9	真空配合堆载预压								√	√		√		桥头

1. 浅层处治

常用的浅层处置方法有:换填法和抛石挤淤法两种。

1)换填法

即采用相应的处理方法,将基底下一定深度范围内的软土层挖去或挤去,换以强度较大的砂、碎(砾石)、灰土或素土,以及其他性能稳定、无侵蚀性的土类,并予以压实。换填施工应符合下列规定:

(1)换填料应选用水稳性或透水性好的材料。

(2)回填应分层填筑、压实。

2)抛石挤淤法

它是软弱地基处理的一种方法,在路基底从中部向两侧抛投一定数量的碎石,将淤泥挤出路基范围,以提高路基强度。所用碎石宜采用不易风化的大石块,尺寸一般不小于300mm。

抛石挤淤施工应符合下列规定:

(1)应选用不易风化的片石,片石厚度或直径不宜小于300mm。

(2)软土地层平坦、软土成流动状时,填筑应沿路基中线向前成三角形方式投放片石,再渐次向两侧全宽范围扩展。当软土地层横坡陡于1:10时,应自高侧向低侧填筑,并在低侧坡脚外一定宽度内同时抛填形成片石平台。

(3)片石抛填出软土面后,应用较小石块填塞垫平,并碾压密实。

2. 垫层法

垫层是指地面上设置的砂垫层、砂砾垫层、碎石垫层、灰土或素土垫层、矿渣垫层,以及其他性能稳定、无侵蚀性材料。虽然材料不同的垫层,其应力分布有所差异,但从使用经验分析,其作用和特征都可近似地按砂垫层进行计算。垫层的厚度以保证不致应沉降发生断裂为宜,一般为30~50cm,垫层的宽度适当大于路堤宽度,以防止在施工过程中由于施工机械的破坏而影响对垫层的作用。

1)砂(砾)垫层

(1)垫层材料宜采用无杂物的中、粗砂,含泥量应小于5%;也可采用天然级配砂砾料时,其最大粒径应小于50mm,砾石强度不低于四级(即洛杉矶法磨耗率小于60%)。

(2)垫层宜分层摊铺压实,碾压到规定的压实度,碾压法施工时最佳含水率一般控制在8%~12%。垫层采用砂砾料时,应避免粒料离析。

(3)垫层宽度应宽出路基边脚50~100cm,两侧宜用片石护砌或采用其他方式防护。

2)灰土垫层

(1)石灰采用Ⅲ级以上的生石灰或消解熟石灰,其质量(CaO+MgO)%含量应符合规范要求。石灰剂量应按公路基层、底基层施工技术规范的要求,进行材料组成设计、选定适合于地基土壤的石灰剂量。土料团粒的粒径不宜大于5cm。

(2)灰土垫层施工前必须对下卧地基进行检验,如发现局部软弱土坑,应挖除,并用素土或灰土填平夯实。

(3)掌握封层松铺厚度,按采用的压实机械现场试验来确定。一般情况下松铺厚度为30cm,分层压实厚度为20cm。

(4)施工时应将灰土拌和均匀,控制含水率,应在最佳含水率±3%左右压实,以达到最佳的压实效果。

3)反压护道

在路堤两侧填筑一定宽度和一定高度的护道,使路堤下淤泥和泥浆向两侧隆起的趋势得到平衡,从而保证路堤的稳定性。

采用反压护道施工简易,但占地多,用土量大,且后期沉降量大,养护工作也大,因此适用于非耕作区或取土不困难地区。

反压护道与路堤本身同时填筑,分开填筑时,必须在路堤达到临界高度前填好。其施工工艺与路堤施工工艺相同。这种方法大多是在软土路堤施工过程中已经明显出现不稳定或发生了滑坍破坏的填方时,作为应急和抢修措施使用。

3. 土工合成材料

1)土工合成材料的功能

土工合成材料具有加筋、防护、排水、隔离等功能,选择处治材料时,应按照它在结构层中发挥的主要功能,进行选型和应用。

选用的路堤加筋土合成材料,应具有足够的抗拉强度和较高的刺破强度、顶破强度和握持强度,利用土工织物的高强韧性,能与地基组合成一整体,能分散荷载,限制地基的侧面位移,减小不均匀沉降。

选用过滤和排水的土工合成材料,必须满足挡土、透水和防止淤堵三方面的要求。用于路堤坡面防护和冲刷防护的土工织物,应满足土工织物抗拉强度、顶破强度和渗透性的要求。利用隔离功能的土工织物,应具有较高的隔离性(基本上不透水)。

2)土工合成材料的种类

土工织物合成材料的种类主要有:土工网、土工格栅、土工膜袋、土工织物、土工复合排水材料、土工垫及玻纤网等。

3)土工合成材料处治施工

(1)土工合成材料技术、质量指标应满足设计要求。土工合成材料在存放以及铺设过程中,应避免长时间暴晒或暴露。与土工合成材料直接接触的填料中严禁含强酸性、强碱性物质。

(2)土工合成材料施工应符合以下规定:

①下承层应平整,摊铺时应拉直、平顺,紧贴下承层,不得扭曲、折皱。在斜坡上摊铺时,应保持一定松紧度。

②铺设土工合成材料,应在路堤每边各留一定长度,回折覆裹在已压实的填筑层面上,折回外露部分应用土覆盖。

③土工合成材料的连接,采用搭接时,搭接长度为300~600mm;采用缝接时,缝接宽度应不小于50mm,缝接强度应不低于土工合成材料的抗拉强度;采用黏结时,黏结宽度应不小于50mm,黏结强度应不低于土工合成材料的抗拉强度。

④施工中应采取措施防止土工合成材料受损,出现破损时应及时修补或更换。

⑤双层土工合成材料上、下层接缝应错开,错开长度应大于500mm。

4. 挤密法

挤密法以增大密实度为目的。对软土地基加固处理方法可分为三类:一是在地基表面预施静载压力,加速地基(包括路基)完成沉降,达到趋于稳定,这类方法有反压护道法和堆土预压法;二是在地基表面预施冲击动压力,同样达到完成沉降变形,增大地基土密实度,这类方法称重锤夯实法;三是深入地基内钻挤成桩孔,灌以固化剂与软土混合,组成复合地基,此类方法称深层拌和法。

1)反压护道法和堆土预压法

反压护道法主要指路堤在施工中达不到要求的滑动破坏安全系数时,反压主路堤两侧,预期达到路堤稳定的一种处理方法。在施工过程中必须注意。

堆土预压法是指在正式施工前或施工工期内允许的前提下,在软土地基表面预先堆土加压,加速地基的下沉和软土固结,通过挤密增大土体密实度,提高土的抗剪强度。

2)重锤夯实法

重锤夯实法,一般以钢筋混凝土制成截头圆锥体(底部垫钢板)的重锤,质量宜1.5t或稍重,锤底直径为1~1.5m;起重设备的能力为8~15t,落距高一般为2.5~4.5m。重锤夯实法加固地基,可提高地基表层土的强度。对湿陷性黄土,可降低地表的湿陷性。对杂填土,可减少表层土的强度不均匀性。重锤夯实法适用于地下水位0.8m以下稍湿的一般黏性土、砂土、湿陷性黄土、杂填土等。

3)深层拌和法

在地基的成孔桩中,将石灰或水泥等固化剂与土基软土搅拌、混合处理的方法称为拌和法。它可分为表层土拌和法和深层(深度超过20m)拌和法。

在施工前,一是要确定固化剂的种类,是水泥、石灰、水泥浆,还是其他复合材料;二是根据设计强度的要求,选取施工地段有代表性的土进行固化剂配合比试验,确定施工时固化剂的掺配量;三是检查施工机械运转是否正常,特别是固化剂的排送量,以保证固化剂配比正确。下面介绍两种施工方法:

(1)DLM施工法(Deep Lime Mixing Method)。该法的施工顺序是:首先在预定的位置安装好深层混合搅拌机,转动搅拌翼片,使其边切土边靠自重下沉。待搅拌翼片下沉到预定深度时开始压入固化剂;同时边提升搅拌轴边回转,使固化剂与地基土充分拌匀,形成柱状加固体。根据设计需要,也可将加固体搭接排列,形成壁状或块状加固体。这种施工方法采用的固化剂多为水泥浆。

(2)喷射粉体搅拌法。该法的施工顺序与 DLM 法基本相同,不同之处是固化剂。它是用压缩空气把粉状或粒状的固化剂压送到搅拌翼片处,待搅拌翼片旋转时,从翼片背面形成的空隙部位喷射出来,喷射出来的固化剂粘附在含水分的软黏土上,通过翼片来搅拌。输送固化剂的压缩空气则经回转轴的四周出地面。

5. 化学加固法

利用化学溶液或胶结剂,采用压力灌注或搅拌混合等措施,使土颗粒胶结起来,达到对软土地基加固的目的,称为化学加固法,又称胶结法。此法加固效果取决于土的性质和所用的化学剂,亦与施工工艺有关。

目前化学溶液主要有:

(1)以水玻璃溶液为主的浆液。其配方较多,常用的是水玻璃浆液和氯化钙浆液配合使用,价格昂贵,使用受到限制。

(2)以丙烯氨为主的浆液。我国研制的丙强就是其中的一种。加固效果较好,因价高亦难以广泛采用。

(3)水泥浆液。是由高标号的硅酸盐水泥,配以速凝剂而组成的浆液。

(4)以纸浆溶液为主的浆液。如重铬酸盐木质素和木铵,加固效果好,但有毒性,且易污染地下水。

以上四类,目前以水泥浆液使用较多。今后发展的关键应是研制高效、无毒、易渗酌化学浆液。

化学加固的施工工艺有注浆法和深层拌和法。注浆法(灌浆)是利用机械压力将浆液通过注入管,均匀注入地层,浆液以填充和渗透方式,排挤土粒间或石隙中的水分和空气,占据其位置,一定时间后,浆液凝固,可使用原土层或缝隙固结成整体。

1. 能正确判断湿软地基。
2. 能选择正确的方法处理湿软地基。

1. 简述湿软地基的基本特性。
2. 简述湿软地基的处理方法。
3. 简述常用湿软地基处理的施工工艺。

任务二　盐渍土地区路基施工技术

知识目标

掌握盐渍土的性质及分类。

能力目标

能正确描述盐渍土路基病害及进行盐渍土路基的处治。

盐渍土是碱土和盐土以及各种碱化、盐化土壤的统称。盐土是指土壤中可容盐含量达到对作物生长有显著危害的程度的土类。碱土则含有危害植物生长和改变土壤性质的多量交换性钠，又称钠质土。

盐渍土按盐的形成过程可分为现代积盐过程盐渍土、碱化过程盐渍化和残余盐渍土；按盐渍土的盐渍化程度可分为弱、中、强、过盐渍土几类；按含盐的性质可分为氯盐渍土、亚氯盐渍土、硫酸盐渍土、亚硫酸盐渍土，具体分类见表6-2。碳酸盐渍土属于碱性盐渍土，以$(CO_3^{2-}+HCO_3^{2-})/(Cl^-+SO_4^{2-})>0.3$为界。

盐渍土分类 表6-2

盐渍土类别	土层的平均含盐量（以质量百分数）			
	氯盐渍土	亚氯盐渍土	亚硫酸盐渍土	硫酸盐渍土
弱盐渍土	0.3~1.5	0.3~1.0	0.3~0.8	0.3~0.5
中盐渍土	1.5~5.0	1.0~4.0	0.8~2.0	0.5~1.5
强盐渍土	5.0~8.0	4.0~7.0	2.0~5.0	1.5~4.0
过盐渍土	>8.0	>7.0	>5.0	>4.0

注：含盐性质按Cl^-/SO_4^{2-}比值划分，>2时为氯盐渍土，2~3为亚氯盐渍土，1~0.3为亚硫酸盐渍土，<0.3为硫酸盐渍土。

一、盐渍土的特性

盐渍土中易溶盐对其工程性质影响最大，其中氯化物的基本性质为：①溶解度受温度影响不大但是溶解度大；②结晶时体积没有变化；③冰点下降显著；④对桥涵产生腐蚀；⑤有明显的吸湿性、保湿性，使土体的结晶体溶解产生溶陷。

二、氯盐渍土的工程性质

(1)氯化物盐渍土的液、塑限随着含盐量的增大而减小，需要在低含水率下压实。

(2)含盐量过多时会出现结晶现象，在压实后遇水可出现空洞，土的空隙率增大，因此压实要注意控制含盐量。

(3)湿化后密度降低，使得强度丧失快，干燥后有黏结性，使土体很硬。

(4)结晶时体积不变化。不出现盐胀，导致土体结构破坏。

(5)具有吸湿性（泛潮）。氯化物盐渍土中氯盐占优势，碳酸盐、硫酸盐含量弱，由于水分子极性和土颗粒的亲水性，它比其他盐渍土具有更大吸湿性。

(6)具有可塑性。大量的试验表明，氯盐渍土的可塑性随含盐量的增加而降低。

(7)具有夯实性。它与土的密实度有直接关系，密实度与含水率相关。含水率过小，使土颗粒间摩擦力增大，不易夯实。含水过多，使水分占据土颗粒空间，也不易夯实。所以只有在最佳含水率时，才能达到最好的压实效果。

(8)盐分相变对土密实度的影响。氯化物盐渍土与其他盐渍土一样，当水分增大时，盐分呈液态，随盐渍土含水率而变化。当土中水分很小时，盐分固结析出。

三、氯盐渍土路基的主要病害与处治方法

1. 病害

1）溶蚀

氯盐渍土浸水后土中盐分溶解，可形成雨沟、洞穴，甚至湿陷、坍陷等。

2）冻胀

当含盐量在一定的范围内时，由于冰点降低，水分聚流的时间加长，会加重冻胀。但当含盐量更多时，由于冰点降低多，路基将不发生冻结或减小冻结，从而不产生冻胀或者只产生轻冻胀。

3）翻浆

当含盐量在一定的范围内时，不仅会加重冻胀，也会加重翻浆。其原因是氯盐渍土不仅聚冰多，且液、塑限低，还会吸收空气中水分泛潮，并且蒸发缓慢。当含盐量更多时，因不冻结或者减少冻结而不翻浆或者减轻翻浆。

4）腐蚀性

氯化物盐渍土的腐蚀性主要表现在对金属的腐蚀，由于土壤中盐离子的存在，地下金属管线受到了不同程度的腐蚀。在我国部分地区，以氯盐为主的滨海盐渍土壤中，钢质的输油管线虽然都经过普通石油沥青涂层进行防腐，但仍不能完全避免腐蚀的发生。对于道路修建中常用的钢筋等金属材料也具有不同程度的腐蚀和侵蚀作用。

2. 处治方法

1）提高路基法

合适的路基高度是保证盐渍土地区道路稳定的必要条件。应根据盐渍土类别、公路等级，结合毛细水上升的高度、盐胀深度、冻胀深度以及安全高度等综合考虑确定。

通过提高路基高度来减少进入路基上部的盐分和水分，施工简便，也是最常用的措施。但要注意的是，如果提高的高度不足，则效果不佳，如若提高太多，也存在纵面随之调整的问题。

设置隔离层的路基，其路基最小高度应满足防冻层最小厚度及隔离层埋深的要求。同时隔离层还应高出两侧地面 20cm 以上，用于防止地表水侵入并且滞留在隔离层上部路基内，影响路基的稳定，并产生盐胀等危害。

对于不设隔离层的路堤，一般地段路基最小高度应不低于表 6-3。

盐渍土地区路基最小高度　　　　　　表 6-3

填土土质类别	高出地面(m)		高出地下水位或地表长期积水位(m)	
	弱、中盐渍土	强、过盐渍土	弱、中盐渍土	强、过盐渍土
砾类土	0.4	0.6	1.0	1.1
砂类土	0.6	1.0	1.3	1.4
黏性土	1.0	1.3	1.8	2.0
粉性土	1.3	1.5	2.1	2.3

注：①二级公路最小高度可为表中数值的 1.2～1.5 倍；

②一级公路、高速公路最小高度可为表中数值的 2 倍。

2) 设置隔离层法

在路堤内一定深度设置隔断层,来阻断盐分和水分向上迁移,是防止路基产生盐胀、湿陷及翻浆的有效处理措施。隔断层按材料的透水性可分为透水和不透水隔断层。不透水隔断层的材料有土工合成材料(如土工膜、复合土工膜等)、沥青砂。透水隔断层材料有砂砾、砂、砾(碎)石。

如果只是隔断毛细水,可以用粗粒渗水材料修筑。如果要同时隔断气态水和毛细水,则可以用土工布、沥青等不透水材料修筑。隔离层的埋置深度,对于高等级公路来说要满足减少冻胀、盐胀的要求,同时要考虑耐久性和经济性,一般以不小于1.0~1.5m为宜。隔断层是处治路基盐胀最有效、最简便的措施,应优先考虑采用。

3) 路基排水法

盐渍土地区地表水和地下水对公路的侵蚀,是影响路基稳定、造成和加剧路基病害的主要原因之一。因此要降低地下水位,以减少进入路基上部的盐分和水分。地下水位需降低到一定的深度才有较好效果。如果产生盐胀的水分中气态水占有较大的比重,则不宜单纯采用此法。

4) 地基换填处理法

当盐渍土地区公路分布有过湿路段或水坑池塘等软弱地基,且厚度在3m以内时,可作浅层换填处理。

5) 砾石桩加固地基法

当路线通过有盐渍土分布、地下水位偏高的沼泽湿地或者盐渍地区,地基土层通常含有软弱土层或较厚的淤泥,软弱地基承载力通常小于100kPa,土中含水率在20%~40%。当软弱层的厚度大于3cm时,应对基底进行深层处理。常见的有砂桩、砾(碎)石桩等。这类散体柔性桩是通过机密、置换作用与桩间土构成复合地基,提高土层的承载力和强度。

6) 强夯法加固盐渍土地基

在盐渍土地区进行旧路改造时,如果老路的路基压实度偏低,又不便采用挖出换填或提高路基的措施,可采用强夯法进行地基加固。

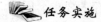

能正确描述盐渍土路基病害及进行盐渍土路基的处治。

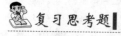

简述盐渍土的性质及处理措施。

任务三　黄土地区路基施工技术

掌握对黄土的性质及分类。

能正确描述黄土路基病害及能进行黄土路基的处治。

一、黄土的特性及分布

黄土指一种以粉粒为主、多孔隙、天然含水率小、呈黄色或黄褐色、含钙质的黏质土。在干燥气候条件下形成的多孔性具有柱状节理的黄色粉性土,湿陷性黄土受水浸湿后会产生较大的沉陷。

我国黄土的分布,西起甘肃祁连山脉的东端,东至山西、河南、河北交接处的太行山脉,南抵陕西秦岭,北到长城,包括陕西、陕西、宁夏、甘肃、青海等5个省(区)的220多个县(市),面积达54万 km^2,占全国土地面积的6%。我国西北的黄土高原是世界上规模最大的黄土高原,华北的黄土平原是世界上规模最大的黄土平原。

二、黄土地区路基施工

黄土地区路基施工,应做好施工期排水,将水迅速引离路基。在填挖交界处引出边沟时,应做好出水口的加固,排水设施接缝处应坚固不渗漏。

1. 路基基底处理应符合的规定

(1)若基底为非湿陷性黄土,且无地下水时,可按一般土质路堤规定进行基底处理。

(2)若地基为一般湿陷性黄土,应采取措施拦截、排除地表水。地下排水构造物与地面排水沟渠必须采取防渗措施,路侧严禁积水。

(3)若地基黄土具有强湿陷性或较高的压缩性,应按设计要求进行处理。

2. 黄土填筑路堤应符合的规定

(1)路床填料不得使用老黄土。路堤填料不得含有粒径大于100mm 的块料。

(2)在填筑横跨沟堑的路基土方时,应做好纵横向界面的处理。

(3)黄土路堤边坡应拍实,并应及时予以防护,防止路表水冲刷。

(4)浸水路堤不得用黄土填筑。

3. 黄土路堑施工应符合的规定

(1)路堑路床土质应符合设计要求,密实度不足时,应采取措施碾压至要求的压实度。

(2)路堑施工前,应做好堑顶地表排水导流工程。路堑施工期间,开挖作业面应保持干燥。

(3)路堑施工中,如边坡地质与设计不符,可提出修改边坡坡度。

4. 黄土陷穴处理应采取的措施

(1)路基范围内的陷穴,应在其发源地点对陷穴进口进行封填,并截排周围地表水。

(2)现有的陷穴、暗穴,可采用灌砂、灌浆、开挖回填、导洞和竖井等措施进行填充。

(3)陷穴表面的防渗处理层厚度不宜小于300mm,并将流向陷穴的附近地面水引离。

(4)挖方边坡顶以外50m范围内、路堤坡脚以外20m范围内的黄土陷穴宜进行处理。挖方边坡顶以外的陷穴,若倾向路基,应作适当处理。对串珠状陷穴应彻底进行处治。

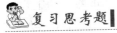
任务实施

能正确描述黄土土的性质及分类。

复习思考题

简述黄土路基病害及黄土路基的处治措施。

任务四 多年冻土地区路基施工技术

知识目标

掌握对多年冻土的性质及分类。

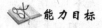

能力目标

能正确描述多年冻土路基病害并能进行多年冻土路基的处治。

在自然状态下冻结,凡温度在0℃以下,且含有固态水的土称为冻土。在这种状态保持3年或3年以上者为多年冻土。根据冻土面积占所在区域面积的比例,我们把多年冻土地区分为连续多年冻土区(冻土区面积>80%)和岛状多年冻土区(冻土区面积<80%)。

多年冻土是第四纪地质年代末次冰期的产物,是地球表面岩石圈热交换过程中,散热大于吸热的结果,因此多年冻土分布具有明显的高纬度和高海拔地域特点。我国的多年冻土主要分布在东北大小兴安岭和西部高山,高原地区总面积 $2.146 \times 10^6 km^2$,约占全国陆地面积的22.3%。大、小兴安岭的多年冻土分布主要受纬度控制,并受西伯利亚和蒙古高原的高压气流影响,且该地区是我国最寒冷的地区,其面积约 $3.82 \times 10^5 km^2$,主要分布在黑龙江省和内蒙古自治区。

现代多年冻土因气候变暖而处于退化中,首先表现为融区扩大,融区是指多年冻土区存在的局部无冻土的部分。实际上,融区在平面和垂直方向均可发生,因而冻土在平地和垂直方向也都可呈连续与不连续(岛状)分布形式。

一、冻土的工程性质

根据对现有 G214 线多年冻土路段观测试验资料的研究分析:该区段多年冻土地温度在-0.3℃~-1.5℃,具有冻土地温高、退化速率快、对热干扰更敏感、冻土热稳定性更差等特点,具有强烈的垂直地带性,多年冻土温度、厚度受海拔高度的控制。

二、多年冻土路基处治原则

由多年冻土引起的特殊工程地质问题,主要有融沉、冻胀和冰锥冻胀丘、融冻泥流、热融滑坍、热融湖塘、沼泽湿地、厚层地下冰等不良地质现象。

1. 降温原则

针对冻土含冰量较高,冻土上限较浅及冻土厚度较大的多年冻土段,采用主动冷却、增加对流等工程等措施降低多年冻土地温,或控制多年冻土地温因气候变暖引起的升温趋势,使之在路基使用年限内能有效保护多年冻土的稳定。目前主要措施有热棒路基、片块石路基、通风管路基以及上述措施组合的复合路基。

2. 保温原则

针对多年冻土厚度大于2m,冻土埋深较大的冻土地段,采用被动保护多年冻土的工程措施,来保护和延缓多年冻土的融化,使之在路基设计年限内能有效维持路基稳定。目前主要措施:一是自然保温,即填土路基保温,通过保证一定的路基填筑高度来维护路基下多年冻土的稳定；二是采取特殊保温措施，如路基两侧护坡道、铺设保温材料（XPS隔热板）等。

3. 融化原则

融化原则主要针对少冰、多冰冻土路段，以及含冰量较大冰层较薄的冻土路段，使多年冻土区公路修筑及运营过程中多年冻土全部或部分融化，确保公路建成后路基路面的不均匀沉降满足使用要求。

多年冻土路基遵循"宁填勿挖"的设计原则，尽可能以填方路基通过，减少对冻土的干扰。对于多冰、少冰冻土路段，采取允许冻土融化的设计原则，路基最小高度以1.8m控制，低填路基路床部分换填碎石；富冰、饱冰冻土路段，采取保护冻土、主动降温的原则，路基最小高度以2.1m控制，并设0.9~1.5m厚片块石通风层，起到冷却降温、减缓融化、提高强度的作用。

三、多年冻土路基的施工方案

根据青藏铁路冻土处治成功经验，结合G214公路冻土科研成果，对多年冻土路基采取不同的措施处理。多年冻土施工遵循"宁填少挖"的原则，多以填方路基通过，减少对冻土的干扰。对于多冰、少冰路段采取允许冻土融化的原则，路基填筑高度以最小1.8m控制，低填路基路床部分换填碎石；对于饱冰、富冰多年冻土路段，采取保护冻土、主动降温的原则，路基最小高度以2.1m控制，设0.9~1.5m的片块石通风层，达到冷却降温、减缓融化、提高强度的作用。

1. 一般路段多年冻土路基处理

1）少冰、多冰冻土

以融化原则为主，对于填筑高度$H \geq 1.8m$路基，直接填筑50cm砂砾，然后冲击碾压，顶面设置一层双向塑料土工格栅；对于$1.5m \leq H < 1.8m$填方路基，清除30~40cm草皮后填筑50cm厚砂砾，并采用冲击碾压补强，砂砾层顶面铺设一层双向塑料土工格栅；对于$H \geq 1.5m$不具备冲击碾压条件的路段，采用30t以上重型压路机补强，对于$H < 1.5m$填方路基，按低填浅挖路基处理。

2）富冰、饱冰冻土

（1）片块石通风路基。当路基高度$H \geq 30cm$（砂砾垫层，露出地面高度）+h（片块石厚度）+0.2cm砂砾反滤层+路面结构层厚度时，采用片块石通风路基。即直接在原地表填筑砂砾（保证露出地面30cm），然后填筑0.9~1.5m片、块石层。片、块石层倾填完成以后，先在片石层顶面全宽范围内填筑20cm厚碎石整平层（粒径5~10cm）（碎石整平层厚度计入片块石总厚度中），再在碎石层上填筑20cm厚砂砾反滤层，最后采用重型振动压路机压实。片、块石要求为弱风化或未风化新鲜硬质岩石，花岗岩、石灰岩、变质岩均可，强度要求达到30MPa，片石粒径为15~30cm，压碎值不大于25%，空隙率不小于25%；砂砾层顶面铺设一层土工格栅，以改善路基的整体性。为防止细颗粒堵塞片、块石层空隙，片块石层顶面设一层土工布，规格为$400g/m^2$。

（2）复合式路基。当路基高度$b + 0.8 \leq H < 1.2 + 0.2 +$路面结构层厚度，采用复合式路基进行处理。即用砂砾或石渣填筑，并在上路床底面设置XPS板，板宽为路基宽度，厚度为8cm。要求砂砾或石渣0.075mm以下细颗粒含量不超过5%，4.75mm以上粗颗粒含量不小于60%；当路基高度$H < 0.8 + b$，按低填浅挖路基进行处理。

低填、浅挖路基重点提高路基强度，减小冻土融化造成的不均匀沉降，低填路基，基底超挖后换填80cm厚碎石，并重型碾压补强；挖方路基，对路面结构层底面以下80~120cm部分换填碎石处理。

2. 陡坡路段多年冻土路基处理

1) 少冰、多冰冻土

按非多年冻土区路段陡坡路基处理方法进行处理。

2) 富冰、饱冰冻土

为了确保多年冻土区路基的稳定性,同时考虑路基施工的可行性,对处于陡坡路段的片块石路基、复合式路基采用如下处理方法:

（1）陡坡路段片块石路基。片块石通风层厚度为0.9~1.5m,设置在地面线以上,其底面大致为一水平面,片块石层底面以下用砂砾或石渣填筑,同时,对陡坡开挖台阶,台阶宽度不小于2m,设置4%内倾向坡度,换填砂砾或石渣,并根据路基的稳定性分析,设置土工格栅或护脚矮墙。片石通风层以上路基部分按一般路基进行填筑。土工布、砂砾反滤层、土工格栅的设置与一般路段片石通风路基的设置和要求一样。

（2）陡坡路段复合式路基。对陡坡开挖台阶,台阶宽度不小于2m,设置4%内倾向坡度,换填砂砾或石渣,并根据路基的稳定性分析,设置土工格栅或护脚矮墙。

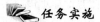

能正确描述多年冻土的性质及分类。

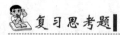

简述一般路段多年冻土路基处理措施。

项目七 路基工程质量检验与评定

任务一 路 基 整 修

知识目标

1. 了解路基整修的目的。
2. 知道路基整修的内容与整修方法。
3. 分析路基整修的重点与适用的修整方法。
4. 根据《公路路基施工技术规范》(JTG F10—2006)完成路基整修施工技术作业。
5. 正确完成给定的具体路基工程的整修施工,达到验收标准。

能力目标

1. 能指出路基整修的内容与整修方法。
2. 提出切实可行的整修方案。
3. 编制出相应的路基整修施工作业指导书。

路基工程基本完成后,在交工验收前,应对外观质量和局部缺陷进行整修或处理。整修的目的是为了路基工程达到或有优于设计文件和相关规范规定的技术标准和质量标准。路基整修由施工单位会同监理单位按设计文件和施工规范要求检查路线中线、高程、宽度、边坡、防护与支挡、排水系统和临时工程等,根据检查结果制订整修计划并进行整修。整修工作应在检查结果及整修计划经监理工程师核查与批准后动工。

一、路基顶面表层整修

一般情况下,由于路面与路基施工的不连续性,路基顶面表层在许多因素下会产生不同类型的局部质量缺陷。为保证路床与路面的整体性,防止出现"夹层",故应有针对性的处理措施。表层的整修,应根据质量缺陷的具体情况采用合理的方案、工艺进行。

(1)土质路基表面应用人工或机械刮土或补土的方法整修,并配合压路机械碾压,补填的土层压实度应不小于100mm,压实后表面应平整,不得有松散、起皮现象。石质路基表面应用石屑嵌缝紧密、平整、不得有坑槽和松石。

(2)土质路基表面达到设计高程后应采用平地机或推土机刮平,铲下的土不足以填补凹陷时,应采用与路基表面相同的土填平夯实。

(3)修整的路基表层厚150mm以内,松散的或半埋的尺寸大于100mm的石块,应从路基表面层移走,并按规定填平压实。

二、路基边坡整修

(1)深路堑土质边坡整修应按设计要求坡度,自上而下进行边坡整修,不得在边坡上以土贴补。

(2)边坡需要加固地段,应预留加固位置和厚度,使完工后的坡面与设计边坡一致。当填土不足或路堑边坡受雨水冲刷形成小冲沟时,应将原边坡挖成台阶,分层填补,仔细夯实。如填补的厚度很小(10~20mm)而又非边坡加固地段时,可用种草整修的方法,以种植土来填补,但应顺适、美观、牢靠。石质路基边坡,应达到设计要求的边坡比,坡面的松石、危石应及时清楚。

(3)填方路基边坡受雨水冲刷形成冲沟或坍塌缺口时,应自下而上,分层填补夯实再按设计坡面削坡,弯道内侧路肩边缘,应修建路肩拦水带。

(4)填土路基两侧超填的宽度应予以切除,如遇边坡缺土时,必须挖成台阶,分层填补夯实。

三、排水系统及其他整修

(1)边沟的整修应挂线进行,对各种水沟的纵坡(包括取土坑纵坡)应用仪器检测,修整到符合图纸及规范要求。各种水沟的纵坡,应按图纸及规范要求施工,不得随意用土填补。

(2)截水沟、排水沟及边沟的断面、边坡坡度,应按设计要求施工,沟的表面应平整齐、光滑。填补的凹坑应拍捶密实。

(3)在路面铺筑完成后或铺筑时,应立即填筑土路肩,同时按设计要求进行加固。

(4)路基整修完毕后,堆于路基范围内的废弃土料应予清除。

(5)整修过的路基,应继续维修养护,直到缺陷责任期满为止。

任务实施

1. 能指出路基整修的内容与整修方法。
2. 提出切实可行的整修方案。
3. 编制相应的路基整修施工作业指导书。

复习思考题

1. 简述路基整修的目的。
2. 简述路基整修的内容与整修方法。

任务二　路基工程质量检验与评定

知识目标

1. 掌握路基工程质量评分的方法。
2. 掌握路基工程质量等级评定方法。

能力目标

1. 能根据检评标准进行路基工程质量评分。
2. 能根据检评标准进行路基工程质量等级评定。

现行部颁《公路工程质量检验评定标准》(JTG F80/1—2004)(以下简称《评定标准》)是对公路工程质量进行管理、监控和验收的法规性技术文件,是检验评定公路工程质量和等级的标准尺度。该标准对路基单位工程中分部和分项的划分内容详见表7-1。

路基单位工程、分部工程和分项工程的划分　　表7-1

单位工程	分部工程	分项工程
路基工程 (每10km或每标段)	路基土石方工程(1~3km路段)	土方路基*,石方路基*,软土路基*,土工合成材料处治层*等
	排水工程(1~3km路段)	管节预制,管道基础及管节安装*,检查(雨水)井砌筑*,土沟,浆砌排水沟*,盲沟,跌水,急流槽,水簸箕,排水泵站等
	砌筑防护工程(1~3km路段)	挡土墙*,墙背填土,抗滑桩*,锚喷防护*,锥,护坡,导流工程,石笼防护等

注:①表内标注*号者为主要工程,评分时给以2的权值;不带*号者为一般工程,权值为1。
②按路段长度划分的分部工程,高速公路、一级公路宜取低值,二级及二级以下公路可取高值。

一、工程质量评分方法

施工单位应在各分项工程完成后,按《评定标准》所列基本要求、实测项目和外观鉴定进行自查,按"分项工程质量检验评定表"提交真实、完整的自查资料,对工程质量进行自我评分。监理工程师应按规定要求对工程质量进行检查,对施工自查资料进行签认和评分。质量监督部门根据抽查资料和确认的施工自查资料以及监理工程师的质量管理资料对工程质量逐级进行评定,作为交工、竣工验收评定等级的依据。

公路工程质量检验评定以分项工程为评定单元,采用100分制评定方法进行评分。在分项工程评分的基础上,逐级计算各相应分部工程、单位工程评分值和建设项目的单位工程优良率和评分值。

1. 分项工程评分方法

分项工程质量检验内容包括基本要求、实测项目、外观鉴定和质量保证资料4个部分。只有在其使用的材料、半成品、成品及施工工艺符合基本要求的规定且无严重的外观缺陷和质量保证资料真实并基本齐全时,才能对分项工程质量进行检验评定。

各项工程的实测项目分值之和为100分,外观缺陷或资料不全时,须予减分。

$$分项工程得分 = \frac{\sum[检查项目得分 \times 权值]}{\sum 检查项目权值}$$

分项工程评分值 = 分项工程得分 - 外观缺陷减分 - 资料不全减分

1) 基本要求检查

各分项工程所列基本要求,包括了有关规范的主要点,对施工质量优劣具有关键作用,应按基本要求对工程进行认真检查。经检查不符合基本要求规定时,不得进行工程质量的检验和评定。

2) 实测项目评分

实测项目是对规定检查项目采用现场抽样方法,按照规定频率和下列计分对分项工程的施工质量直接进行检测评分。

检查项目除按数理统计方法评定的项目以外,均应按单点(组)测定值是否符合标准要求进行评定,并按合格率计分。

$$检查项目合格率(\%) = \frac{检查合格的点(组)数}{该检查项目的全部检查点(组)数} \times 100\%$$

$$检查项目得分 = 检查项目合格率 \times 100$$

对于路面压实度、弯沉值、路面结构层厚度、水泥混凝土抗压和抗弯强度、半刚性材料强度等检查项目,则分别采用有关数理统计方法进行评定计分。

3)外观缺陷扣分

对工程外表状况进行检查评定时,如发现外观缺陷,应区分档次进行减分。对于较严重的外观缺陷,施工单位须采取合适的措施进行整修处理。

4)资料不全扣分

分项工程的施工资料和图表短缺,缺少最基本的数据,或有伪造涂改资料,不予检查和评定。资料不全者应予减分,减分幅度可按照《评定标准》第3.3.4条所列各项逐款检查,视资料不全,每款减1~3分。

2. 分部工程和单位工程评分办法

表7-1所列分项工程分为一般工程和主要(主体)工程,分别给以1和2的权值。进行分部工程和单位工程评分时,采用加权平均值计算法确定相应的评分值。

$$分部(单位)工程评分 = \frac{\sum[分项(分部)工程评分 \times 相应权值]}{\sum 分项(分部)工程权值}$$

3. 合同段和建设项目工程质量评分方法

合同段和建设项目工程质量的评分值按《公路工程竣(交)工验收办法》计算。

$$合同段工程质量得分 = \frac{\sum[单位工程得分 \times 单位工程投资额]}{\sum 单位工程投资额}$$

$$合同段工程质量鉴定得分 = 合同段工程质量得分 - 内业资料扣分$$

$$建设项目工程质量评分值 = \frac{\sum[合同段工程质量鉴定得分 \times 合同段工程投资额]}{\sum 合同段工程投资额}$$

4. 质量保证资料

施工单位应有完整的施工原始记录、试验数据、分项工程自查数据等质量保证资料,并对其进行整理分析,负责提交齐全、真实和系统的施工资料和图表。监理工程师负责提交齐全、系统的监理资料。质量保证资料包括以下6个方面:

(1)所用原材料、半成品和成品材料质量检验结果。
(2)材料配比、拌和加工控制检验和试验数据。
(3)地基处理和隐蔽工程施工记录。
(4)各项质量控制指标的试验记录和质量检验汇总图表。
(5)施工过程中遇到的非正常情况记录及其对工程质量影响分析。
(6)施工中如发生质量事故,经处理补救后,达到设计要求的认可证明文件等。

二、工程质量等级评定方法

工程质量分为合格与不合格,应按分项、分部、单位工程、合同段和建设项目逐级评定。

1. 分项工程质量等级评定

分项工程评分值不小于75分者为合格,小于75分者为不合格;机电工程、属于工厂加工制造的桥梁金属构件不小于90分为合格,小于90分为不合格。

评定为不合格的分项工程,允许进行加固、补强、返工或进行整修,当满足设计要求和评定标准后,可以重新评定其质量等级,但计算分部工程评分值时按其复评分值的90%计算。

2. 分部工程质量等级评定

所属各分项工程全部合格,则该分部工程评分合格;所属任一分项工程不合格,则该分部工程不合格。

3. 单位工程质量等级评定

所属各分部工程全部合格,则该单位工程评分合格;所属任一分部工程不合格,则该单位工程不合格。

4. 合同段和建设项目质量等级评定

合同段和建设项目所含单位工程全部合格,其工程质量等级为合格;所属任一单位工程不合格,则合同段和建设项目为不合格。

三、路基工程检查与验收

(1)当每一分项工程、分部工程、单位工程完成时,应按批准的设计图纸、设计文件、技术规范的要求,对施工质量进行中间检查。中间检查验收是保证工程质量的重要环节。出现的质量事故、质量问题要按规定程序进行处理,发现的质量缺陷根据规范要求或设计要求进行返工或者相应处理。

(2)路基施工过程中如有下列情况,应进行中间检查:

①地基准备工作完成后,即在斜坡上完成台阶后(清除地面杂草、淤泥等)。

②边坡加固前,应对其加固方法、形式、填挖方边坡加固的适用性,以及边坡坡度是否适当进行检查。

③发现已完工的土方工程及竣工后的路基被地面水浸淹损坏时。

④取土坑及弃土堆超过原设计的数量时。

⑤遇意外的填土下陷及填挖方的边坡坍塌需增加土方及边坡加固工程数量时。

⑥在进行计划以外的附加土方工程(如排水沟、截水沟、疏导工程等)时。

⑦遇下列隐蔽工程时,必须按照设计要求和规范的有关规定进行中间检查验收,凡不符合有关规定的项目不得进行下一道工序:

a. 路基渗沟回填土以前。

b. 填方或挖方地段,按设计规定所做的换土工作完成后。

c. 对需采取特殊措施才能保证填方稳定的路基,在地基处理后(如泉水、溶洞、地下水处理后)。

d. 路基隔离层上填土以前。

(3)各类防护加固工程基础开挖后,应检查基地地质、高程、地下水情况。

(4)交工验收前应恢复施工段内的导线点、水准点,以及验收中要求和可能需要的其他标志桩。

(5)交工验收前应按《公路路基施工技术规范》(JTG F10—2006)和《评定标准》的要求进行自检,自检合格后,编制符合要求的交工资料,申请进行交工验收。

(6)交工竣工验收时,应对下列项目进行检查、验收:

①路基的平面位置。

②路基宽度、高程、横坡和平整度。
③边坡坡度及边坡加固。
④边沟和其他排水设施的尺寸及底面纵坡。

四、土方路基施工质量验收

1. 基本要求

(1)在路基用地和取土坑范围内,应清除地表植被、杂物、积水、淤泥和表土,处理坑塘,并按规范和设计要求对基底进行压实。

(2)路基填料应符合规范和设计的规定,经认真调查、试验后合理选用。

(3)填方路基须分层填筑压实,每层表面平整,路拱合适,排水良好。

(4)施工临时排水系统应与设计排水系统结合,避免冲刷边坡,勿使路基附近积水。

(5)在设定取土区内合理取土,不得滥开滥挖。完工后应按要求对取土坑和弃土场进行修整,保持合理的几何外形。

2. 实测项目

土方路基检测项目、允许偏差及检查方法见表7-2。

土方路基检测项目、允许偏差及检查方法　　　表7-2

项次	检查项目		规定值或允许偏差			检查方法和频率	权值
			高速公路、一级公路	其他公路			
				二级公路	三、四级公路		
1	压实度(%)	零填及挖方(m) 0~0.30	—	—	94	按 JTJ 071—98 检查。密度法:每200m每压实层测4处	3
		0~0.80	≥96	≥95	—		
	填方	0~0.80	≥96	≥95	≥94		
		0.80~1.50	≥94	≥94	≥93		
		>1.50	≥93	≥92	≥90		
2	弯沉(0.01mm)		不大于设计要求值			按 JTJ 071—98 检查	3
3	纵断高程(mm)		+10,-15	+10,-20		水准仪:每200m测4断面	2
4	中线偏位(mm)		50	100		经纬仪:每200m测4点,弯道加 HY、YH 两点	2
5	宽度(mm)		不小于设计			米尺:每200m测4处	2
6	平整度(mm)		15	20		3m 直尺:每200m测2处×10尺	2
7	横坡(%)		±0.3	±0.5		水准仪:每200m测4个断面	1
8	边坡		不陡于设计值			尺量:每200m测4处	1

注:①表列压实度以重型击实试验法为准,评定路段内的压实度平均值下置信界限不得小于规定标准,单个测定值不得小于极值(表列规定值减5%)。小于表列规定值2%的测点,按其数量占总检查点的百分率计算减分值。

②采用核子仪检验压实度时应进行标定试验,确认其可靠性。

③特殊干旱、特殊潮湿地区或过湿土路基,可按交通运输部颁发的路基设计、施工规范所规定的压实度标准进行评定。

④三级公路修筑沥青混凝土或水泥混凝土路面时,其路基压实度应采用二级公路标准。

3. 外观鉴定

(1)路基表面平整,边线直顺,曲线圆滑。不符合要求时,单向累计长度每 50m 减 1~2 分。

(2)路基边坡坡面平顺,稳定,不得亏坡,曲线圆滑。不符合要求时,单向累计长度每 50m 减 1~2 分。

(3)取土坑、弃土堆、护坡道飞碎落台的位置适当,外形整齐、美观,防止水土流失。不符合要求时,每处减 1~2 分。

五、石方路基施工质量验收标准

1. 基本要求

(1)石方路堑的开挖宜采用光面爆破法。爆破后应及时清理险石、松石,确保边坡安全、稳定。

(2)修筑填石路堤时应进行地表清理,逐层水平填筑石块,摆放平稳,码砌边部。填筑层厚度及石块尺寸应符合设计和施工规范规定,填石空隙用石渣、石屑嵌压稳定。上、下路床填料和石料最大尺寸应符合规范规定。采用振动压路机分层碾压,压至填筑层顶面石块稳定,18t 以上压路机振压两遍无明显标高差异。

(3)路基表面应整修平整。

2. 实测项目

石方路基检测项目、允许偏差及检查方法见表 7-3。

石方路基检测项目、允许偏差及检查方法　　表 7-3

项次	检查项目		规定值或允许偏差		检查方法和频率	权值
			高速公路、一级公路	其他公路		
1	压实		层厚和碾压遍数符合要求		查施工记录	3
2	纵断高程(mm)		+10,-20	+10,-30	水准仪:每 200m 测 4 断面	2
3	中线偏位(mm)		50	100	经纬仪:每 200m 测 4 点,弯道加 HY、YH 两点	2
4	宽度(mm)		不小于设计		米尺:每 200m 测 4 处	2
5	平整度(mm)		20	30	3m 直尺:每 200m 测 2 处×10 尺	2
6	横坡(%)		±0.3	±0.5	水准仪:每 200m 测 4 断面	1
7	边坡	坡度	不陡于设计值		每 200m 抽查 4 处	1
		平顺度	符合设计要求			

注:土石混填路基压实度或固体体积率可根据实际可能进行检验,其他检测项目与石方路基相同。

3. 外观鉴定

(1)上边坡不得有松石。不符合要求时,每处减 1~2 分。

(2)路基边线直顺,曲线圆滑。不符合要求时,单向累计长度每 50m 减重 1~2 分。

路基工程其他项目的检验与评定参考评定标准,在此不再赘述。

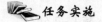 任务实施

1. 能按检评标准的要求对路基工程进行分部、分项工程的划分。
2. 能按检评标准的要求对路基工程质量等级进行评定。

复习思考题

1. 简述土方路基工程质量检验的项目及检查的方法和频率。
2. 简述石方路基工程质量检验的项目及检查的方法和频率。

模块二 路面工程施工技术

项目八 路面工程施工准备

任务一 识读路面工程施工图

知识目标

1. 掌握对路面的基本要求。
2. 路面结构层的划分及功能。
3. 路面结构层的类型。
4. 路面工程量的核算。
5. 路面结构图的组成。

能力目标

1. 能进行路面结构层的功能的划分。
2. 能区分各种路面结构层的使用范围。
3. 能进行路面工程量的核算。
4. 能正确识读路面结构图。

一、对路面的基本要求

路面作为公路的重要组成部分,除了直接承受行车荷载外,还受到温度、水、阳光和空气等自然因素的影响。路面工程的施工工艺和施工质量,直接影响到公路的行车速度、行车安全和营运效益,是关系到公路整体服务水平的关键。路面必须具备下列基本要求。

1. 足够的强度和刚度

路面结构应具有足够的强度,以抵抗车轮荷载引起的各个部位的各种应力,如压应力、拉应力、剪应力等,保证不发生压碎、拉断、剪切等各种破坏。路基路面整体结构或各个结构层应具有足够的刚度,使得在车轮荷载作用下不发生过量的变形。保证不发生车辙,沉陷或波浪等各种病害。

2. 足够的稳定性

路面是暴露在大自然之中的构造物,它将直接受到高温、低温、水、太阳、空气和风的影响,

使其力学性能和使用品质发生变化。它包括高温稳定性、低温稳定性、水温稳定性、大气稳定性(抗老化能力)等。

3. 足够的平整度

路面表面平整度是影响行车安全、行车舒适性以及运输效益的重要使用性能。特别是高速公路,对路面平整度的要求更高。不平整的路表面会增大行车阻力,并使车辆产生附加的振动作用和冲击作用,从而加剧路面和汽车机件的损坏和轮胎的磨损,并增大油料的消耗。因此,为了减少振动冲击力,提高行车速度和增进行车舒适性、安全性,路面应保持一定的平整度。

4. 足够的抗滑性能

行驶在路面上的车辆,车轮与路面之间应具备足够的摩阻力,特别是雨天或冰滑的路面,为保证行车安全,路面应具有足够的抗滑性能,即要有足够的粗糙度。路面表面要求平整,但不宜光滑,通常用摩擦系数表征抗滑性能,摩擦系数小,则抗滑能力低,容易引起滑溜交通事故。对于高速公路高速行车道,要求具有较高的抗滑性能。

5. 耐久性

路基路面在车辆荷载的反复作用与大气水温周期性的重复作用下,路面使用性能将逐年下降,强度与刚度将逐年衰变,路面材料的各项性能也可能由于老化衰变,而引起路面结构的损坏。耐久性主要是指路面在设计规定的年限内,满足各级公路相应的承载能力、舒适性和安全性的要求。

6. 尽可能低的扬尘性

汽车在砂石路面上行驶,由于车身和路面所产生的真空吸力的作用,将使面层表面或其中的细粒料被吸起而尘土飞扬,导致路面松散、脱落和坑洞等破坏。扬尘还会加速汽车机械的损坏,造成污染,影响行车视距和乘客的舒适及沿线居民的卫生条件。

二、路面结构分层及功能

路面结构通常是分层铺筑的,按照使用要求、受力状况、土基支承条件和自然因素影响程度的不同,分成若干层次。通常按照各个层位功能的不同,划分为三个基本层次,即面层、基层和垫层。

1. 面层

面层是直接同行车和大气接触的表面层次,它承受较大的行车荷载的垂直力、水平力和冲击力的作用,同时还受到降水的侵蚀和气温变化的影响。因此,同其他层次相比,面层应具备较高的结构强度,抗变形能力,较好的水稳定性和温度稳定性,而且应当耐磨,不透水;其表面还应有良好的抗滑性和平整度。

修筑面层所用的材料主要有:水泥混凝土、沥青混凝土、沥青碎(砾)石混合料、砂砾或碎石掺土或不掺土的混合料以及块料等。

面层有时分两层或三层铺筑,如高速公路沥青面层总厚度18~20cm,可分为上面层、中面层、下面层。有时为了增大面层和基层之间的联结,在面层和基层之间设置联结层。

2. 基层

基层主要承受由面层传来的车辆荷载的垂直力,并扩散到下面的垫层和土基中去,实际上基层是路面结构中的承重层,它应具有足够的强度和刚度,并具有良好的扩散应力的能力。基层遭受大气因素的影响虽然比面层小,但是仍然有可能经受地下水和通过面层渗入雨水的浸湿,所以基层结构应具有足够的水稳定性。基层表面虽不直接供车辆行驶,但仍然要求有较好的平整度,这是保证面层平整性的基本条件。

修筑基层的材料主要有各种结合料（如石灰、水泥或沥青等）稳定土或稳定碎（砾）石、贫水泥混凝土、天然砂砾、各种碎石或砾石、片石、块石或圆石，各种工业废渣（如煤渣、粉煤灰、矿渣、石灰渣等）和土、砂、石所组成的混合料等。

基层厚度太厚时，为保证工程质量可分为两层或三层铺筑。当采用不同材料修筑基层时，基层的最下层称为底基层，对底基层材料质量的要求较低，可使用当地材料来修筑。

3. 垫层

垫层介于土基与基层之间，它的功能是改善土基的湿度和温度状况，以保证面层和基层的强度、刚度和稳定性不受土基水温状况变化所造成的不良影响。另一方面的功能是将基层传下的车辆荷载应力加以扩散，以减小土基产生的应力和变形。同时也能阻止路基土挤入基层中，影响基层结构的性能。

修筑垫层的材料，强度要求不一定高，但水稳定性和隔温性能要好。常用的垫层材料分为两类：一类是由松散粒料，如砂、砾石、炉渣等组成的透水性垫层；另一类是用水泥或石灰稳定土等修筑的稳定类垫层。

三、路面各结构层类型的选用

1. 路面面层的选用

根据公路等级和对所用的路面功能要求，经济合理的选用路面材料。路面面层类型及适用范围见表8-1。

路面面层类型及适用范围　　　　　　　　　　　表8-1

面层类型	适用范围
沥青混凝土	高速公路、一级公路、二级公路、三级公路、四级公路
水泥混凝土	高速公路、一级公路、二级公路、三级公路、四级公路
沥青贯入、沥青碎石、沥青表面处治	三级公路、四级公路
砂石路面	四级公路

2. 联结层的选用

联结层目前常用的是沥青碎石结构形式。

3. 基层（底基层）的选用

常用基层（底基层）类型见表8-2。

常用基层（底基层）类型　　　　　　　　　　　表8-2

有机结合料稳定类			热拌沥青碎石或乳化沥青碎石混合料、沥青贯入碎石等
无机结合料稳定类	水泥稳定类		水泥稳定砂砾、碎石、砂砾土、碎石土、未筛分碎石、石屑、石渣、高炉矿渣、钢渣等
	石灰稳定类		石灰稳定细粒土、天然砂砾土、天然碎石土以及用石灰稳定级配砂砾、级配碎石和矿渣等
	工业废渣稳定类	石灰粉煤灰类	石灰粉煤灰（二灰）、石灰粉煤灰土（二灰土）、二灰砂、二灰砂砾、二灰碎石、二灰矿渣等
		石灰煤渣类	石灰煤渣、石灰煤渣土、石灰煤渣碎石、石灰煤渣砂砾等
		水泥煤渣类	水泥粉煤灰稳定砂砾、碎石及砂等
粒料类	嵌挤型		泥结碎石、泥灰结碎石、填隙碎石等
	级配型		级配碎石、级配砾石、级配砂砾等

4.垫层选用

修筑垫层所用材料，强度不一定要求很高，但水稳性和隔热性要好。常用材料有两类：一类是用松散粒料，如砂、砾石等粗粒料组成的透水性垫层；另一类是整体性材料，如石灰和水泥稳定类等组成的稳定性材料。

高等级公路的排水垫层应与路基同宽，以利排水。一般情况下，垫层宽度比底基层每至少宽出25cm。

四、路面面层类型

公路的路面面层，直接承受车辆的荷载压力，其工程质量影响到公路的服务水平和使用寿命。根据行车荷载作用下的力学特性，路面面层分为沥青类路面（柔性路面）和水泥混凝土（刚性路面）。

1.沥青类路面

沥青类路面是以沥青为结合料，将矿质粒料黏结成整体而铺筑的各种类型的路面。按技术性质和使用情况，可分为沥青混凝土路面、沥青碎石路面、沥青贯入式路面、沥青表面处治等。

2.水泥混凝土路面

水泥混凝土路面是指以水泥混凝土为主要材料做面层的路面，简称混凝土路面。亦称刚性路面，俗称白色路面，它是一种高级路面。水泥混凝土路面有素混凝土、钢筋混凝土、连续配筋混凝土、预应力混凝土、钢纤维混凝土和装配式混凝土等。在公路、城市道路及机场道面中，目前我国采用得最广泛的是现场浇筑的普通混凝土路面，这类混凝土路面除接缝区和局部范围（边缘或角隅）外，不配置钢筋，亦称素混凝土路面。

任务实施

1.路面结构层的功能的划分及各结构层的适用范围。
2.能正确识读路面结构图，核算路面工程量。

复习思考题

1.简述对路面的基本要求。
2.简述路面结构层的类型及功能。

任务二　路面面层施工放样

知识目标

1.掌握对路面面层施工放样准备工作的内容。
2.掌握对路面面层施工放样的方法。

能力目标

能进行路面面层施工放样。

一、路面面层施工放样前的准备

在交验合格的下承层上,恢复中桩并把中桩加密为10m一个、复核水准点,并每200~300m增设时水准点一个,根据中桩及摊铺宽度定出边桩(供支架基准线用)和边线桩(为摊机行走导向用)。

1. 仪具与材料

(1)全站仪或经纬仪配合测距仪,水准仪。

(2)棱镜及测杆,塔尺,对讲机。

(3)30或50m钢尺,3m小钢尺。

(4)竹桩或钢钎,油性记号笔,粉笔,铁锤,钢钉,凿子,拉绳,测伞等。

2. 资料准备

(1)路面横断面结构图。

(2)路面结构图。

(3)路线纵断面图。

3. 已知成果收集(与路基施工测量员交接)

(1)施工段导线点成果表及实地勘察。

(2)施工段水准点成果表及实地勘察。

(3)直线曲线及转角表。

(4)逐桩坐标表。

4. 施工放样数据准备

(1)准备施工标段中桩、左右边桩坐标放样数据表(即线路平面位置放样设计坐标表)。

(2)准备施工标段中桩、左右边桩高程放样数据表(即线路高程位置放样的设计高程表)。

5. 绘制有关图件方便施工测量作业

(1)编制施工标段竖曲线变坡点图。此图可以在施工现场很方便地检查计算任一里程桩号的高程,是外业施工计算的好帮手。

(2)绘制施工进度图。将每日完成工作量填绘其上,便于及时掌握了解施工进度,方便安排工作。

二、面层施工测量的实施

1. 面层施工测量的外业工作

(1)恢复中桩、左右边桩,规范要求直线段每15~20m设一桩,曲线段每10~15m设一桩,并在两侧边缘处设指示桩。施工实践中,为了更好地控制高程,方便推土机(或平地机)作业,一般情况下都是每10m设一桩。

(2)进行水平测量,用明显标志标出桩位的设计高程。

(3)严格掌握各结构层的厚度和高程,其路拱横坡应与面层一致。

2. 面层中桩、边桩平面位置放样方法

(1)上面层各结构层中桩、边桩放样,实践中常采用全站仪坐标法或经纬仪配合测距仪极坐标法。中桩放样的方法与路基施工放样的方法一致。

实践中,面层由于其表面坚硬,在放样进行中,可先用钢钉标出其位(天气好时亦可用粉笔标出其位),然后(在施工铺筑前)用钢钎(用钢筋做)标志。

（2）面层施工，对于设有中央分隔带的，在放样时可一并放出分隔带边桩，也可在放出中桩、边桩后，在中边桩连线上用皮尺（基层、面层应用钢卷尺）量距法加设分隔带边桩。

放样实践中，在线路直线段通常只放出每隔20m的中桩位置，至于中间10m桩位及边桩则要另外重新加桩（即人工放桩）。

在曲线段，通常只放出每隔20m的中桩和每隔20m一侧的边桩，至于中间10m桩和另一侧的边桩则需重新加桩（即人工放桩）。

3. 摊铺前施工放样

施工放样包括平面控制和高程测定两项内容。高程测定的目的是确定下承层表面高程与设计高程相差的确切数值，以便在挂线时纠正到设计值或保证施工层厚度。

高程放样应考虑下承层高程差值（设计值与实际标高值之差）、厚度和本层设计厚度。综合考虑后定出挂线桩顶的高程，再打桩挂线。当下承层厚度不够时应在本层内加入厚度差并兼顾设计高程。如果下承层厚度够而高程低时，应根据设计高程放样。如果下承层的厚度与高程都超过设计值时，应按本层厚度放样。若厚度和高程都不够时，应按差值大的为标准放样。总之，不但要保证沥青路面总厚度，而且要考虑高程不超出容许范围。当两者矛盾时，应以满足厚度为主考虑放样。

运用摊铺机自动找平装置，需要有一个准确的基准面（线）。常用的基准面（线）控制有基准线钢丝法、滑橇法和平衡梁法。下面层摊铺应采用钢丝引导的高程控制方式，上中面层可采用在铺好的层面上走"雪橇"或非接触式平衡梁控制方式。

基准线钢丝由细钢丝、铁立杆、弹簧秤和张紧器等组成。钢丝可使用直径为2~2.5mm的弹簧钢丝，每段长度以200m为宜，钢丝的张紧力一般需要800~1000N。基准线的敷设如图8-1所示，两根立杆的间距一般为5~10m，在弯道处间距要短些。标桩是用来测定拉线高程的，所以它应设在立杆附近，以便于检查，其数量视纵坡变化程度而定。敷设基准线时将其一端固定，另一端通过弹簧秤连接于张紧器上。

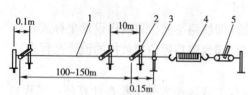

图8-1　基准线的敷设示意图
1-钢丝；2-铁立杆；3-标桩；4-弹簧秤；5-张紧器

任务实施

能进行路面面层施工放样。

复习思考题

1. 简述路面面层施工放样准备工作的内容。
2. 简述路面面层施工放样的方法。

任务三　路面施工机械设备的选型与配套

知识目标

1. 了解路面施工机械设备的类型及性能。
2. 掌握路面各种施工机械设备选型与配套。

 能力目标

能进行路面施工机械设备的选型与配套。

施工机械的选型和配套是路面施工的重要工作。对于沥青混合料路面,施工完全采用机械化施工,流水作业,设备的质量和数量是保证工程质量和施工进度的关键。从工程成本上看,所使用的设备技术越先进、数量越多,机械费占整个工程费用较大的比例越大。因此,要根据工程的具体质量要求和施工的进度要求合理选型优化配套,既要保证施工质量和进度,又要经济合理,尽可能降低工程成本。

一、在施工设备选型时应注意的事项

(1)同一道工序或一个作业面应使用同一品牌或技术性能相同的设备,如前面所介绍的并列摊铺的摊铺机熨平板的压实能力应相同,并列进行复压作业的压路机型号也应相同,复压遍数相同,这样可保证路面质量均匀一致。

(2)所选择的设备应符合生产安全和当地环境保护的要求。

(3)设备的技术状况对施工质量影响很大。技术状况不好,达不到性能指标的设备、故障频繁的设备,施工中不可能满足施工质量要求。一旦出现故障,必然影响整个施工的顺利进行,甚至对施工质量和进度产生不可弥补的后果。

(4)如果设备的性能和技术状况可以满足施工要求后,操作人员的技术水平对工程质量的影响也非常大。如果操作人员的技术不熟练,即使是使用一台先进的设备,也可能把活干得一塌糊涂。考察操作人员的技术水平,可以了解他们参加了哪些重要工程,再了解该工程的施工质量,就可以对操作人员的技术水平给予基本的评价。

二、确定施工关键设备

沥青混合料路面施工使用的机械设备种类多、数量大,表8-3为使用的主要设备名称和用途。

在沥青混合料路面施工中,沥青混合料拌和站、沥青混合料摊铺机、压路机的选型、配套对施工质量影响很大,这些设备的性能、技术状况、生产率对顺利完成施工任务起到了关键的作用,因此,这些设备的选型非常重要。

三、沥青混合料拌和站的选型

沥青混合料拌制是施工的第一道工序,沥青混合料拌和站的性能对施工的影响非常重要。

1. 沥青混合料拌和站选型应满足的条件

(1)有足够大的生产率,保证摊铺作业连续性。

(2)有足够准确的计量配比精度。一般沥青的计量精度应达到±0.5%,矿料的计量精度应达到±1.0%,沥青混合料中沥青与矿料质量百分比的误差小于±0.5%。

(3)温度控制精度也应达到要求,沥青混合料出料控制温度的精度应达到±5℃。

(4)距离施工地点较近,以减少运输时间和运输费用。

(5)故障率低,能保证施工顺利进行。

(6)使用的燃料费应少,生产每吨沥青混合料消耗燃料一般为7~8kg。消耗电力少。生

产成本低。

（7）环保性能达到当地的标准，指标包括经过消烟除尘器后烟囱排烟的烟度值，整个设备运行时的噪声值。

（8）设备适应能力强，如矿料含水率达到5%时，设备依然能够达到额定的生产率。

沥青混合料路面施工常用施工设备及用途　　　　　　表8-3

分　类	设备名称	用　途
1. 沥青拌和厂设备	沥青混合料拌和机	拌制沥青混合料
	装载机及推土机	给拌和机上料
	沥青乳化机	制备乳化沥青
	改性沥青制备设备	制备改性沥青
	地秤	用于收料时计量
	供电设备	拌和厂供电
2. 运输设备	沥青运输车	往拌和厂运送沥青
	自卸车	往拌和厂运送矿料
		往路面施工现场运送沥青混合料
3. 路面施工设备	沥青混合料摊铺机	摊铺沥青混合料
	压路机	沥青混合料初压
	重型压路机	沥青混合料复压
	轮胎压路机	消除沥青混合料表面裂纹
	小型压路机	碾压靠近路缘石的混合料
	振动平板夯	修补基础部位坑洞
	沥青洒布车	洒布透层和黏层沥青
	路面铣刨车	用于旧路面修整，接缝部位修整
	切缝机	用于切直接缝
	液压镐或风镐	小面积地面修整
	装载机	施工现场倒运混合料
	洒水车	压路机洒水装置的补水
	照明设备	夜间施工照明
	供电设备	施工现场电动机具供电，照明设备供电
4. 其他辅助设备	平板拖车	施工现场倒、运大型施工机械
	吊装设备	摊铺机加长熨平板的安装
	辅助运输车	摊铺机加长熨平板运输及其他材料的运输等
	柴油运输车	施工设备补给燃料

2. 沥青混合料拌和站选型方法

城市路网密集，工程多，工作量大，建在城市的拌和站可以长期为城市建设服务，一般选用大型固定式沥青混合料拌和站，具有完善的环保性能。在城市进行道路施工，如果该城市已有若干家沥青混合料拌和站，就不必新建拌和站了，可对已有的几家拌和站进行考察，从中选择出符合施工要求、生产成本低、运输距离近的沥青混合料拌和站。

高速公路建设，远离城市，需要在修筑的公路附近建立沥青混合料搅拌站，这样可以减少运输成本,高速公路修筑完成后,拌和站要转移到其他工地,拌和站选型时应考虑拆装方便,应选择移动式或半移动式沥青混合料拌和站。

四、沥青混合料摊铺机选型

1. 履带式摊铺机或轮胎式摊铺机的选择

履带式摊铺机摊铺作业驱动力大,摊铺宽度大,行驶平稳,摊铺平整度好。但履带摊铺机转移工作地点时行驶速度慢,必须使用拖车运输。

轮胎式摊铺机结构简单,使用费用较低。轮胎式摊铺机转移工作地点时行驶速度较快,可以自己行驶,不必使用拖车运输。轮胎式摊铺机在弯道摊铺施工时,转弯灵活,可以摊铺出平滑、圆润的曲线。但是轮胎式摊铺机靠轮胎行驶,摊铺机的驱动轮胎与地面的接触面积远小于履带式摊铺机的接触面积,使轮胎的地面附着力比履带式摊铺机小,造成轮胎式摊铺机行驶的驱动力较小,特别是当地面喷洒黏层沥青时,可能会出现打滑现象,不得不缩小摊铺宽度。在铺筑 SMA 这种高黏度沥青混合料时,轮胎式摊铺机也会显示出驱动力不足的现象。另外,一般认为轮胎式摊铺机行驶的平稳性不如履带式摊铺机,摊铺的平整度不如履带式摊铺机。

总之,如果路面要求平整度高、摊铺的路面宽、工作量大,要使用履带式摊铺机。摊铺宽度窄、工作量小的工程,可使用轮胎式摊铺机。

2. 选择摊铺机熨平板的形式

熨平板的形式分为机械组装式熨平板和液压伸缩式熨平板。

机械组装式熨平板通过螺栓组装,并且用刚性支架加固,因此刚性好,摊铺平整度好,摊铺的外观质量好,由于具有较好刚性,可以安装较宽的加宽段熨平板,使摊铺宽度较宽。机械组装式熨平板的缺点是作业过程中,熨平板的宽度不能随时调整,如果需要改变宽度时,必须停机,安装或拆卸加宽段熨平板,因此拆装繁琐。

液压伸缩式熨平板两侧的熨平板由液压油缸控制,可以随时向两侧伸出或缩回。作业时,可根据摊铺需要随时调整熨平板的宽度,每侧可伸缩量可达 1.25~1.5m,液压伸缩式熨平板特别适易于路面宽窄有变化的路段,如城市道路的交叉路口处或道路进出口的匝道路段。液压伸缩熨平板随时可以伸缩,无法使用支架加固,因此刚性稍差,熨平板在摊铺宽度较大时,熨平板的边缘部位易于产生颤动,影响边缘部位的平整度,所以一般液压伸缩式熨平板的最大摊铺宽度较组装式熨平板摊铺宽度要窄一些。另外这种熨平板的固定板和伸缩板之间易产生高低错位,因此一般认为液压伸缩熨平板摊铺的平整度和外观质量不如机械组装式熨平板。

总之,在熨平板选形时,高速公路、城市主干路一般平整度要求高、宽度大、道路宽度没有变化,大多使用机械组装式熨平板。城市一般道路、村镇公路,道路的进出口多、弯道多、匝道多,摊铺作业中路面宽度经常变化,应采用液压伸缩式熨平板。

3. 两台或多台摊铺机组合作业

铺筑高速公路和一级公路沥青混合料时,一台摊铺机的摊铺宽度不宜过宽,双车道不宜超过 6m,单车道不宜超过 7.5m。当实际铺筑的宽度较大,一台摊铺机的摊铺宽度不能满足施工要求时,如果采用全路幅摊铺,可使用两台摊铺机梯队并排摊铺。作业时,可使用一台机械组装式熨平板摊铺机和一台液压伸缩式熨平板摊铺机配合作业。机械组装式熨平板的摊铺机在路中心摊铺,保证快车道的路面有很好的平整度,用液压伸缩式熨平板的摊铺机在路的边上摊铺,以适应路边宽窄变化。当采用两台摊铺机作业时最好使用同一厂家生产的摊铺机,还要选择初压实能力相同的熨平板,同一生产厂家的摊铺机,才能保证熨平板的振捣梁、振动器结构相同,高密实度熨平板更应注意这一点,初压实能力完全相同,才能使两台摊铺机摊铺的虚厚完全相同,便于控制摊铺厚度,使修筑的路面厚度相同。初压实能力完全相同,在压路机碾压作业时,使两个摊铺带的碾压遍数相同,最终达到相同的压实度,这样便于控制碾压遍数。

五、压实机械的选型

沥青混合料路面施工使用的压实机械有双钢轮振动压路机、钢轮静作用压路机、轮胎压路机、小型振动压路机和振动平板夯。

1. 双钢轮振动压路机

可变振幅和振频的双钢轮振动压路机是压实沥青混合料最好的压路机。现在通常双钢轮振动压路机都具有双轮驱动、双轮振动,每个振动轮的振幅和振频可调,初压时可关闭振动,采用静作用力碾压,随着混合料密实度增加,复压时,可逐渐加大激振力,以增加压实能力,因此,双钢轮振动压路机可以适应各种压实工况。

(1)双钢轮振动压路机的选型依据主要是选择压路机的自重,常用的双钢轮振动压路机自重为 6~13t,选型时可考虑以下因素:

①铺筑混合料的类型;

②摊铺厚度;

③工程对压实度的要求;

④施工的工程量;

⑤作业时的环境温度;

⑥初压、复压和终压可选择不同吨位的压路机。

(2)双钢轮振动压路机的选型举例如下:

①在压实工序中,主要通过复压使铺筑的沥青混合料达到规定的密实度,而且,复压工作量大,要求压实能力强,因此,选型时,从复压使用的压路机着手。

②以粗集料为主的较大粒径的混合料尤其是大粒径沥青稳定基层,应优先采用 10t 或 10t 以上的大型双钢轮振动压路机复压。

③高速公路、一级公路及城市主干路等铺筑厚度大、摊铺面积大、压实度要求高,复压应使用 10t 或 10t 以上的大型双钢轮振动压路机。其线压力大,压实深度大,碾压轮直径大,压实平整度好,碾压轮宽,压实生产率高。作业时,可以用最少的碾压遍数、最少的碾压幅数将铺筑的混合料压实。

④由于道路施工受天气、施工组织、设备能力、当地交通等众多因素的影响,情况复杂多变,为了减少施工风险,高速公路、一级公路每个摊铺工作面配备 1~2 台 13t 的压路机,施工过程中,当某些部位因种种原因达不到压实度时,使用该压路机追加压实度。

⑤如果修筑的道路使用的是改性沥青混合料,而改性沥青混合料需要在较高的温度下压实成活,为了使混合料尽快压时,也应使用 10t 或 10t 以上压路机。

⑥环境温度较低,铺筑的厚度较薄,摊铺后混合料很快冷却,应尽快压时,使用 10t 或 10t 以上的大型压路机可以减小施工风险。

⑦二级公路、城市次干道及以下的道路,压实面积较小的工程,可使用 8~9t 的双钢轮振动压路机。

⑧一个工作面使用多台压路机,为了节省机械费,初压时也可以使用 8t 的双钢轮振动压路机。

⑨小面积的道路修补作业,可以使用6t或更小的压路机。

2. 钢轮静作用压路机

钢轮静作用压路机是一种传统的压路机,早期的沥青混合料路面施工曾经得到广泛应用,这类压路机分为双轮压路机和三轮压路机,钢轮静作用压路机只能用于四级公路、乡村公路、城市支路、居民区内的道路等铺层薄、压实度要求不高的工程,小面积的道路修补作业也使用这种压路机。

(1)传统的压实作业压路机配套方法修筑的道路面积较大时,可采用以下配套方法:

①初压时应选用双钢轮压路机,质量6~8t,这种压路机碾压轮较宽,线压力略小,碾压时轮迹小,不会对混合料产生推移现象。

②复压时应选用三轮压路机。三轮压路机后面的两个大轮为主碾压轮,压轮较窄,能产生较大的线压力,可以使路面达到规定的密实度。三轮压路机的自重分为10~12t、12~15t和18~21t三种,根据压实厚度而定,碾压沥青混合料的压路机质量一般不得小于12t。

③终压再用双钢轮压路机进行碾压,用以消除轮迹。传统的压路机和传统的配备方法,曾在以往的道路施工中发挥过重要的作用,完成过很多重要的工程。

(2)钢轮静作用压路机选型时的注意事项有:

①静作用压路机在居民区内作业不会产生振动干扰。

②静作用压路机结构简单,使用费用低。

③如果道路的基层很薄或铺筑的面层、路面的承载力小,使用重型三轮压路机碾压,可能造成下陷过深,不但不能将混合料压实,还可能破坏基层的强度,不能选用重型压路机。

④三轮压路机的后轮较窄,碾压时易于造成纵向轮迹,要求操作驾驶员必须有较高的技术水平,否则不能保证路面的平整度。

⑤钢轮静作用压路机在压实质量、密实度、压实深度和压实生产率方面远不如双钢轮振动压路机,碾压遍数要比双钢轮振动压路机多。

⑥老式的静作用压路机没有洒水装置,为了防止混合料粘着在碾压轮上,作业时要涂刷隔离剂或防黏剂,严禁刷柴油。也可对压路机进行改装,配备洒水装置。

⑦由于目前对道路的承载能力要求越来越高,沥青混合料面层铺层厚度较大,并且大量使用改性沥青,钢轮静作用压路机的压实能力已不能满足高等级公路的施工要求。

3. 轮胎压路机

轮胎压路机的碾压轮为橡胶轮胎,碾压沥青混合料时,轮胎的柔性变形对混合料产生揉搓作用,有利于消除压实表面的裂纹,增加沥青混合料的密水性。

(1)密级配沥青混凝土的复压宜优先采用重型轮胎压路机,压路机应满足以下要求:

①压路机总质量不得小于25t,吨位不足时可以附加重物。

②每个轮胎对地面的压力不小于15kN。

③冷态时的轮胎充气压力不小于0.55MPa,轮胎发热后不小于0.6MPa,各个轮胎的压力应大体相同。

(2)碾压其他类型的沥青混合料,有以下作用:

①钢轮压路机复压后用轮胎压路机进行碾压,有利于消除表面的裂纹。

②如果铺筑混合料的基础是旧沥青或水泥混凝土路面,基础可能出现凹凸不平,摊铺沥青混合料后,如果使用钢轮压路机碾压,基础凸起处的混合料能够得到较好的压实,基础低凹部分混合料可能由于凸起处对碾压轮的支撑作用得不到碾压,有可能产生漏压。使用轮胎压路

机碾压,橡胶轮胎具有一定的弹性,碾压轮的平衡架可以摆动,将凹陷部位压实,不会产生漏压现象,轮胎压路机这个优点是钢轮压路机所不能替代的。

(3)小吨位轮胎压路机自重一般为9t,通过加水和加配重的方法质量可增加到16t,大吨位轮胎压路机自重一般为16t,通过加水和加配重的方法质量可增加到25t。

(4)轮胎压路机不适宜用于初压,初压时混合料较软,易于产生轮迹。

(5)轮胎压路机不适宜碾压SMA沥青玛蹄脂碎石混合料,可能使沥青玛蹄脂胶浆挤出来,使路面纹理削弱,表面不能到最佳的构造深度。

4. 小型压实机械

小型压实机械有小型振动压路机和振动平板夯。小型振动压路机自重较轻,质量仅为1~3t,压实能力小,一般不作为主要碾压设备,只能用于辅助作业。

(1)用于碾压道路两侧的沥青路面与路缘石接茬的部位。如果使用大型压路机贴边碾压,极易压碎和挤坏道牙,而使用小型压路机就安全多了。

(2)小的弯道、加宽段和港湾式停车带大型压路机难于碾压的部位,可以采用小型压实机械和振动平板夯补压。

(3)小型振动压路机还可用于沥青混合料摊铺时接缝或修补地面凹坑,具有机动灵活、使用方便的优点。

(4)振动平板夯自重较轻,使用更为方便,适宜路面接缝时使用,也可用于沥青混合料路面修补作业。

5. 压路机组合

较大规模的路面施工,使用一台压路机是不够的,一般要使用多台压路机作业,多台压路机匹配形式对压实质量、生产率和施工成本影响很大,一般根据工作量和质量要求有如下几种匹配方式:

(1)双轮静作用压路机 + 三轮静作用压路机;

(2)双轮静作用压路机 + 三轮静作用压路机 + 轮胎压路机;

(3)双轮振动压路机;

(4)双轮振动压路机 + 轮胎压路机;

(5)双轮振动压路机 + 轮胎压路机 + 小型振动压路机。

6. 施工设备的配套

沥青混合料路面施工是整个道路施工最关键的工序,也是难度最大的工序,各道工序采用流水作业,衔接非常紧凑,由于采用综合的机械化施工,设备的配套非常重要。具体为:

①从作业时间考虑,热拌沥青混合料从生产出来,运到施工现场进行摊铺,直至碾压成型,整个生产过程必须在短时间内完成,否则混合料冷却凝团,无法施工。

②从保证平整度考虑,摊铺机必须连续不断进行摊铺作业,中途停顿,然后再次起步,会在路面形成一个波形,如果由于拌和站和运输车造成沥青混合料供应的不均衡,摊铺机被迫开开停停,势必影响整条道路的平整度。

③从保证压实度考虑,压路机配备的数量也很重要。如果压实效率跟不上,不能保证足够的压实遍数,摊铺的混合料还没有得到压实就已冷却,就会影响碾压的密实度。

④在施工过程中如果造成质量缺陷,一旦沥青混合料冷却,就不可能进行修复。

⑤整个施工过程完全采用机械化作业,设备使用量大,大多使用技术水平高、价值高的设备,机械费占很大比重。

为了保证施工质量和进度,尽可能降低施工成本,最重要的是保证整个施工过程达到均衡生产,特别是保证拌和设备、运输设备、摊铺设备和碾压设备的生产率保持平衡,因此,施工前要进行周密的计划,选用的设备的生产率应配套,使全套设备生产达到平衡。

在测算时,首先要分别计算出每种设备的生产率,然后计算出所需设备的数量。

1)拌和设备生产率的确定

沥青混合料拌和设备的生产率取决于每缸搅拌数量、进料时间、拌和时间、卸料时间及搅拌机效率,可按式(8-1)计算:

$$Q_B = \frac{60C_B}{t_1 + t_2 + t_3} \times K_B \tag{8-1}$$

式中:Q_B——拌和站生产率(t/h);
$\quad\quad C_B$——每缸搅拌数量(t);
$\quad\quad t_1$——进料时间(min);
$\quad\quad t_2$——拌和时间(min);
$\quad\quad t_3$——卸料时间(min);
$\quad\quad K_B$——效率系数。

实际生产中进料时间和卸料时间是固定的,拌和时间根据实际生产的沥青混合料而定,不同类型的沥青混合料配比不同,拌和时间不同,生产率就会有所不同,这些数值可以通过拌和设备的使用经验进行初步推算,再经过生产配合比验证阶段即铺筑试验段后经过试拌验证,方可得出精确的生产率数值。

有些拌和设备用生产率标定型号,如某拌和设备型号为 MAP320,标定生产能力为320t/h,这个生产率是沥青拌和站实际生产能力的中值,可以作为生产率的基本参考值。

拌和设备的生产率取决于矿料的加热温度,加热温度高,矿料加热时间长,生产率就会降低。生产率还取决于矿料的含水率,含水率大,矿料加热时间长,生产率也会有所降低。

2)沥青混合料运输车生产率和数量

沥青混合料运输车的运输能力应保证生产出的混合料及时运到施工现场,保证摊铺机连续不断的摊铺。为防止热拌沥青混合料在运输过程中温度下降过快,应选用大吨位自卸汽车。为了保证摊铺现场有足够的混合料,每台摊铺机前应有 5 辆自卸车等候卸料,防止混合料不足,造成摊铺机被迫停车。

运输车的数量的计算可按式(8-2)计算:

$$N_c = \frac{Q_B(t_1 + t_2 + t_3)}{60Z_c} \times K_c + N_2 \tag{8-2}$$

式中:N_c——运输车的数量(辆);
$\quad\quad Q_B$——拌和站生产率(t/h);
$\quad\quad Z_c$——单台运输车载质量(t/辆);
$\quad\quad t_1$——进料时间(min);
$\quad\quad t_2$——拌和时间(min);
$\quad\quad t_3$——卸料时间(min);
$\quad\quad K_c$——时间利用率。时间利用率为受社会交通因素影响因素的数值。
$\quad\quad N_2$——保证摊铺连续性在摊铺机前等待卸料的车数。一般每台摊铺机前应为 5 辆。多台摊铺机并列摊铺,N_2 应为各台摊铺机前面等候自卸车数量之和。

运输车的数量得出数值为小数时进位取整数。

沥青混合料运输车的运输能力和沥青拌和站的拌和能力相比应有所富余,特别是城市施工,道路交通可能出现拥堵,防止由于运力不足造成摊铺机被迫停顿。

3)摊铺施工生产率的计算

(1)单台沥青混合料摊铺生产率的计算如下:

$$Q_P = \frac{60TW_P V_P D}{100} \times K_P \tag{8-3}$$

式中:Q_P——生产率(t/h);
T——摊铺层压实后的平均厚度(cm);
W_P——摊铺宽度(m);
V_P——摊铺机运行速度(m/min);
D——沥青混合料的密度(t/m³)
K_P——效率系数。

摊铺厚度为路面设计厚度(压实后的厚度)。

沥青混合料密度一般为 2.3~2.4 t/m³。

摊铺宽度为摊铺机安装熨平板的宽度,根据所选摊铺机的型号和实际摊铺宽度而定。大型摊铺机可安装较宽的熨平板,摊铺宽度可大一些。当施工的道路较窄、小于选定的摊铺机熨平板最大摊铺宽度时,可采用一台摊铺机作业.将熨平板组装成路面宽度,进行全路幅摊铺。

摊铺机的摊铺速度一般可从 0~16m/min 无极调节,为了保证施工质量,作业时一般应控制在 2~6m/min 的范围内,计算时可初步设定为 4m/min,SMA 混合料宜放慢至 1~3m/min。待所有施工设备的生产率确定后,通过调整摊铺机作业速度,使生产率达到平衡。

效率系数取决于施工整体配合情况,一般效率系数为 0.7~0.95,根据实际作业情况和施工条件确定,如混合料供应是否均衡充足,施工组织是否周密,作业时其他辅助工作量的多少,效率系数可以提高。

(2)分幅摊铺或多台摊铺机作业要求为:

当施工的路面宽度较大,大于一台摊铺机熨平板的最大摊铺宽度时,就要采用分幅摊铺。

分幅摊铺可以采用一台摊铺机施工,摊铺完一幅后,掉过头来再摊铺第二幅,这种施工方法的优点是使用的机械和人员少,施工费用低,主要的问题是接缝质量,因为摊铺完第一摊铺带,再摊铺第二摊铺带时,第一摊铺带已经完全冷却,后一摊铺带混合料在接缝处不能完全融合到第一个摊铺带内,不能成为一个整体,道路使用一段时间后,可能会从接缝处开裂。

高等级公路、城市主干路及质量要求较高的道路,为了避免冷接缝,采用两台或多台摊铺机并列梯队摊铺,两台或多台摊铺机的效率计算为各台摊铺机效率之和。

多台摊铺机并列摊铺,必然造成使用的拌和站、运输车辆摊铺机及压路机等设备的成倍增加,使机械费用大大增加。因此,对于小型工程,由于工程费用的限制,一般道路可使用单台摊铺机分幅摊铺。

(3)摊铺机生产率应与拌和站生产率配套,可以通过调整摊铺速度和摊铺机数量实现,以达到均衡生产,摊铺机实际行驶速度计算公式为:

$$V_P = \frac{100 Q_B}{60 T W_P D K_P} \tag{8-4}$$

参数意义同前。

当计算出的摊铺机的摊铺速度大于合理的速度时,应增加摊铺机的数量。

4)压路机生产率和台数计算

(1)单台压路机生产率计算公式如下：

$$Q_Y = \frac{(W_Y - L_Y)V_Y TD}{B_Y} \times K_Y \tag{8-5}$$

式中：Q_Y——压路机生产率(t/h)；

W_Y——碾压轮宽度(m)；

L_Y——碾压轮重叠量(m)；

V_Y——压路机行驶速度(km/h)；

T——摊铺层压实后的平均厚度(cm)；

D——沥青混合料的密度(t/m³)；

B_Y——压实遍数；

K_Y——效率系数。

碾压轮宽度为该型号压路机压轮的宽度。

(2)碾压轮重叠量

碾压轮重叠量根据施工要求而定,三轮静作用压路机重叠量为后碾压轮宽度的1/2轮宽度。双钢轮振动压路机重叠量基本要求为10~20cm,实际碾压时应对碾压带进行规划,根据路面宽度 W、碾压轮宽度 W_Y 和重叠量基本要求,大致规划摊铺带需要 n 次才能完全碾压一遍,然后按照下式计算实际重叠量：

$$L_Y = \frac{nW_Y - W}{n - 1} \tag{8-6}$$

重叠量在满足基本要求 10~20cm 的前提下应尽可能小,这样可以提高压实生产率。

压实速度的确定一般根据先慢后快的原则,初压 1.5~2km/h,复压 4~5km/h,终压 2~3km/h。

压实遍数取决于压路机类型、自重、摊铺厚度、摊铺材料、环境温度等因素,另外初压、复压和终压的遍数也不相同,一般初压 2 遍,复压 4~8 遍,终压 2~4 遍,计算时可用中值或上限值,经过试验路段试压后再确定。

效率系数是由于前进、倒退、换向时间及纵向碾压带重叠量等因素影响的效率降低程度,一般为 0.6~0.8。

(3)计算所需压路机台数

计算出单台压路机生产率后,还要根据实际作业的摊铺生产率确定所需压路机台数,计算方法如下：

$$N_Y = \frac{Q_P}{Q_Y} \tag{8-7}$$

式中：N_Y——压路机台数；

Q_P——单台压路机生产率；

Q_Y——摊铺机总生产率。

压路机台数的数值出现小数时应进位取整数。

初压、复压和终压两道主序应分别计算,一般初压和终压碾压遍数较少,压路机工作量小,复压碾压遍数较多,碾压工作量大。

当计算结果得出的初压和终压使用的压路机台数小于1时,可将两道相互衔接工序使用的压路机合并。如初压和复压使用一台压路机,或复压和终压使用一台压路机,甚至可以两道工序只使用一台压路机完成,但使用压路机的压实能力应以压实要求最高的的工序而定,以保证压实质量。

高速公路碾压密实度要求高,以铺筑双车道沥青路面为例,压路机数量不宜少于5台,施工温度低、风大、碾压层薄时,压路机的数量应适当增加。

5)编制设备配套计划程序

编制设备配套计划要找出影响施工的关键因素。编制设备配套计划,确定设备能力,确定使用设备的数量,首先要满足道路设计的质量要求和工期进度要求,其次要符合当地的施工条件,还要兼顾施工成本,使机械费不超过预算,使设备能力得到充分发挥,是降低成本的途径之一。设备配套要考虑以下因素:

(1)设备配套计划以施工质量确定

高等级公路、城市主干道为了保证路面的平整度,摊铺机必须连续作业,不能停顿,为了避免摊铺过程中纵向冷接缝,整幅路面必须一次全幅摊铺,当摊铺宽度较大时,要使用多台摊铺机梯队并排摊铺,将整个路面一次摊铺完成。这样编制设备配套计划时,首先根据摊铺作业面的宽度确定摊铺机的数量,先计算出摊铺机生产率,再根据该生产率确定拌和站的生产能力,确定拌和站的数量,计算出运输车的数量和压路机的数量。

(2)设备配套计划要兼顾施工成本

第一种施工配套方法由于施工的工作面太宽,要投入大量的施工设备和施工人员,使施工投入的机械费大为增加。一般道路由于工程量小,如果道路建设的投资较小,对道路质量的要求不是特别高,一般选择路面不易被损坏的部位,如道路的中心线或车轴分道线作为分幅的界限,采用一台或两台摊铺机分幅摊铺,这样可以使施工中投入的机械费和人工费有所降低将施工成本控制在预算范围内。

(3)设备配套计划要切实可行

实际组织施工时,沥青混合料拌和站设备庞大,动性差,社会拥有量少,是影响施工的关键设备,编制设备配套计划时可先从拌和站入手,计算出拌和站的生产能力,再计算摊铺机的数量,确定运输车数量和压路机的数量。

(4)设备配套要达到均衡生产

当摊铺生产率与沥青拌和站在实际施工中不相吻合时,可通过调整摊铺速度,使拌和生产率和摊铺生产率相匹配,使生产达到均衡。

(5)后道工序的生产能力要大于前道工序

在计算生产率和确定设备需求数量时,应使后道工序的生产能力比前道工序略大,即压实能力>摊铺能力>运输能力>拌和能力,从而保证能把拌和好的沥青混合料运到现场,摊铺到路面上,并且得到充分的压实。如果后道工序施工能力不足,如摊铺能力不足,沥青混合料运到施工现场后没有摊铺就冷却凝固,无法摊铺,就会造成浪费。如果压实能力跟不上,摊铺后的混合料碾压遍数不够或碾压温度低,就会造成密实度不够,使碾压质量达不到规定的要求。

(6)最后要测算机械费

使用设备的型号和数量初步确定后,要根据生产率测算施工时间,再根据使用的数量和天数预测所花费的机械费,费用不能超过工程预算价格,如果超过预算,可以进行调整,进一步挖掘设备的潜力,调整设备型号、设备数量和设备工作参数,甚至可以调整施工工艺。

(7)设备的选型和配套要得到监理的确认

施工的技术准备工作、设备的选型和配套完成后,要向监理工程师汇报,得到批准后方可确定。

任务实施

能进行路面施工机械设备的选型与配套。

复习思考题

简述路面各种施工机械设备选型与配套。

项目九 路面基层(底基层)施工技术

任务一 基层(底基层)材料准备

知识目标

1. 掌握规范对粒料类基层(底基层)材料的要求。
2. 掌握规范对稳定类基层(底基层)材料的要求。
3. 掌握基层、底基层原材料试验项目。

能力目标

1. 能根据规范对粒料类基层(底基层)材料的要求备料。
2. 能根据规范对稳定类基层(底基层)材料的要求备料。
3. 能按规范要求进行基层、底基层原材料试验。

一、粒料类基层、底基层材料要求

1. 粒料类基层、底基层材料的压碎值

粒料类基层、底基层材料的压碎值见表9-1。

粒料类基层、底基层材料的压碎值　　　　表9-1

材料类型	公路等级	高速公路、一级公路	二级公路	三、四级公路
级配碎石	基层	≤26%	≤30%	≤35%
	底基层	≤30%	≤35%	≤40%
级配砾石	基层	—	≤30%	≤35%
	底基层	≤30%	≤35%	≤40%
填隙碎石	基层	—	—	≤26%
	底基层	≤30%	≤30%	≤30%

2. 级配碎石

(1)用于二级和二级以上公路基层和底基层的级配碎石应用预先筛分成几组不同粒径的碎石(如37.5~19mm,19~9.5mm,9.5~4.75mm的碎石)及4.75mm以下的石屑组配而成。在其他等级公路上,级配碎石可用未筛分碎石和石屑组配而成。缺乏石屑时,可以添加细砂砾或粗砂。也可以用颗粒组成合适的含细集料较多的砂砾与未筛分碎石组配成级配碎砾石。

(2)级配碎石可用于各级公路的基层和底基层。级配碎石可用做较薄沥青面层与半刚性基层之间的中间层。

(3)当级配碎石用作二级和二级以下公路的基层时,其最大粒径应控制在37.5mm以内;当级配碎石用作高速公路和一级公路的基层以及半刚性路面的中间层时,其最大粒径宜控制在31.5mm以下。

(4)轧制碎石的材料可以是各种类型的岩石(软质岩石除外)、圆石或矿渣。圆石的粒径应是碎石最大粒径的3倍以上;矿渣应是已崩解稳定的,其干密度和质量应比较均匀,干密度不小于960kg/m³。

(5)碎石中针片状颗粒的总含量应不超过20%。碎石中不应有黏土块、植物等有害物质。

(6)石屑或其他细集料可以使用一般碎石场的细筛余料,也可以利用轧制沥青表面处治和贯入式用石料时的细筛余料,或专门轧制的细碎石集料。也可以用天然砂砾或粗砂代替石屑。天然砂砾的颗粒尺寸应该合适,必要时应筛除其中的超尺寸颗粒。天然砂砾或粗砂应有较好的级配。

(7)级配碎石或级配碎砾石用作二级和二级以下公路的基层时,其颗粒组成和塑性指数应满足表9-2中1号级配的规定。级配碎石用作高速公路和一级公路的基层时,其颗粒组成和塑性指数应满足表9-2中2号级配的规定。同时,级配曲线宜为圆滑曲线。

级配碎石或级配碎砾石的颗粒组成范围　　　　　表9-2

编号	通过下列方孔筛(mm)的质量百分率(%)								液限(%)	塑性指数
	37.5	31.5	19.0	9.5	4.75	2.36	0.6	0.075		
1	100	90~100	73~88	49~69	29~54	17~37	8~20	0~7	<28	<6(或9①)
2		100	85~100	52~74	29~54	17~37	8~20	0~7	<28	<6(或9①)

注:①潮湿多雨地区塑性指数宜小于6,其他地区塑性指数宜小于9。
②对于无塑性的混合料,小于0.075mm的颗粒含量应接近高限。

(8)在塑性指数偏大的情况下,塑性指数与0.5mm以下细土含量的乘积应符合下列规定:

在年降雨量小于600mm的地区,地下水位对土基没有影响时,乘积不应大于120;在潮湿多雨地区,乘积不应大于100。

(9)级配碎石用作中间层时,其颗粒组成和塑性指数应符合表9-2中2号级配的规定。未筛分碎石用作二级和二级以下公路的底基层时,其颗粒组成和塑性指数应符合表9-3中1号级配的规定;用作高速公路和一级公路的底基层时,其颗粒组成和塑性指数应符合表9-3中2号级配的规定。

未筛分碎石底基层颗粒组成范围　　　　　表9-3

编号	通过下列方孔筛(mm)的质量百分率(%)									液限(%)	塑性指数
	53	37.5	31.5	19.0	9.5	4.75	2.36	0.6	0.075		
1	100	85~100	69~88	40~65	19~43	10~30	8~25	6~18	0~10	<28	<6(或9①)
2		100	83~100	54~84	29~59	17~45	11~35	6~21	0~10	<28	<6(或9①)

注:①潮湿多雨地区塑性指数宜小于6,其他地区塑性指数宜小于9。

3.级配砂砾

(1)天然砂砾符合规定的级配要求,而且塑性指数在6或9以下时,可以直接用作基层。

(2)塑性指数偏大的砂砾,可加少量石灰降低其塑性指数,也可以用无塑性的砂或石屑进行掺配,使其塑性指数降低到符合要求,或塑性指数与细土(粒径小于0.5mm的颗粒)含量的乘积符合要求。

(3)可在天然砂砾中掺加部分碎石或轧碎砾石,以提高混合料的强度和稳定性。天然砂砾掺加部分未筛分碎石组成的混合料的强度和稳定性介于级配碎石和级配砾石之间。

(4)级配砾石可适用于轻交通的二级和二级以下公路的基层以及各级公路的底基层。

(5)级配砾石用作基层时,砾石的最大粒径不应超过37.5mm;用作底基层时,砾石的最大粒径不应超过53mm。

(6)砾石颗粒中细长及扁平颗粒的含量不应超过20%。

(7)级配砾石基层的颗粒组成和塑性指数应满足表9-4的规定,同时级配曲线应为圆滑曲线。

配砾石基层颗粒组成范围和塑性指数　　　　　　　　　　　　表9-4

编号	通过下列方孔筛(mm)的质量百分率(%)								液限(%)	塑性指数
	53	37.5	31.5	19.0	9.5	4.75	2.36	0.6	0.075		
1	100	90~100	81~94	63~81	45~66	27~51	16~35	8~20	0~7	<28	<6(或9①)
2		100	90~100	73~88	49~69	29~54	17~37	8~20	0~7	<28	<6(或9①)
3			100	85~100	52~74	29~54	17~37	8~20	0~7	<28	<6(或9①)

注:①潮湿多雨地区塑性指数宜小于6,其他地区塑性指数宜小于9。
　　②对于无塑性的混合料,小于0.075mm的颗粒含量应接近高限。

(8)在塑性指数偏大的情况下,塑性指数与0.5mm以下细土含量的乘积应符合下列规定:

在年降雨量小于600mm的中干和干旱地区,地下水位对土基没有影响时,乘积不应大于120;在潮湿多雨地区,乘积不应大于100。

(9)当用于基层的在最佳含水率下制备的级配砾石试件的干密度与工地规定达到的压实干密度相同时,浸水4d的承载比值应不小于160%。

(10)用作底基层的砂砾、砂砾土或其他粒状材料的级配,应位于表9-5的范围内。液限应小于28%,塑性指数应小于9。当用于底基层的在最佳含水率下制备的级配砾石试件的干密度与工地规定达到的压实干密度相同时,浸水4d的承载比值在轻交通道路上应不小于40%,在中等交通道路上应不小于60%。

砂砾底基层的级配范围　　　　　　　　　　　　表9-5

筛孔尺寸(mm)	53	37.5	9.5	4.75	0.6	0.075
通过质量百分率(%)	100	80~100	40~100	25~85	8~45	0~15

4. 填隙碎石

(1)用单一粒径的粗碎石和石屑组成的填隙碎石可用干法施工,也可用湿法施工。干法施工的填隙碎石特别适宜于干旱缺水地区。

(2)填隙碎石的一层压实厚度,可取碎石最大粒径的1.5~2.0倍。

(3)缺乏石屑时,可以添加细砾砂或粗砂等细集料,但其技术性能不如石屑。

(4)填隙碎石可用于各等级公路的底基层和二级以下公路的基层。

(5)填隙碎石用作基层时,碎石的最大粒径不应超过53mm;用作底基层时,碎石的最大粒径不应超过63mm。

(6)粗碎石可以用具有一定强度的各种岩石或漂石轧制(宜用石灰岩轧制),但漂石的粒径应为粗碎石最大粒径的3倍以上;也可以用稳定的矿渣轧制,矿渣的干密度和质量应比较均匀,且其干密度不小于960kg/m³。材料中的扁平、长条和软弱颗粒的含量不应超过15%。

(7)填隙碎石、粗碎石的颗粒组成应符合表9-6的规定。

填隙碎石、粗碎石的颗粒组成　　　　　　　　　　　　　　　　表9-6

编号	通过质量百分率(%) 标称尺寸(mm)	筛孔尺寸(mm)							
		63	53	37.5	31.5	26.5	19	16	9.5
1	30~60	100	25~60		0~15		0~5		
2	25~50		100	25~50		0~15		0~5	
3	20~40			100	35~70		0~15		0~5

(8)采用表9-6中的1号粗集料时,填隙料的标称最大粒径可为9.5mm(宜用轧制石灰岩碎石的石屑。)填隙料宜具有表9-7的颗粒组成。

填隙料的颗粒组成　　　　　　　　　　　　　　　　表9-7

筛孔尺寸(mm)	9.5	4.75	2.36	0.6	0.075	塑性指数
通过质量百分率(%)	100	85~100	50~70	30~50	0~10	<6

二、无机结合料稳定类基层、底基层材料要求

1. 无机结合料稳定土基层概述

在粉碎的或原来松散的土中,掺入一定量的无机结合料(包括水泥、石灰或工业废渣)和水,经拌和得到的混合料在压实和养生后,当其抗压强度符合规定的要求的材料,称为无机结合料稳定材料,以此修筑的路面基层称为无机结合料稳定基层。按照土中单个颗粒的粒径大小和组成,将土分为细粒土、中粒土和粗粒土三种。

用水泥稳定细粒土得到的强度符合要求的混合料,视所用的土类而定,可简称为水泥土、水泥砂或水泥石屑等。用水泥稳定中粒土和粗粒土得到的强度符合要求的混合料,视所用原材料而定,可简称为水泥碎石、水泥砂砾等。

用石灰稳定细粒土得到的强度符合要求的混合料,称为石灰土。用石灰稳定中料土和粗粒土得到的强度符合要求的混合料,称为石灰砂砾土、石灰碎石土。

一定数量的石灰和粉煤灰或石灰和煤渣与其他集料相配合,加入适量的水(通常为最佳含水率),经拌和、压实及养生后得到的混合料,当其抗压强度符合规定的要求时,称为石灰工业废渣稳定土(简称为石灰工业废渣)。一定数量的石灰和粉煤灰,石灰、粉煤灰和土以及一定数量的石灰、粉煤灰和砂相配合,加入适量的水(通常为最佳含水率),经拌和、压实及养生后得到的混合料,当其抗压强度符合规定的要求时,分别简称为二灰、二灰土、二灰砂。用石灰和粉煤灰稳定级配碎石或级配砾石得到的混合料,当其强度符合要求时,分别称为石灰、粉煤灰级配碎石和石灰、粉煤灰级配砾石,分别简称二灰级配碎石、二灰级配砾石、二灰级配集料。用石灰、煤渣和土以及石灰、煤渣和集料得到的强度符合要求的混合料,分别称为石灰煤渣土和石灰煤渣集料。

1)水泥稳定土

(1)水泥稳定土可适用于各级公路的基层和底基层,但水泥土不得用作二级和二级以上

公路高级路面的基层。

（2）水泥稳定中粒土和粗粒土用作基层时，水泥剂量不宜超过6%。必要时，应首先改善集料的级配，然后用水泥稳定。在只能使用水泥稳定细粒土作基层时或水泥稳定集料的强度要求明显大于规定时，水泥剂量不受此限制。

（3）水泥稳定土结构层宜在春末和气温较高季节组织施工。施工期的日最低气温应在5℃以上，在有冰冻的地区，并应在第1次重冰冻（-3～-5℃）到来之前半个月到一个月完成。

（4）在雨季施工水泥稳定土，特别是水泥土结构层时，应特别注意气候变化，勿使水泥和混合料遭雨淋。降雨时应停止施工，但已经摊铺的水泥混合料应尽快碾压密实。路拌法施工时，应采取措施排除下承层表面的水，勿使运到路上的集料过分潮湿。

2) 石灰稳定土

（1）石灰稳定土适用于各级公路的底基层，以及二级和二级以下公路的基层，但石灰土不得用作二级公路的基层和二级以下公路高级路面的基层。

（2）在冰冻地区的潮湿路段落及其他地区的过分潮湿路段，不宜采用石灰土作基层。当只能采用石灰土时，应采取措施防止水分浸入石灰土层。

（3）石灰稳定土层应在春末和夏季组织施工。施工期的日最低气温应在5℃以上，并应在第一次重冰冻（-3～-5℃）到来之前一个月到一个半月完成。稳定土层宜经历半月以上温暖和热的气候养生。多雨地区，应避免在雨季进行石灰土结构层的施工。

（4）在雨季施工石灰稳定中粒土和粗粒土时，应采用排除表面水的措施，防止运到路上的集料过分潮湿，并应采取措施保护石灰免遭雨淋。

2. 无机结合料稳定类基层、底基层材料要求

（1）水泥：普通硅酸盐水泥、矿渣硅酸盐水泥和火山灰质硅酸盐水泥都可用于稳定土，但应选用初凝时间3h以上和终凝时间较长（宜在6h以上）的水泥。不应使用快硬水泥、早强水泥以及已受潮变质的水泥。宜采用标号325或425的水泥。水泥剂量以水泥质量占全部粗细土颗粒（即砾石、砂粒、粉粒和黏粒）和干质量的百分率表示，即水泥剂量=水泥质量/干土质量。

（2）石灰：石灰技术指标应符合表9-8的规定。应尽量缩短石灰的存放时间。石灰在野外堆放时间较长时，应覆盖防潮。使用等外石灰、贝壳石灰、珊瑚石灰等，应进行试验，如混合料的强度符合要求，即可使用。对于高速公路和一级公路，宜采用磨细生石灰粉。石灰剂量以石灰质量占全部粗细土颗粒干质量的百分率表示，即石灰剂量=石灰质量/干土质量。

（3）粉煤灰：粉煤灰中SiO_2、Al_2O_3和Fe_2O_3的总含量应大于70%，粉煤灰的烧失量不应超过20%；粉煤灰的比表面积宜大于$2500cm^2/g$（或90%通过0.3mm筛孔，70%通过0.075mm筛孔）。干粉煤灰和湿粉煤灰都可以应用。湿粉煤灰的含水率不宜超过35%。

（4）集料：

①集料应满足压碎值、单个颗粒最大粒径等技术要求，见表9-9、表9-10。对细粒土应满足表9-11的规定。

②集料的级配。半刚性基层（底基层）集料的级配符合表9-12的规定。

（5）水：凡饮用水（含牲畜饮用水）均可用于无机结合料稳定基层的施工。

石灰的技术指标 表9-8

指标项目	类别	钙质生石灰			镁质生石灰			钙质消石灰			镁质消石灰		
	等级	Ⅰ	Ⅱ	Ⅲ	Ⅰ	Ⅱ	Ⅲ	Ⅰ	Ⅱ	Ⅲ	Ⅰ	Ⅱ	Ⅲ
有效钙加氧化镁含量(%)		≥85	≥80	≥70	≥80	≥75	≥65	≥65	≥60	≥55	≥60	≥55	≥50
未消化残渣含量(5mm圆孔筛的筛余,%)		≤7	≤11	≤17	≤10	≤14	≤20						
含水率(%)								≤4	≤4	≤4	≤4	≤4	≤4
细度	0.71mm方孔筛的筛余(%)							0	≤1	≤1	0	≤1	≤1
	0.125mm方孔筛的筛余(%)							≤13	≤20	—	≤13	≤20	—
钙镁石灰的分类界限,氧化镁含量(%)		≤5			>5			≤4			>4		

注:硅、铝、镁氧化物含量之和大于5%的生石灰,有效钙加氧化镁含量指标,Ⅰ等≥75%,Ⅱ等≥70%,Ⅲ等≥60%;未消化残渣含量指标与镁质生石灰指标相同。

集料压碎值要求 表9-9

压碎值应符合		高速、一级公路	二级公路	三、四级公路
水泥稳定土 石灰工业废渣稳定土	基层	≤30%	≤35%	≤35%
	底基层	≤30%	≤40%	≤40%
石灰稳定土	基层	—	≤30%	≤35%
	底基层	≤30%	≤35%	≤35%

集料单个颗粒最大粒径要求 表9-10

单个颗粒的最大粒径应符合		高速、一级公路	二级公路	三、四级公路
水泥稳定土 石灰工业废渣稳定土	基层	≤31.5	≤37.5	≤37.5
	底基层	≤37.5	≤53	≤53
石灰稳定土	基层	—	≤37.5	≤37.5
	底基层	≤37.5	≤53	≤53

注:指方孔筛。如为圆孔筛,则最大粒径可为所列数值的1.2~1.25倍。

对细粒土的技术要求 表9-11

材料类型	塑性指数	有机质含量	硫酸盐含量
水泥稳定细粒土	≤17	≤2%	≤0.25%
石灰稳定细粒土	12~20	≤10%	≤0.8%
石灰工业废渣稳定细粒土	12~20	≤10%	≤0.8%

三、基层、底基层原材料实验项目

在组织现场施工以前以及在施工过程中原材料(包括土)或混合料发生变化时,都必须对拟采用的材料进行规定的基本性质试验,评定材料质量和性能是否符合要求。对用作基层和底基层的原材料,应进行表 9-13 所列的试验。

半刚性基层(底基层)土的颗粒组成范围　　　　　表 9-12

筛孔尺寸(mm)	二级及二级以下公路 质量通过百分率(%)		筛孔尺寸(mm)	高速公路及一级公路 质量通过百分率(%)	
	底基层	基层		底基层	基层
53	100				
37.5		90~100	37.5	100	100
26.5		66~100	31.5	90~100	100
19		54~100	26.5		90~100
9.5		39~100	19	67~90	72~89
4.75	50~100	50~100	9.5	45~68	47~67
2.36		20~70	4.75	50~100	29~50	29~49
1.18		14~57	2.36	18~38	17~35
0.6	17~100	8~47	0.6	17~100	8~22	8~22
0.075	0~50	0~30	0.075	0~30	0~7	0~7
0.002	0~30				

注:集料中 0.5mm 以下细粒土有塑性指数时,小于 0.075mm 的颗粒含量不应超过 5%;细粒土无塑性指数时,小于 0.075mm 的颗粒含量不应超过 7%。

基层、底基层原材料的试验项目　　　　　表 9-13

试验项目	材料名称	目的	频度	仪器和试验方法
含水率	土、砂砾、碎石等集料	确定原始含水率	每天使用前测 2 个样品	烘干法、酒精燃烧法、含水率快速测定仪
颗粒分析	砂砾、碎石等集料	确定级配是否符合要求,确定材料配合比	每种土使用前测 2 个样品,使用过程中每 2000m³ 测 2 个样品	筛分法
液限、塑限	土、级配砾石或级配碎石中 0.5mm 以下的细土	求塑性指数,审定是否符合规定	每种土使用前测 2 个样品,使用过程中每 2000m³ 测 2 个样品	液限塑限联合测定法测液限;滚搓法塑限试验测塑限
相对毛体积密度、吸水率	砂砾、碎石等	评定粒料质量,计算固体体积率	使用前测 2 个样品,砂砾使用过程中每 2000m³ 测 2 个样品,碎石种类变化重做 2 个样品	网篮法或容积 1000mL 以上的比重瓶法
压碎值	砂砾、碎石等	评定石料的抗压碎能力是否符合要求	同上	集料压碎值试验

续上表

试验项目	材料名称	目 的	频 度	仪器和试验方法
有机质和硫酸盐含量	土	确定土是否适宜于用石灰或水泥稳定	对土有怀疑时做此试验	有机质含量试验,易溶盐试验
有效钙、氧化镁	石灰	确定石灰质量	做材料组成设计和生产使用时分别测2个样品,以后每月测2个样品	石灰的化学分析
水泥强度等级和终凝时间	水泥	确定水泥的质量是否适宜应用	做材料组成设计时测1个样品,料源或标号变化时重测	水泥胶砂强度检验方法,水泥凝结时间检验方法
烧失量	粉煤灰	确定粉煤灰是否适用	做材料组成设计前测2个样品	烧失量试验

1. 能根据规范对粒料类基层(底基层)材料的要求备料。
2. 能根据规范对稳定类基层(底基层)材料的要求备料。

1. 简述规范对粒料类基层(底基层)材料的要求。
2. 简述规范对稳定类基层(底基层)材料的要求。
3. 简述基层、底基层原材料试验项目。

任务二 基层(底基层)混合料组成设计及试验路段铺筑

知识目标

掌握路面基层(底基层)混合料组成设计。

能力目标

能进行路面基层(底基层)混合料组成设计。

一、路面基层(底基层)的混合料组成设计

路面基层(底基层)的混合料配合比设计,是保证基层(底基层)的路用性能的前提,是控制基层(底基层)施工质量的重要依据。按照理论配合比的组成设计,制作试件(块),通过试验,检验混合料的技术性能,并结合工程的实际特点,调整和修正理论配合比,提供工地配合比,并确定最大干密度和最佳含水率,以指导施工。因此,在施工过程中,应严格控制混合料的配合比,以保证基层(底基层)的施工质量。

1. 石灰稳定土基层(底基层)

石灰稳定土混合料的组成设计包括:根据表9-14的强度标准,通过试验选取最适宜于稳定的土,确定必需的或最佳的石灰剂量和混合料的最佳含水率,在需要改善混合料的物理力学性质时,还应包括确定掺加料的比例。

石灰稳定土的强度标准(7d)(单位:MPa)　　表9-14

所在层位	公路等级 二级及二级以下公路	一级和高速公路
基层	≥0.8①	—
底基层	0.5~0.7②	≥0.8

注:①在低塑性土(塑性指数小于7)地区,石灰稳定砂砾土和碎石土的7d浸水抗压强度应大于0.5MPa(100g平衡锥测液限)。
②低限用于塑性指数小于7的黏性土,且低限值宜仅用于二级以下公路。高限用于塑性指数大于7的黏性土。

石灰剂量应根据路面层位,灰土试件的抗压强度,并考虑气候、水文地质条件等因素,予以确定。考虑到室内试验与现场施工的差异等因素,施工时石灰剂量应比试验时提高0.5%~1%。采用综合稳定土时,如水泥用量占结合料总量的30%以下,则石灰稳定土的技术要求进行组成设计。

1)原材料和混合料试验

如前所述,石灰稳定土是土(集料)(控制质量)+石灰(控制质量、剂量)+水(确定水质、最佳用量)后再经拌、摊、碾、养形成。对原材料主要做以下质量方面的试验:

(1)土的试验:颗粒分析;液限和塑性指数;有机质含量试验;硫酸盐含量试验;碎石或砾石的压碎试验;击实试验。

(2)石灰试验:有效钙加氧化镁含量试验;未消化残渣含量试验;含水率试验;细度试验;氧化镁含量试验。

(3)水的试验:必要时做。

(4)灰土试验:室内做无侧限抗压和击实试验;室外做压实度试验。

2)设计步骤

(1)制备同一种土样、不同石灰剂量的石灰土混合料,一般情况下可按如下石灰剂量配制。

①做基层用

砂砾土和碎石土:3%,4%,5%,6%,7%。

塑性指数小于12的黏性土:10%,12%,13%,14%,16%。

塑性指数小于12的黏性土:5%,7%,9%,11%,13%。

②做底基层用

塑性指数小于12的黏性土:8%,10%,11%,12%,14%。

塑性指数小于12的黏性土:5%,7%,8%,9%,11%。

(2)确定混合料的最佳含水率和最大干(压实)密度(重型击实试验法),至少应做3个不同石灰剂量混合料的击实试验,即最小剂量、中间剂量与最大剂量,其余两个混合料的最佳含水率和最大干密度用内插法确定。

(3)按工地预定达到的压实度(表9-15),分别计算不同石灰剂量的试件应有的干密度。试件不应按击实试验所得的最大干密度制作,而应该按与规定的现场压实度相应的干密度制作。如石灰土的最大干密度为 1.68kg/m³,现场要求的压实度为 96%,则试件的干密度为 $1.68 \times 0.98 = 1.65$ kg/m³。

各级公路各种稳定土基层、底基层(重型标准)的压实度要求(%) 表 9-15

公路等级	土组名称 稳定剂层位	稳定粗粒土和中粒土			稳定细粒土		
		石灰稳定	水泥稳定	石灰工业矿渣	石灰稳定	水泥稳定	石灰工业矿渣
高速公路和一级公路	基层	—	98	98	—	98	98
	底基层	97	96	96	95	95	95
二级公路和二级以下公路	基层	97	97	97	93	93	93
	底基层	95	95	95	93	93	93

(4)按最佳含水率和计算求得的干密度制备试件。试件干密度应与工地预期达到的相同,且不低于表 9-14 的质量标准要求。进行强度试验时,平行试验的试件数量应符合表 9-16 中的规定。

最少的试验数量 表 9-16

稳定土类型	下列偏差系数时的试验数量		
	<10%	10%~15%	15%~20%
细粒土	6	9	
中粒土	6	9	13
粗粒土		9	13

(5)试件在规定的温度下保温养生 6d、浸水 1d 后,进行无侧限抗压强度试验,计算试验结果的平均值、偏差系数。

(6)根据表 9-14 的强度标准,选定合适的石灰剂量,按这些剂量制作的试件室内试验结果的平均抗压强度 $\overline{R}$,应符合下式的要求:

$$\overline{R} \geqslant \frac{R_d}{1 - Z_a C_V} \tag{9-1}$$

式中:R_d——设计抗压强度,见表 9-1;

C_V——试验结果的偏差系数(以小数计);

Z_a——标准正态分布表中随保证率(或置信度)而变的系数。高速和一级公路上应取保证率 95%,此时 $Z_a = 1.645$;其他各级公路应取保证率 90%,即 $Z_a = 1.282$。

(7)工地实际采用的石灰剂量应比室内试验确定的剂量多 0.5%~1%。

(8)需外掺料时还需确定其配合比。

2. 水泥稳定土基层(底基层)

(1)设计内容、步骤与石灰土混合料相似,但各级路的各种层位的强度标准与石灰土相应的强度标准要求不同。采用综合稳定时,如水泥用量占结合料总量的 30% 以上,应按水泥稳定土进行组成设计。水泥和石灰的比例宜取 60:40、50:50 或 40:60。水泥稳定土的强度标准见表 9-17。

(2)工地实际采用的水泥剂量应比室内试验确定的剂量多 0.5%~1.0%。

(3)采用集中厂拌法施工时,可只增加 0.5%;采用路拌法施工时,宜增加 1%。

(4)水泥的最小剂量应符合表 9-18 的规定。

3. 石灰工业废渣稳定土

设计内容、步骤与石灰土混合料相似,但各级路的各种层位的强度标准与石灰稳定工业废渣相应的强度标准要求不同。石灰工业废渣稳定土的 7d 浸水抗压强度应符合表 9-19 的规定。

水泥稳定土 7d 无侧限抗压强度标准(单位:MPa)　　　　　表 9-17

层位＼公路等级	高速公路和一级公路	二级及二级以下公路
基层	3～5①	2.5～3②
底基层	1.5～2.5①	1.5～2.0②

注:①设计累计标准轴次小于 12×10^6 的公路可采用低限值;设计累计标准轴次超过 12×10^6 的公路可用中值;主要行驶重载车辆的公路应用高限值。某一具体公路应采用一个值,而不是某一范围。
②二级以下公路可取低限值;行驶重载车辆的公路,应取较高的值;二级公路可取中值;行驶重载车辆的二级公路应取高限值。某一具体公路应采用一个值,而不用某一范围。

水泥的最小剂量(%)　　　　　表 9-18

土类＼拌和方法	路拌法	集中厂拌法
中粒土和粗粒土	4	3
细粒土	5	4

二灰混合料的抗压强度标准　　　　　表 9-19

层位＼公路等级	二级和二级以下公路	高速公路和一级公路
基层(MPa)	0.6～0.8	0.8～1.1①
底基层(MPa)	≥0.5	≥0.6

注:①设计累计标准轴次小于 12×10^6 的高速公路用低限值;设计累计标准轴次大于 12×10^6 的高速公路用中值;主要行驶重载车辆的高速公路用高限值。对于具体一条高速公路,应根据交通状况采用某一强度标准。

组成材料的配合比,可参考表 9-20。

石灰稳定工业废渣的配合比　　　　　表 9-20

结构类型	石灰炉渣	石灰炉渣碎石	石灰炉渣土	石灰炉渣碎石土
材料名称	石灰渣 炉渣	石灰渣 炉渣 石渣	石灰渣 炉渣 土	石灰渣 炉渣 石渣 土
质量配合比(%)	15:85～30:70	20:40:40～15:30:55	15:50:35～20:60:20	20:30:40:10
压实密度(kg/m³)	1400～1500	170～1900	1700～1800	1700～1900

选用配合比时,除应考虑混合料的强度外,还应考虑材料的来源、备料、施工等因素,通过必要的试验,以选择技术经济上合理的配合比。

4. 级配碎(砾)石

级配碎(砾)石的颗粒组成和塑性指数等均应满足相应的技术要求,若材料不能完全满足标准,则应对其不足之处分别采用掺配、筛除或加工破碎等方法,使其达到规定标准。

二、基层(底基层)混合料试验项目

对初步确定使用的底基层和基层混合料,包括掺配后不用结合料稳定的材料,应进行表 9-21 所列的试验。

基层、底基层混合料的试验项目　　　　　　表 9-21

试验项目	目的
重型击实试验	求最佳含水率和最大干密度,以规定工地碾压时的合适含水率和应该达到的最小干密度,确定制备强度试验和耐久性试验的试件所应采用的含水率和干密度;确定制备承载比试件的材料含水率
承载比	求工地预期干密度下的承载比,确定材料是否适宜作基层或底基层
抗压强度	进行材料组成设计,选定最适宜于用水泥或石灰稳定的土(包括粒料);规定施工中所用的结合料剂量;为工地提供评定质量的标准
延迟时间	对已定水泥剂量的混合料,确定延迟时间对混合料密度和抗压强度的影响,并据此确定施工允许的延迟时间

三、路面基层(底基层)试验路段铺筑

(1)在底基层和基层正式开工之前,应铺筑试验段。
(2)应通过铺筑无结合料的集料基层试验段,确定以下主要项目:
①用于施工的集料配合比例。
②材料的松铺系数。
③确定标准施工方法。即:
a.集料数量的控制;
b.集料摊铺方法和适用机具;
c.合适的拌和机械、拌和方法、拌和深度和拌和遍数;
d.集料含水率的增加和控制方法;
e.整平和整形的合适机具和方法;
f.压实机械的选择和组合,压实的顺序、速度和遍数;
g.拌和、运输、摊铺和碾压机械的协调和配合;
h.密实度的检查方法,初定每一作业段的最小检查数量。
④确定每一作业段的合适长度。
⑤确定一次铺筑的合适厚度。
(3)通过铺筑水泥稳定土、石灰稳定土和石灰工业废渣稳定土基层试验段,除确定以上所列者外,还应确定控制结合料数量和拌和均匀性的方法。

对于水泥稳定土基层,还包括通过严密组织拌和、洒水、整形、碾压等工序,缩短延迟时间,规定允许的拌和时间。

任务实施

能进行路面基层(底基层)混合料组成设计。

复习思考题

1.简述石灰稳定土路面基层(底基层)混合料组成设计的步骤。
2.简述路面基层(底基层)铺筑试验路段的目的。

任务三　粒料类基层(底基层)施工技术

知识目标

1. 掌握级配碎、砾石基层(底基层)施工工艺。
2. 掌握填隙碎石基层(底基层)施工工艺。

能力目标

1. 能组织级配碎、砾石基层(底基层)施工。
2. 能组织填隙碎石基层(底基层)施工。

一、级配碎(砾)石基层(底基层)施工

级配碎(砾)石基层(底基层)的施工应做到:集料级配要满足要求,配料要准确,细料的塑性指数需符合规定,掌握好松铺厚度,路拱横坡符合规定,拌和均匀,避免粗细颗粒离析。

级配碎(砾)石的施工,一般采用路拌法,为保证质量要求,级配碎石有时采用集中拌和法。

1. 路拌法

路拌法的施工工艺如图 9-1 所示。

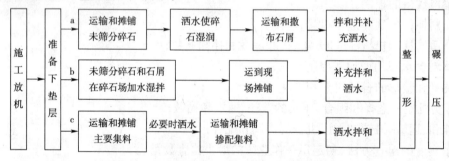

图 9-1　级配碎石、砾石基层(底基层)施工流程
a、b-级配碎石;c-级配砾石

1)准备下承层

(1)土基或垫层等下承层的表面应平整、坚实,具有一定的路拱,没有松散材料和软弱地方。

(2)下承层的平整度和压实度应满足规范要求。

(3)下承层必须用 12~15t 的三轮或等效的压路机进行碾压(碾压 3~4 遍)检验,发现过干松散、低坑、搓板、车辙或过湿"弹簧"现象,应采用填补、耙松洒水碾压、挖开晒干、换土、掺石灰或集料等措施进行处理。

(4)对于底基层,压实度检查和弯沉测定的结果不符合要求的,应采用补充碾压、换填好料、挖开晾晒等措施。

(5)检查各断面的高程是否满足要求。

(6)槽式断面路段,两侧路肩每隔 5~10m 应交错开挖泄水沟。

2)施工放样

(1)在下承层上恢复中线。直线段每15~20m设一桩,平曲线段每10~15m设一桩,并在两侧路面边缘外0.3~0.5m设指示桩。

(2)进行水平测量。在两侧指示桩上用红漆标出基层或底基层边缘的设计高程。

3)计算材料用量

(1)计算材料用量,根据各路段基层或底基层的宽度、厚度及预定的干压实密度,计算各段需要的干集料数量。对于级配碎石,分别计算未筛分碎石和石屑(细砂砾或粗砂)的数量,根据料场未筛分碎石和石屑的含水率以及所用运料车辆的吨位,计算每车料的堆放距离。

(2)在料场洒水加湿未筛分碎石,使其含水率较最佳含水率大1%左右,以减少运输过程中的集料离析现象(未筛分碎石的最佳含水率约为4%)。

(3)未筛分碎石和石屑可按预定比例在料场混合,同时洒水加湿,使混合料的含水率超过最佳含水率约1%,以减轻施工现场中的拌和工作量以及运输过程中的离析现象(级配碎石的最佳含水率约为5%)。

4)运输和摊铺集料

(1)集料装车时,应控制每车料的数量基本相等。

(2)在同一料场供料的路段,由远到近将料按要求的间距卸置于下承层上。卸料间距应严格掌握,避免料不够或过多,并且要求料堆每隔一定距离留一缺口,以便施工。当采用两种集料时,应先将主要集料运到路上,待主要集料摊铺后,再将另一种集料运到路上。如粗细两种集料的最大粒径相差较多,应在粗集料处于潮湿状态时,再摊铺细集料。

(3)集料在下承层上的堆置时间不宜过长。运送集料较摊铺集料工序只宜提前1~2d。

(4)摊铺前要事先通过试验确定集料的松铺系数(或压实系数,它是混合料的干松密度与干压实密度的比值)。人工摊铺混合料时,基松铺系数约为1.40~1.50;平地机摊铺混合料时,其松铺系数约为1.25~1.35。

(5)用平地机或其他合适的机具将集料均匀地摊铺在预定的宽度上,过宽的路(大于22m)适合分条进行摊铺,要求表面应平整,并具有规定的路拱。同时摊铺路肩用料。

(6)检验松铺材料的厚度,看其是否符合预计要求。必要时应进行减料或补料工作。

(7)级配碎石、砾石基层设计厚度一般为8~16cm,当厚度大于16cm时,应分层铺筑,下层厚度为总厚度的0.6倍,上层为总厚度的0.4倍。

5)拌和及整型

(1)对于二级及二级以上公路,应采用专用稳定土拌和机拌和级配碎石。对于二级以下的公路,在无稳定土拌和机的情况下,可采用平地机或多铧犁与缺口圆盘耙相配合进行拌和。

①用稳定土拌和机应拌和两遍以上。拌和深度应直到级配碎石层底。在进行最后一遍拌和之前,必要时先用多铧犁紧贴底面翻拌一遍。

②用平地机进行拌和,宜翻拌5~6遍,使石屑均匀分布于碎石料中。平地机拌和的作业长度,每段宜为300~500m。平地机刀片的安装角度宜符合表9-22和图9-2的要求。

拌和结束时,混合料的含水率应均匀,并较最佳含水率大1%左右,同时应没有粗细颗粒离析现象。

③用缺口圆盘耙与多铧犁相配合拌和级配碎石时,用多铧犁在前面翻拌,圆盘耙紧跟在后面拌和,即采用边翻边耙的方法,共翻耙4~6遍。应随时检查调整翻耙的深度。用多铧犁翻拌时,第一遍由路中心开始,将混合料向中间翻,同时机械应慢速前进。第二遍从两边开始,将

混合料向外翻。拌和过程中,应保持足够的水分。

(2)平地机整平,并具有一定的路拱后,用拖拉机、平地机或轮胎压路机快速初压一遍,再用平地机进行整平和整形。

(3)用拖拉机牵引四犁铧或五犁铧进行拌和。第一遍由路中心开始,将混合料向中间翻,同时应慢速前进。第二遍应相反,从两边开始,将混合料向外翻,一般应拌6遍。

(4)在整形中,应禁止车辆通行。

平地机刀片安装角度　　　　　　　　　　表9-22

拌和条件	平面角 α(°)	倾角 β(°)	切角 γ(°)
干拌	30~50	45	3
湿拌	35~40	45	2

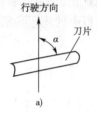
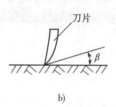
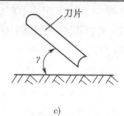

图9-2　平地机刀片安装示意图
a)平面角;b)倾角;c)切角

6)碾压

(1)整形后,应立即用12t以上三轮压路机、振动压路机或轮胎压路机进行碾压。应由两侧路肩向路中心,由曲线内侧向外侧进行碾压,后轮应重叠1/2轮宽,且须超过两段的接缝处。一般需碾压6~8遍,并使表面没有明显轮迹。前两遍的速度宜为1.5~1.7km/h,以后的速度宜为2.0~2.5km/h。

(2)路面两侧区域应多压2~3遍。

(3)严禁在以完成或正在碾压的路段上掉头或紧急制动。

(4)含有土的级配碎(砾)石层,应进行滚浆碾压,直到表层没有多余的细土为止,然后将表层薄层土清除干净。

7)接缝处理

作业段的衔接处,应搭接拌和。第一段拌和后,应留5~8m不碾压。第二段施工时,将留下的部分一起加水拌和,整平后进行碾压。

施工时,应尽量避免纵向接缝。当分两幅铺筑时,应搭接拌和。前半幅全宽碾压密实,后半幅拌和时,应将前半幅边部0.3m左右搭接拌和,整平后一起碾压。另一种方法是在前半幅的边部用高度与结构层的厚度相同的方木或钢模板作支撑,进行碾压。后半幅施工时,再拆除方木或钢模板,进行碾压。

2. 集中拌和法

级配碎石混合料可以在中心站利用强制式拌和机、卧式双转轴桨叶式拌和机、普通混凝土拌和机等进行集中拌和。将混合料运到现场后,用沥青混凝土摊铺机、水泥混凝土摊铺机或稳定土摊铺机等摊铺混合料。

(1)正式拌和前,应先调试所用的设备,使混合料的组成和含水率达到规定要求。

(2)运到现场的混合料,应按计算的间距堆放。

(3)应设专人消除集料的离析现象。
(4)用平地机进行整形与碾压,方法与路拌法相同。
(5)横缝、纵缝的处理与路拌法相同。

二、填隙碎石的施工

填隙碎石的施工工艺流程如图9-3所示。

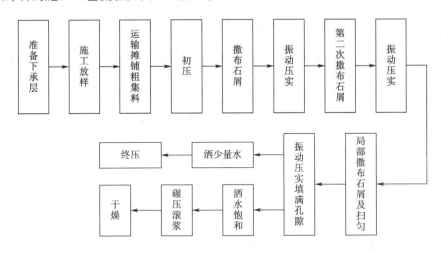

图9-3 填隙碎石的施工工艺流程图

1.准备下承层和施工放样
准备下承层和施工放样的过程及施工要点与级配碎(砾)石基层路拌法相同。
2.备料
根据各路段基层或底基层的宽度、厚度及松铺系数(1.20~1.30),计算粗碎石的需要量和每车料的堆放间距,填隙料的用量约为粗碎石的30%~40%。
3.运输和摊铺粗料石
可用平地机或其他合适的机具将粗料石均匀地摊铺,具体的施工过程与级配碎(砾)石基层路拌法相同。
4.撒铺填隙料和碾压
1)干法施工
(1)初压
用8t两轮压路机碾压3~4遍,使粗料石稳定。碾压的顺序与级配碎(砾)石基层路拌法相同。结束时,表面应平整,并具有规定的路拱和纵坡。
(2)撒铺填隙料
用石屑撒布机或类似设备将干填隙料均匀地撒布在已初压的粗料石层上,松厚2.5~3.0cm,并扫匀。
(3)碾压
用振动压路机慢速碾压,将全部填隙料振入粗料石间的空隙中,方法与初压相同。
(4)再撒铺填隙料和碾压
用石屑撒布机或类似设备将干填隙料再次均匀地撒布在已初压的粗料石层上,松厚约2.0~2.5cm,并扫匀。振动压路机经补料再次碾压,直至全部空隙填满,并清扫表面多余的填隙料,须看到粗料石。

(5)空隙全部填满后,用12~15t三轮压路机再碾压1~2遍。碾压前,宜在表面先洒水约3kg/m²。

(6)厚度过大时,应分层摊铺和碾压。压实后的下层表面应清扫干净,使粗料石外露5~10mm,再摊铺和碾压上层。

2)湿法施工

(1)初压、撒铺填隙料、碾压、再撒铺填隙料和碾压的过程与干法施工相同。

(2)粗料石表面空隙全部填满后,应立即洒水,直至饱和,但勿使多余水浸泡下承层。

(3)用12~15t三轮压路机在洒水车后进行碾压。碾压过程中,将湿填隙料扫入空隙中,直至细集料和水形成粉砂浆为止。粉砂浆的数量,以在压路机轮前能形成微波纹状为宜。

(4)停留一段时间,结构层水分散失变干后,将表面清扫干净。

(5)厚度过大时,应分层摊铺和碾压,方法与干法施工相同。

三、泥(灰)结碎石的施工

泥(灰)结碎石含有较多的黏土,水稳性较差,只适合用于中、低级公路,不宜作沥青路面的基层,若使用时,应严格控制用土量及塑性指数,且用于干燥路段。在中湿和潮湿路段,应采用泥(灰)结碎石,以提高其水稳性。

泥(灰)结碎石的施工方法主要有灌浆法和拌和法。

1. 灌浆法

目前,常采用这种方法,其主要施工过程如下。

1)准备工作

准备工作包括放样、布置堆料、整理路槽和拌制泥(灰)浆。泥浆一般按水土体积比0.8:1~1:1拌制。泥灰浆中石灰剂量占土重的8%~12%,土和石灰总含量不应大于石料重量的20%。

2)摊铺石料

将准备好的石料按松铺系数1.2~1.3左右一次铺足,同一层粒径相差不宜过大。

3)初步碾压

用三轮压路机或振动压路机将碎石颗粒压紧,需留有一定的空隙,以便灌注泥(灰)浆。一般碾压2~4遍至碎石无松动为止。

4)灌浆

在碎石层上,灌注调制好的泥(灰)浆。灌浆要均匀,需灌满碎石间的空隙直至底部,同时,碎石的棱角应露出泥(灰)浆之上。待空隙中的空气溢出后,在湿的碎石层表面均匀撒铺嵌缝料(约1~1.5m³/m²),以填塞表面的空隙。

5)碾压

灌浆后,待碎石层内部处于半湿状态时,用三轮压路机或振动压路机继续碾压,并扫匀嵌缝料,直至无明显轮迹。每碾压1~2遍,即撒铺薄层石屑,再进行碾压,以使缝隙内的泥(灰)浆泛到表面与石屑黏结成整体。

2. 拌和法

拌和法是将土(或土加石灰)直接撒铺在平整的碎石上,用平地机、多铧犁或多齿耙均匀拌和,然后用三轮压路机或振动压路机进行碾压,碾压方法与灌浆法相同。碾压过程中,一般需补水碾压4~6遍,撒铺嵌缝料,再继续碾压,直至无明显轮迹及结合料完全稳定为止。

任务实施

1. 能组织级配碎、砾石基层(底基层)施工。
2. 能组织填隙碎石基层(底基层)施工。

复习思考题

1. 简述级配碎、砾石基层(底基层)施工工艺。
2. 简述填隙碎石基层(底基层)施工工艺。

任务四 稳定类基层(底基层)施工技术

知识目标

1. 掌握石灰稳定土施工工艺。
2. 掌握水泥稳定土施工工艺。

能力目标

1. 能组织石灰稳定土施工。
2. 能组织水泥稳定土施工。

一、石灰稳定土的施工

石灰稳定土一般采用路拌法。高等级公路施工中,已较多地采用集中拌和法(厂拌法)。

1. 路拌法施工

路拌法的主要工序如图9-4所示。

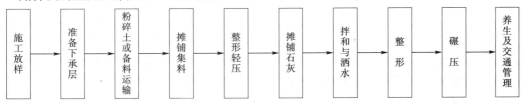

图9-4 石灰稳定土施工流程图

1) 准备工作

包括流程图中的前三个工序。

(1) 施工前应对下承层(土基或底基层)按质量验收标准进行验收,合格后,才能进行中线放样,并在两侧路面边缘外0.3~0.5m处设指示桩,在指示桩上标出基层(底基层)边缘设计高程及松铺厚度位置。

(2) 根据各路段基层(底基层)的宽度、厚度及预定的干密度,计算各路段需要的干燥集料数量。

(3) 根据混合料的配合比、材料的含水率以及运输车辆的吨位,计算各种材料每车料的堆放距离,对于以袋为计量单位的石灰等结合料,应计算出每袋结合料的堆放距离。

(4)根据各集料所占比例及松干密度,计算各集料的松铺厚度,以控制集料的施工配合比。

2)集料摊铺

根据试验或试验路段确定的松铺系数,准备集料用量。摊铺前,如下承层的表面过分干燥,应适当洒水,使表面湿润。集料或土应尽可能摊铺均匀,不应有离析现象。混合料松铺系数的参考值见表9-23。

石灰稳定土混合料的松铺系数　　　　　　　　　表9-23

混合料名称	松铺系数	备注
石灰土	1.53~1.58	现场人工摊铺土和石灰,用机械拌和,人工整平
	1.65~1.70	路外集中拌和,运到现场人工摊铺
石灰土砂砾	1.52~1.56	路外集中拌和,运到现场人工摊铺

3)集料整型轻压

只有集料或土层的表面平整并具有一定的密实度,人工摊铺时,才能将表面摊铺均匀。因此,集料或土摊铺均匀后,必须进行整型,使表面具有规定的路拱,并用两轮压路机碾压1~2遍,使集料或土的表面平整和较密实。

4)摊铺石灰

根据计算的石灰堆放间距,在现场用石灰做标记,同时画出摊铺石灰的边线。用刮板均匀摊铺,并量测石灰的松铺厚度,根据石灰的含水率和松密度,校核石灰的用量。

5)拌和洒水

(1)使用灰土拌和机或稳定土拌和机进行"干拌"1~2遍,使石灰分布到全部土中,不要求完全拌和,而是预防加水过程中石灰成团。然后边洒水边拌和,进行"湿拌"。

(2)使用犁进行拌和时,犁翻的遍数应成双数。第一遍由路中心开犁,将混合料向中间翻,此时应慢速前进,使土层翻透。第二遍应相反,从两边开犁,将混合料向外侧翻。犁翻过程中,应注意犁翻的深度,不得在稳定土和下承层间残留一层"素土",宜将下承层表面1~2cm刮破。

(3)洒水车洒水时,不要中断,不得在正进行的路段上掉头或停留。拌和机械在洒水机后配合施工过程中,应及时检查混合料的含水率,一般宜比最佳含水率略大1%~2%,拌和直至水量足够、混合料颜色及含水率均匀为止。

(4)对于石灰稳定粒料,应先将石灰拌和均匀,然后均匀地摊铺在具有规定路拱、表面平整并有一定密实度的粒料层上,再一起进行拌和。

6)整平

(1)混合料拌和均匀后应立即用平地机进行初平。一般在直线段,由两侧向路中心刮平;在曲线段,由内侧向外侧刮平。然后用轮胎压路机、轮胎拖拉机或平地机快速碾压一遍。

(2)不平整的地方,用齿耙把表面5cm耙松,必要时,用新拌的混合料找平,再进行碾压。每次整平碾压,均需按要求调整坡度和路拱。

(3)接缝处的整平,应顺适平整,并应包括路肩。

(4)为避免出现薄层贴补,在总厚度满足要求的情况下,摊铺时,宜"宁高勿低",整平时,宜"宁刮勿补"。

7)碾压

(1)整形后当混合料处于最佳含水率不超过1%~2%时,进行碾压。如表面水分不足,应适当洒水。

(2)在人工摊铺和整型的情况下,应先用拖拉机6~8t两轮压路机或轮胎压路机碾压1~2遍,再用重型轮胎压路机、振动压路机或12t以上的三轮压路机进行碾压。

(3)如有"弹簧"、松散、起皮等现象,应及时翻开重新拌和,或用其他方法处理,使其达到质量要求。

(4)碾压结束之前,用平地机终平一次,使高程、路拱和超高符合设计要求,局部低洼之处,不得找补,以免出现薄层贴补现象。

8)养生及交通管理

(1)养生期应采取洒水保湿措施,一般为7d左右。

(2)未采用覆盖措施时,应封闭交通。采用覆盖砂或喷洒沥青膜养生,不能封闭交通时,应限制车速不得超过30km/h。

(3)养生期结束,应立即施工上层,以免产生收缩裂缝;或先铺一封层,开放交通,待基层充分开裂后,再施工上层,以减少反射裂缝。

(4)每层施工厚度一般为15~20cm,当采用振动羊足碾与三轮压路机配合碾压时,厚度可以达25cm。设计厚度过大时,应分层施工,下层应稍厚些,但上层不宜少于l0cm,下层碾压后,应立即施工上层,不需专门养生。

2. 集中拌和法(厂拌法)

一般利用强制式拌和机或双转轴浆叶式拌和机在中心站集中拌和,也可用路拌机械或人工在场地上进行分批集中拌和。

(1)集中拌和法的生产流程如图9-5所示。

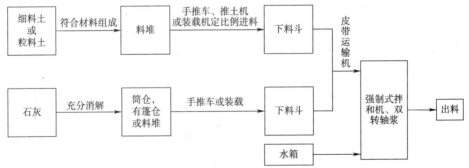

图9-5 石灰稳定土生产工艺流程图

(2)拌和时,土块要粉碎,且最大尺寸不超过15mm。

(3)配料要准确,含水率要略大于最佳含水率1%~2%。

(4)拌成的混合料运送到现场,用摊铺机、平地机或人工按松铺厚度摊铺均匀,如有离析现象,应用机械或人工补充拌和。

(5)整型、碾压及养生交通管理与路拌法相同。

3. 人工路拌法

在工程量不大,又没有拌和机械的情况下,可以采用人工沿路拌和。

(1)按事先计算的数量将土料、石灰粉堆运到路上,不连续间隔放置。

(2)拌和可采用筛拌法或翻拌法。采用筛拌法时,将细粒土和石灰混合或交替过孔径

15~20mm 的筛,然后加水拌和至均匀为止。采用翻拌法时,将过筛的土和石灰先干拌1~2遍,再加水拌和至均匀为止。为使水分充分均匀,可当天堆放闷料。

(3)石灰稳定低塑性指数的砂性土和粉性土时,为便于成型,可采用下列方法:

①大量洒水,分两阶段碾压。第一阶段,洒水后用履带拖拉机或轮胎压路机先压2~3遍,初步稳定。第二阶段,待水分接近最佳含水率时,再用12t以上压路机压实。

②当没有履带拖拉机时,洒水后,先用轻型压路机碾压两遍,然后覆盖一层素土,再用12t压路机压实,养生后,将素土层清除干净。

二、水泥稳定土的施工

水泥稳定土的施工,按拌和方法有路拌法(就地拌和法)、集中拌和法(厂拌法)、移动拌和机沿线拌和法。

1. 路拌法

路拌法的施工流程如图9-6所示。

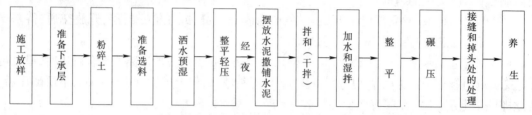

图9-6 水泥稳定土路拌法的施工流程图

1)施工准备

(1)在水泥稳定土的下承层(土基或底基层)上恢复中线,测量断面高程,并在两侧路肩边缘外设置指示桩,在桩上标定水泥稳定土的设计高程。

(2)水泥稳定土施工前,应检查下承层是否合格。

对于土基,应用12~15t三轮压路机或等效的碾压机械进行碾压检验,发现土过干、表面松散或土过湿"弹簧"现象,应采取挖开晾晒、换土、掺生石灰或粒料等措施进行处理。

对于底基层或老路,应进行弯沉的测定,坡度和路拱的检验。强度达不到要求的,须采用增加底基层的密实度,加厚底基层,改善底基层的材料或挖换质量好的材料等措施进行修补;对坑槽、搓板等现象应进行处理,以满足设计要求。

运料前,应用洒水车对底基层均匀洒水,使表面湿润。

(3)粉碎土。当水泥稳定土所用的土为土基上层的一部分时,需翻松一定深度的土层,并粉碎直至适合水泥拌和。翻松和粉碎的深度与混合料中的水泥剂量、稳定土层厚度有关,根据翻松层的土的干密度与水泥稳定土层的预期干密度相比,可确定合适的深度。可采用圆盘耙、旋转耕作机、稳定土拌和机或旋转松土机等设备配合平地机或铧犁进行粉碎。为便于粉碎,可在8~24h之前,喷洒合适的水量预湿土壤。

粉碎结束后,用平地机整平,均匀地摊铺在预定长度和宽度的路段上。

(4)准备选料。主要是选择稳定混合料中的土料。

料场选择:从沿线初步选定的料场,分别选取代表性的土样,做土的性能试验和水泥土混合料的力学试验,以选定料场。

选料采集:将料场表层覆盖土、草皮、植被、树根等杂物用推土机清除干净,按预定深度自上而下采集土料,有明显分层变化时,应及时采集样品做各项试验。

土料的运输与堆放:土料应按计算的数量和间距进行堆放,并做好排水工作。较大的土块应进行粉碎和筛除,然后用平地机整平。

2) 洒水预湿与整平轻压

翻松、粉碎和运到现场的选料,均需洒水预湿。一般预湿后土的含水率应为最佳含水率的70%左右。对中粒土、粗粒土预湿后的含水率比最佳含水率低2%~3%为宜;对含砂较多的土,可比最佳含水率大1%~2%,

预湿后,应整型成要求的路拱和坡度,并用两轮压路机碾压1~2遍,使表面平整,具有一定的密实度。

3) 摊铺水泥

根据水泥稳定土层的压实厚度、预定的干密度、水泥剂量及施工作业面计算每袋水泥的摊铺面积和堆放间距。水泥混合料松铺系数的参考值见表9-24。

混合料的松铺系数 表9-24

混合料名称	松铺系数	备 注
水泥稳定砂砾	1.30~1.35	
水泥稳定土	1.53~1.58	现场人工摊铺土和水泥,用机械拌和,人工整平

(1) 根据计算的间距,在现场放置标记,并画出摊铺水泥的边线。

(2) 用刮木板将水泥均匀摊开,有条件时,用散装水泥撒布车撒铺水泥将更准确、均匀。

4) 拌和、洒水湿拌

拌和、洒水湿拌的方法和要求与石灰稳定土相同。

5) 整型

整型的方法与要求与石灰稳定土相同。

6) 碾压

水泥稳定土整平后,应立即用15t三轮压路机、振动压路机或轮胎压路机在路基全宽内进行碾压。

(1) 含水率合适时,碾压不得少于6遍。碾压时,应由两侧路肩向路中心,由曲线内侧向外侧进行碾压。错轮时,后轮迹的重叠宽度不得少于后轮宽度的1/2。边部及路肩宜多压2~3遍。

(2) 压路机不得在已完成的或正在碾压的路段上掉头或紧急制动,以避免破坏基层表面。

(3) 碾压过程中,发生"弹簧"、松散起皮等现象,应及时翻开换料或加水泥重新拌和、碾压至规定的干密度为止。终压前,应用平地机终平一次,局部低洼之处,不得找补,以免出现贴补薄层。

(4) 为满足水泥稳定土表面的平整,对于砂(砾)质土,适宜用轮胎压路机或钢轮压路机;对于砂质黏土,适宜用轮胎压路机;振动压路机适用性较广,且压实效果良好,现已被广泛用于工程中。

7) 接缝和掉头处的处理

两个工作段的衔接处,应搭接拌和。第一段拌和后,留5~8m不进行碾压。第二段施工时,将前段留下的部分,再加部分水泥,重新拌和,并与第二段一起碾压。具体方法如图9-7所示。

(1) 把已压实段的末段切成垂直面,并将下一段已粉碎的土推离接缝。

(2) 将一块方木放在已压实段的末端,并用一张厚建筑纸保护,纸上用土覆盖(或铺木板)。

(3)将粉碎的土铺开直到接缝处,在新段上洒水,使其含水率达到要求的值,并推铺水泥。
(4)水泥和土完全拌和,需要时,可加些水。

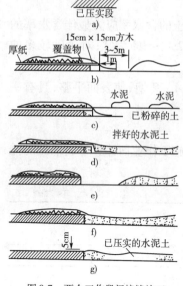

(5)将拌好的混合料推离接缝,割断厚纸并将方木移去。
(6)将拌好的混合料铺回到接缝,并用纸将水泥土混合料与覆盖土隔开。
(7)新段压实,仅在接缝处留少量工作,将覆盖土及纸移去,然后将高出部分刮平。
8)养生
水泥稳定土经拌和、压实后,在规定的7d养生期内,可以用帆布、粗麻袋、稻草、麦秸或农用地膜湿润养生。若用砂养生,砂层需7~10cm厚,铺匀后,洒水保持湿润。

2. 集中拌和法

对于高等级公路,尤其是高速公路应采用集中拌和法制备基层和底基层混合料,以保证拌和质量和消除"素土"夹层的危险。

集中拌和法除了中心站的一套固定式拌和机械外,所需要的其他机械与路拌法相同。

图9-7 两个工作段间接缝施工

1)拌和机

工程中,常采用固定式稳定土拌和机,也可采用强制式的水泥混凝土拌和机或沥青混凝土拌和机来拌和水泥稳定土。

固定式拌和机械目前主要有:

(1)移动式连续拌和机。它适用于沿线料场布置较密的工地,中心站的规模可根据所需的产量而定。

(2)固定式连续拌和机。它适用于相对固定的较大型料场,数个大料斗上的皮带输料器,可供存放和输送规定数量的不同尺寸的集料。

(3)间歇式拌和机。它与水泥混凝土拌和机配合使用拌和水泥稳定粗料土,适用于修补工作的小工地。目前,主要有普通倾筒式混凝土拌和机、双桨叶拌和机、卧式桨叶拌和机及锅式拌和机。

2)摊铺混合料

(1)为减少混合料中水分的散失,运料时应覆盖,且运输时间一般在30min以内。

(2)宜采用两台摊铺机前后错列摊铺(相距5~10m),相邻工作道的混合料摊铺间隔时间不能超过25min。摊铺均匀后应立即碾压。

(3)采用沥青混凝土摊铺机摊铺水泥稳定土时,应严格控制好平整度、高程等,避免出现离析现象。

(4)采用备有轨道的摊铺机或有自动找平装置的摊铺机,特别是当摊铺机包括适当的压实设备,只需要压路机进行补充碾压时,摊铺预拌的水泥混合料表面的平整度可以达到规定要求。

3. 移动式拌和法

采用移动式拌和机的施工工序包括准备工作及加工处理两部分,具体如下:

1)准备工作(施工放样与其他方法相同)

(1)采用原路基土作为混合料的土料。
①整型路基,使其路拱和坡度符合设计要求。
②翻松路基土到预定的深度。
③如需要,则粉碎土。
④堆积土,并平整料堆。
(2)采用路外选料。
①把路基或底基层整型成要求的路拱和坡度。
②压实路基或底基层。
③选料准备(包括采集、运输和摊铺)。
④堆积选料。
2)加工处理
(1)撒铺水泥:将水泥撒铺在堆料的顶面后,应立即拌和。
(2)拌和、摊铺及碾压与其他方法相同。
移动式拌和机加工水泥稳定土的工作状况如图9-8所示。

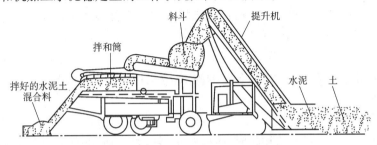

图9-8 移动式拌和机加工水泥稳定土示意图

三、石灰粉煤灰稳定土的施工

石灰粉煤灰稳定土,可以利用常规的施工设备进行拌和、摊铺和碾压。其施工要点是混合料的组成成分要拌和均匀,摊铺到合适的厚度,压实至规定的密实度。

目前,工程中采用集中拌和法与路拌法。

1. 集中拌和法

为保证配料准确,拌和均匀,应尽可能采用中心站集中拌和法。其生产工艺流程如图9-9所示。

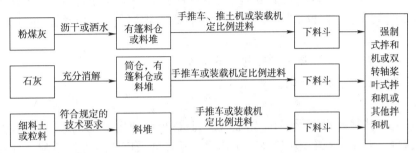

图9-9 石灰粉煤灰稳定土生产工艺流程图

1)拌和

可在中心站采用强制式拌和机、双转轴桨叶式拌和机,也可用路拌机械在场地上分批集中拌和。

(1)土块、粉煤灰块要粉碎。

(2)配料要准确。

(3)含水率要略大于最佳含水率。

(4)拌和要均匀。

(5)石灰应储藏在筒仓中,粉煤灰可露天覆盖堆放,含水率宜为15%～20%。

2)运输

可以用普通的自卸车运料,并适当覆盖,以防水分损失或沿路飞扬。

3)摊铺

混合料运到现场后,应尽可能用机械摊铺,应注意摊铺均匀,保证一定的平整度。

4)压实

可用轮胎压路机、振动压路机等进行压实。轻型压路机初压后,可用重型钢轮压路机进行碾压,并在终压前,用平地机进行整平。

一般压实厚度为15～18cm,重型振动压路机可以达20～25cm。若设计厚度较大,应分层摊铺压实,上下层的施工间隔时间不宜过长,最好在同一天铺筑。下层不应有松散材料,摊铺上层时,下层的表面应保持潮湿。

2. 路拌法

路拌法一般用于二级和二级以下公路的施工,施工过程中,应注意混合料的均匀性和粗细颗粒的离析现象。

1)下承层的准备

用石灰粉煤灰处理原路上的集料时,应检验集料是否合格,并能满足混合料的级配要求。若原路上集料中的细料是黏土矿物,可先用石灰处理,增加混合料的和易性。施工步骤为:

(1)翻挖原路上的土集料,必要时进行粉碎。

(2)整平按要求的宽度和厚度摊铺的土料层,以便摊铺石灰和粉煤灰。

(3)撒布拌和均匀的石灰和粉煤灰混合料。

(4)拌和混合料,并使混合料具有一定的含水率。

(5)整平混合料达到要求的厚度。

(6)压实达到规定的密实度。

2)撒布石灰和粉煤灰

(1)对于密实式石灰粉煤灰混合料,应先将石灰和粉煤灰拌和均匀后,再撒铺到粒料层上。若需作短时间堆放,应处在干燥状态。对于悬浮式混合料,应先撒布粉煤灰再撒布石灰。

(2)粉煤灰宜在含水率15%～25%状态下撒布。

(3)石灰和粉煤灰应摊铺均匀。

3)拌和

一般采用转轴式拌和机进行拌和,如宝马拌和机;也可使用平地机进行拌和,但应注意避免出现离析现象。对于没有专用拌和机械的次要公路,可采用四或五铧犁配合旋转耕作机或缺口圆盘耙进行拌和。拌和过程中,拌和层底部不得留有"素土"或"素粒料"夹层。

4)压实

与集中拌和法施工相同。

5)养生

养生期一般为7d,若石灰粉煤灰作为底基层,需养生10~14d,再铺筑上面的结构层。

6)透层或下封层

石灰(水泥)粉煤灰集料基层养生结束后,宜开放交通一段时间,以磨去表面的二灰薄层,露出集料颗粒,清扫表面浮土,然后喷洒透层沥青或做下封层。

做透层时,宜采用浓度较稀的慢裂型沥青乳液。做下封层时应分两次喷洒乳液,第一次喷洒较稀的沥青乳液,用量$1.0k/m^2$,待干后再喷洒正常的乳液,用量$1.0~1.2kg/m^2$,然后撒布一层粒径4.75~9.5mm的碎石,并用16t轮胎压路机碾压2~3遍。

四、石灰稳定工业废渣的施工

石灰稳定工业废渣基层的施工方法基本上和石灰稳定土基层相同,拌和工序可采用就地拌和、集中拌和的方法。在材料基地集中拌和时,拌好的混合料堆放时间不宜过长,以免混合料的水分有较大的蒸发,并使石灰碳化而降低混合料的强度。

石灰稳定工业废渣的初期强度较低,并且强度增长受气温影响较大,因此,一般应尽可能避免在冬季施工,并要注意初期养护工作;在干燥而较热的季节,必须洒水养生2~5d以上。

石灰稳定工业废渣基层施工质量的关键是:混合料必须按比例配合并拌匀;含水率必须掌握恰当,且必须压实到规定的密实度,同时要高度重视初期的养护工作。

任务实施

1. 能组织石灰稳定土施工。
2. 能组织水泥稳定土施工。

复习思考题

1. 简述石灰稳定土施工工艺。
2. 简述水泥稳定土施工工艺。

项目十 沥青路面施工技术

任务一 沥青路面材料准备

1. 掌握沥青路面常用材料类型。
2. 掌握沥青路面对各种材料的技术要求。

1. 能根据规范选择沥青路面各种材料。
2. 能根据规范对沥青路面各种材料的要求备料。

一、材料的一般规定

（1）沥青路面使用的各种材料运至现场后，必须取样进行质量检验，经评定合格方可使用，不得以供应商提供的检测报告或商检报告代替现场检测。

（2）沥青路面集料的选择必须经过认真的料源调查，确定料源应尽可能就地取材。质量符合使用要求，石料开采必须注意环境保护，防止破坏生态平衡。

（3）集料粒径规格以方孔筛为准。不同料源、品种、规格的集料不得混杂堆放。

二、沥青材料

沥青路面所用沥青材料有石油沥青、煤沥青、液体石油沥青和沥青乳液等。各类沥青路面所用沥青材料的强度等级，应根据路面的类型、施工条件、地区气候条件、施工季节和矿料性质与尺寸等因素而定。

1. 道路石油沥青

各个沥青等级的适用范围应符合表10-1的规定。经建设单位同意，沥青的 PI 值、60℃动力黏度、10℃延度可作为选择性指标。

道路石油沥青的适用范围　　　　　　表10-1

沥青等级	适 用 范 围
A 级沥青	各个等级的公路，适用于任何场合和层次
B 级沥青	①高速公路、一级公路沥青下面层及以下的层次，二级及二级以下公路的各个层次； ②用作改性沥青、乳化沥青、改性乳化沥青、稀释沥青的基质沥青
C 级沥青	三级及三级以下公路的各个层次

沥青路面采用的沥青标号,宜按照公路等级、气候条件、交通条件、路面类型及在结构层中的层位及受力特点、施工方法等,结合当地的使用经验,经技术论证后确定。

对高速公路、一级公路,夏季温度高、高温持续时间长、重载交通、山区及丘陵区上路段、服务区、停车场等行车速度慢的路段,尤其是汽车荷载剪应力大的层次,宜采用稠度大、60℃黏度大的沥青,也可提高高温气候分区的温度水平选用沥青等级;对冬季寒冷的地区或交通量小的公路、旅游公路宜选用稠度小、低温延度大的沥青;对温度日温差、年温差大的地区,宜注意选用针入度指数大的沥青。当高温要求与低温要求发生矛盾时,应优先考虑满足高温性能的要求。

当缺乏所需标号的沥青时,可采用不同标号掺配的调和沥青,其掺配比例由试验决定。掺配后的沥青质量应符合表10-1的要求。

2. 乳化沥青

乳化沥青适用于沥青表面处治路面、沥青贯入式路面、冷拌沥青混合料路面,修补裂缝,喷洒透层、黏层与封层等。乳化沥青的品种和适用范围宜符合表10-2的规定。

乳化沥青品种及适用范围　　　　　　　　　　　　　表10-2

分　　类	品种及代号	适　用　范　围
阳离子乳化沥青	PC-1	表处、贯入式路面及下封层用
	PC-2	透层油及基层养生用
	PC-3	黏层油用
	BC-1	稀浆封层或冷拌沥青混合料用
阴离子乳化沥青	PA-1	表处、贯入式路面及下封层用
	PA-2	透层油及基层养生用
	PA-3	黏层油用
	BA-1	稀浆封层或冷拌沥青混合料用
非离子乳化沥青	PN-2	透层油用
	BN-1	与水泥稳定集料同时使用(基层路拌或再生)

乳化沥青类型根据集料品种及使用条件选择。阳离子乳化沥青可适用于各种集料品种,阴离子乳化沥青适用于碱性石料。乳化沥青的破乳速度、黏度宜根据用途与施工方法选择。

制备乳化沥青用的基质沥青,对高速公路和一级公路,宜符合表10-1道路石油沥青A、B级沥青的要求,其他情况可采用C级沥青。

乳化沥青宜存放在立式罐中,并保持适当搅拌。储存期以不离析、不冻结、不破乳为度。

3. 液体石油沥青

液体石油沥青适用于透层、黏层及拌制冷拌沥青混合料。根据使用目的与场所,可选用快凝、中凝、慢凝的液体石油沥青,其质量应符合表10-3的规定。

液体石油沥青宜采用针入度较大的石油沥青,使用前按先加热沥青后加稀释剂的顺序,掺配煤油或轻柴油,经适当的搅拌、稀释制成。掺配比例根据使用要求由试验确定。

液体石油沥青在制作、储存、使用的全过程中必须通风良好,并有专人负责,确保安全。基质沥青的加热温度严禁超过140℃,液体沥青的储存温度不得高于50℃。

4. 煤沥青

道路用煤沥青的标号根据气候条件、施工温度、使用目的选用,其质量应符合表10-4的规定。

道路用液体石油沥青技术要求　　　　　　　　　表10-3

试验项目		单位	快凝		中凝						慢凝						试验方法
			AL(R)-1	AL(R)-2	AL(M)-1	AL(M)-2	AL(M)-3	AL(M)-4	AL(M)-5	AL(M)-6	AL(S)-1	AL(S)-2	AL(S)-3	AL(S)-4	AL(S)-5	AL(S)-6	
黏度	$C_{25.5}$		<20		<20						<20						T 0621
	$C_{60.5}$	S		5~15		5~15	16~25	26~40	41~100	101~200		5~15	16~25	26~40	41~100	101~200	
蒸馏体积	225℃前	%	>20	>15	<10	<7	<3	<2	0	0							T 0632
	315℃前	%	>35	>30	<35	<25	<17	<14	<8	<5							
	360℃前	%	>45	>35	<50	<35	<30	<25	<20	<15	<40	<35	<25	<20	<15	<5	
蒸馏后残留物	针入度(25℃)	dmm	60~200	60~200	100~300	100~300	100~300	100~300	100~300	100~300							T 0604
	延度(25℃)	Cm	>60	>60	>60	>60	>60	>60	>60	>60							T 0605
	浮漂度(5℃)	S									<20	<20	<30	<40	<45	<50	T 0631
闪点(TOC法)		℃	>30	>30	>65	>65	>65	>65	>65	>65	>70	>70	>100	>100	>120	>120	T 0633
含水率，不大于		%	0.2	0.2	0.2	0.2	0.2	0.2	0.2	0.2	2.0	2.0	2.0	2.0	2.0	2.0	T 0612

道路用煤沥青技术要求　　　　　　　　　表10-4

试验项目		T-1	T-2	T-3	T-4	T-5	T-6	T-7	T-8	T-9	试验方法
黏度(s)	$C_{30.5}$	5~25	26~70								T 0621
	$C_{30.10}$			5~25	26~50	51~120	121~200				
	$C_{50.10}$							10~75	76~200		
	$C_{60.10}$									35~65	
蒸馏试验，馏出量(%)	170℃前不大于	3	3	3	2	1.5	1.5	1.0	1.0	1.0	T 0641
	270℃前不大于	20	20	20	15	15	15	10	10	10	
	300℃	15~35	15~35	30	30	25	25	20	20	15	
300℃蒸馏残留物软化点(环球法)(℃)		30~45	30~45	35~65	35~65	35~65	35~65	40~70	40~70	40~70	T 0606
水分，不大于(%)		1.0	1.0	1.0	1.0	0.5	0.5	0.5	0.5		T 0612
甲苯不溶物，不大于(%)		20	20	20	20	20	20	20	20		T 0646
萘含量，不大于(%)		5	5	5	4	4	3.5	3	2	2	T 0645
焦油酸含量，不大于(%)		4	4	3	3	2.5	2.5	1.5	1.5	1.5	T 0642

道路用煤沥青适用于下列情况：

(1)各种等级公路的各种基层上的透层，宜采用 T-1 或 T-2 级，其他等级不合喷洒要求时可适当稀释使用。

(2)三级及三级以下的公路铺筑表面处治或贯入式沥青路面，宜采用 T-5、T-6 或 T-7 级；

(3)与道路石油沥青、乳化沥青混合使用，以改善渗透性。

(4)道路用煤沥青严禁用于热拌热铺的沥青混合料，作其他用途时的储存温度宜为 70~90℃，且不得长时间储存。

三、粗集料

(1)沥青层用粗集料包括碎石、破碎砾石、筛选砾石、钢渣、矿渣等，但高速公路和一级公路不得使用筛选砾石和矿渣。粗集料必须由具有生产许可证的采石场生产或施工单位自行加工。

（2）粗集料应该洁净、干燥、表面粗糙，质量应符合表10-5的规定。当单一规格集料的质量指标达不到表中要求，而按照集料配比计算的质量指标符合要求时，工程上允许使用。对受热易变质的集料，宜采用经拌和机烘干后的集料进行检验。

沥青混合料用粗集料质量技术要求 表10-5

指 标		单位	高速公路及一级公路		其他等级公路	试验方法
			表面层	其他层次		
石料压碎值	不大于	%	26	28	30	T 0316
洛杉矶磨耗损失	不大于	%	28	30	35	T 0317
表观相对密度	不小于	t/m³	2.60	2.50	2.45	T 0304
吸水率	不大于	%	2.0	3.0	3.0	T 0304
坚固性	不大于	%	12	12	—	T 0314
针片状颗粒含量（混合料）	不大于	%	15	18	20	T 0312
其中粒径大于9.5mm	不大于	%	12	15	—	
其中粒径小于9.5mm	不大于	%	18	20	—	
水洗法<0.075mm颗粒含量	不大于	%	1	1	1	T 0310
软石含量	不大于	%	3	5	5	T 0320

注：①坚固性试验可根据需要进行；

②用于高速公路、一级公路时，多孔玄武岩的视密度可放宽至2.45t/m³，吸水率可放宽至3%，但必须得到建设单位的批准，且不得用于SMA路面；

③对S14即3-5规格的粗集料，针片状颗粒含量可不予要求，<0.075mm含量可放宽到3%。

（3）粗集料的粒径规格应按表10-6的规定生产和使用。

沥青混合料用粗集料规格 表10-6

规格名称	公称粒径（mm）	通过下列筛孔(mm)的质量百分率(%)												
		106	75	63	53	37.5	31.5	26.5	19.0	13.2	9.5	4.75	2.36	0.6
S1	40~75	100	90~100	—	—	0~15	—	0~5						
S2	40~60		100	90~100	—	0~15	—	0~5						
S3	30~60		100	90~100	—	—	0~15	—	0~5					
S4	25~50			100	90~100	—	0~15	—	0~5					
S5	20~40				100	90~100	—	0~15	—	0~5				
S6	15~30					100	90~100	—	0~15	—	0~5			
S7	10~30					100	90~100	—	—	0~15	0~5			
S8	10~25						100	90~100	—	0~15	0~5			
S9	10~20							100	90~100	—	0~15	0~5		
S10	10~15								100	90~100	0~15	0~5		
S11	5~15								100	90~100	40~70	0~15	0~5	
S12	5~10									100	90~100	0~15	0~5	
S13	3~10									100	90~100	40~70	0~20	0~5
S14	3~5										100	90~100	0~15	0~3

(4)高速公路、一级公路沥青路面的表面层(或磨耗层)的粗集料的磨光值应符合10-7的要求。除SMA、OGFC路面外,允许在硬质粗集料中掺加部分较小粒径的磨光值达不到要求的粗集料,其最大掺加比例由磨光值试验确定。粗集料与沥青的黏附性应符合表10-7的要求,当使用不符要求的粗集料时,宜掺加消石灰、水泥或用饱和石灰水处理后使用,必要时可同时在沥青中掺加耐热、耐水、长期性能好的抗剥落剂,也可采用改性沥青的措施,使沥青混合料的水稳定性检验达到要求。

粗集料与沥青的黏附性、磨光值的技术要求　　　　　　表10-7

雨量气候区	1(潮湿区)	2(湿润区)	3(半干区)	4(干旱区)	试验方法
年降雨量(mm)	>1000	1000~500	500~250	<250	附录A
粗集料的磨光值PSV　不小于 高速公路、一级公路表面层	42	40	38	36	T 0321
粗集料与沥青的黏附性　不小于 高速公路、一级公路表面层	5	4	4	3	T 0616
高速公路、一级公路的其他层次及 其他等级公路的各个层次	4	4	3	3	T 0663

(5)破碎砾石应采用粒径大于50mm、含泥量不大于1%的砾石轧制,破碎砾石的破碎面应符合表10-8的要求。筛选砾石仅适用于三级及三级以下公路的沥青表面处治路面。

粗集料对破碎面的要求　　　　　　表10-8

路面部位或混合料类型	具有一定数量破碎面颗粒的含量(%)		试验方法
	1个破碎面	2个或2个以上破碎面	
沥青路面表面层 　高速公路、一级公路 　其他等级公路	100 80	90 60	T 0361
沥青路面中下面层、基层 　高速公路、一级公路 　其他等级公路	90 70	80 50	
SMA混合料	100	90	
贯入式路面	80	60	

四、细集料

(1)沥青路面的细集料包括天然砂、机制砂、石屑。细集料必须由具有生产许可证的采石场、采砂场生产。

(2)细集料应洁净、干燥、无风化、无杂质,并有适当的颗粒级配,其质量应符合表10-9的规定。细集料的洁净程度,天然砂以小于0.075mm含量的百分数表示,石屑和机制砂以砂当量(适用于0~4.75mm)或亚甲蓝值(适用于0~2.36mm或0~0.15mm)表示。

(3)天然砂可采用河砂或海砂,通常宜采用粗、中砂,其规格应符合表10-10的规定。砂的含泥量超过规定时应水洗后使用,海砂中的贝壳类材料必须筛除。热拌密级配沥青混合料中天然砂的用量通常不宜超过集料总量的20%,SMA和OGFC混合料不宜使用天然砂。

沥青混合料用细集料质量要求 表10-9

项 目		单位	高速公路、一级公路	其他等级公路	试验方法
表观相对密度	不小于	t/m³	2.50	2.45	T 0328
坚固性(>0.3mm 部分)	不小于	%	12	—	T 0340
含泥量(小于0.075mm 的含量)	不大于	%	3	5	T 0333
砂当量	不小于	%	60	50	T 0334
亚甲蓝值	不大于	g/kg	25	—	T 0346
棱角性(流动时间)	不小于	s	30	—	T 0345

注：坚固性试验可根据需要进行。

沥青混合料用天然砂规格 表10-10

筛孔尺寸(mm)	通过各孔筛的质量百分率(%)		
	粗 砂	中 砂	细 砂
9.5	100	100	100
4.75	90~100	90~100	90~100
2.36	65~95	75~90	85~100
1.18	35~65	50~90	75~100
0.6	15~30	30~60	60~84
0.3	5~20	8~30	15~45
0.15	0~10	0~10	0~10
0.075	0~5	0~5	0~5

（4）石屑是采石场破碎石料时通过4.75mm 或2.36mm 的筛下部分，其规格应符合10-11的要求。采石场在生产石屑的过程中应具备抽吸设备，高速公路和一级公路的沥青混合料，宜将S14与S16组合使用，S15可在沥青稳定碎石基层或其他等级公路中使用。机制砂宜采用专用的制砂机制造，并选用优质石料生产，其级配应符合S16的要求。

沥青混合料用机制砂或石屑规格 表10-11

规格	公称粒径(mm)	水洗法通过各筛孔的质量百分率(%)							
		9.5	4.75	2.36	1.18	0.6	0.3	0.15	0.075
S15	0~5	100	90~100	60~90	40~75	20~55	7~40	2~20	0~10
S16	0~3		100	80~100	50~80	25~60	8~45	0~25	0~15

注：当生产石屑采用喷水抑制扬尘工艺时，应特别注意含粉量不得超过表中要求。

五、填料

沥青混合料的矿粉必须采用石灰岩或岩浆岩中的强基性岩石等憎水性石料经磨细得到的矿粉，原石料中的泥土杂质应除净。矿粉应干燥、洁净，能自由地从矿粉仓流出，其质量应符合表10-12的技术要求。

拌和机的粉尘可作为矿粉的一部分回收使用。但每盘用量不得超过填料总量的25%，掺有粉尘填料的塑性指数不得大于4%。

粉煤灰作为填料使用时，用量不得超过填料总量的50%，粉煤灰的烧失量应小于12%，与矿粉混合后的塑性指数应小于 4%，其余质量要求与矿粉相同。高速公路、一级公路的沥青面层不宜采用粉煤灰作填料。

沥青混合料用矿粉质量要求 表 10-12

项 目		单位	高速公路、一级公路	其他等级公路	试验方法
表观相对密度	不小于	t/m³	2.50	2.45	T 0352
含水率	不大于	%	1	1	T 0103 烘干法
粒度范围	<0.6mm	%	100	100	T 0351
	<0.15mm	%	90~100	90~100	
	<0.075mm	%	75~100	70~100	
外观			无团粒结块		
亲水系数			<1		T 0353
塑性指数			<4		T 0354
加热安定性			实测记录		T 0355

六、纤维稳定剂

在沥青混合料中掺加的纤维稳定剂宜选用木质素纤维、矿物纤维等，木质素纤维的质量应符合表 10-13 的技术要求。

木质素纤维质量技术要求 表 10-13

项 目		单位	指 标	试验方法
纤维长度	不大于	mm	6	水溶液用显微镜观测
灰分含量		%	18±5	高温 590~600℃ 燃烧后测定残留物
pH 值			7.5±1.0	水溶液用 pH 试纸或 pH 计测定
吸油率	不小于		纤维质量的 5 倍	用煤油浸泡后放在筛上经振敲后称量
含水率（以质量计）	不大于	%	5	105℃ 烘箱烘 2h 后冷却称量

纤维应在 250℃ 的干拌温度不变质、不发脆，使用纤维必须符合环保要求，不危害身体健康。矿物纤维宜采用玄武岩等矿石制造，易影响环境及造成人体伤害的石棉纤维不宜直接使用。纤维稳定剂的掺加比例以沥青混合料总量的质量百分率计算，通常情况下用于 SMA 路面的木质素纤维不宜低于 0.3%，矿物纤维不宜低于 0.4%，必要时可适当增加纤维用量。纤维掺加量的允许误差宜不超过 ±5%。纤维应存放在室内或有棚盖的地方，松散纤维在运输及使用过程中应避免受潮，不结团。

任务实施

1. 能根据规范选择沥青路面各种材料。
2. 能根据规范对沥青路面各种材料的要求备料。

复习思考题

1. 简述沥青路面常用材料类型。
2. 简述沥青路面对各种材料的技术要求。

任务二　热拌沥青混合料路面试验路段铺筑

1. 掌握热拌沥青混合料的类型。
2. 掌握规范对热拌沥青混合料的要求。
3. 了解铺筑试验路段的目的。

能力目标

1. 能根据规范对热拌沥青混合料材料的要求进行备料。
2. 能进行热拌沥青混合料路面试验段的施工。

热拌沥青混合料(HMA)包括沥青混凝土和热拌沥青碎石。适用于各种等级公路的沥青路面。高速公路、一级公路和城市快速路、主干路的沥青面层的上、中、下面层和其他等级公路的沥青面层的上面层宜采用沥青混凝土混合料铺筑,沥青碎石混合料仅适用于过渡层及整平层。其种类按集料公称最大粒径、矿料级配、空隙率划分见表10-14。

热拌沥青混合料种类　　　　　　　　　　　　表10-14

混合料类型	密级配			开级配		半开级配	公称最大粒径(mm)	最大粒径(mm)
	连续级配		间断级配	间断级配		沥青稳定碎石		
	沥青混凝土	沥青稳定碎石	沥青玛蹄脂碎石	排水式沥青磨耗层	排水式沥青碎石基层			
特粗式	—	ATB-40	—	—	ATPB-40	—	37.5	53.0
粗粒式	—	ATB-30	—	—	ATPB-30	—	31.5	37.5
	AC-25	ATB-25	—	—	ATPB-25	—	26.5	31.5
中粒式	AC-20	—	SMA-20	—	—	AM-20	19.0	26.5
	AC-16	—	SMA-16	OGFC-16	—	AM-16	16.0	19.0
细粒式	AC-13	—	SMA-13	OGFC-13	—	AM-13	13.2	16.0
	AC-10	—	SMA-10	OGFC-10	—	AM-10	9.5	13.2
砂粒式	AC-5	—	—	—	—	AM-5	4.75	9.5
设计空隙率(%)	3~5	3~6	3~4	>18	>18	6~12		

注:空隙率可按配合比设计要求适当调整。

一、原材料的技术要求

沥青混合料必须在对同类公路配合比设计和使用情况调查研究的基础上,充分借鉴成功的经验,选用符合要求的材料,进行配合比设计。

沥青混合料的原材料主要有粗集料、细集料、填料、沥青。要保证沥青混合料的质量,原材料技术指标必须符合有关规范的要求,这也是在沥青混合料配合比设计前必不可少的一个重要环节。原材料选择应根据设计文件对路面结构和使用品质的要求,按照《公路沥青路面施工技术规范》(JTG F40—2004)的相关规定,结合材料的供应情况,按照《公路工程沥青及沥青混合料试验规程》(JTG E20—2011)和《公路工程集料试验规程》(JTG E42—2005)的要求进行检验,然后择优选材。

1. 沥青

沥青是沥青混凝土的主要组成材料之一,是决定沥青混合料质量的主要因素。不同等级的公路应选择合适的沥青等级。各级道路石油沥青的适用范围见表10-1。

2. 粗集料、细集料及填料

沥青混合料所用粗集料、细集料及填料技术要求见表10-5~表10-12的规定。

沥青混合料的矿料级配应符合工程规定的设计级配范围。密级配沥青混合料宜根据公路等级、气候及交通条件按表10-15选择采用粗型(C型)或细型(F型)混合料,并在表10-16范围内确定工程设计级配范围,通常情况下工程设计级配范围不宜超出表10-16的要求。其他类型的混合料宜直接以表10-17~表10-21作为工程设计级配范围。

粗型和细型密级配沥青混凝土的关键性筛孔通过率　　　　表10-15

混合料类型	公称最大粒径(mm)	用以分类的关键性筛孔(mm)	粗型密级配 名称	粗型密级配 关键性筛孔通过率(%)	细型密级配 名称	细型密级配 关键性筛孔通过率(%)
AC-25	26.5	4.75	AC-25C	<40	AC-25F	>40
AC-20	19	4.75	AC-20C	<45	AC-20F	>45
AC-16	16	2.36	AC-16C	<38	AC-16F	>38
AC-13	13.2	2.36	AC-13C	<40	AC-13F	>40
AC-10	9.5	2.36	AC-10C	<45	AC-10F	>45

密级配沥青混凝土混合料矿料级配范围　　　　表10-16

级配类型		通过下列筛孔(mm)的质量百分率(%)											
		31.5	26.5	19	16	13.2	9.5	4.75	2.36	1.18	0.6	0.3	0.15	0.075
粗粒式	AC-25	100	90~100	75~90	65~83	57~76	45~65	24~52	16~42	12~33	8~24	5~17	4~13	3~7
中粒式	AC-20		100	90~100	78~92	62~80	50~72	26~56	16~44	12~33	8~24	5~17	4~13	3~7
中粒式	AC-16			100	90~100	76~92	60~80	34~62	20~48	13~36	9~26	7~18	5~14	4~8
细粒式	AC-13				100	90~100	68~85	38~68	24~50	15~38	10~28	7~20	5~15	4~8
细粒式	AC-10					100	90~100	45~75	30~58	20~44	13~32	9~23	6~16	4~8
砂粒式	AC-5						100	90~100	55~75	35~55	20~40	12~28	7~18	5~10

沥青玛蹄脂碎石混合料矿料级配范围　　　　表10-17

级配类型		通过下列筛孔(mm)的质量百分率(%)										
		26.5	19	16	13.2	9.5	4.75	2.36	1.18	0.6	0.3	0.15	0.075
中粒式	SMA-20	100	90~100	72~92	62~82	40~55	18~30	13~22	12~20	10~16	9~14	8~13	8~12
中粒式	SMA-16		100	90~100	65~85	45~65	20~32	15~24	14~22	12~18	10~15	9~14	8~12
细粒式	SMA-13			100	90~100	50~75	20~34	15~26	14~24	12~20	10~16	9~15	8~12
细粒式	SMA-10				100	90~100	28~60	20~32	14~26	12~22	10~18	9~16	8~13

开级配排水式磨耗层混合料矿料级配范围　　　　表 10-18

级配类型		通过下列筛孔(mm)的质量百分率(%)									
		19	16	13.2	9.5	4.75	2.36	1.18	0.6	0.3	0.15	0.075
中粒式	OGFC-16	100	90~100	70~90	45~70	12~30	10~22	6~18	4~15	3~12	3~8	2~6
	OGFC-13		100	90~100	60~80	12~30	10~22	6~18	4~15	3~12	3~8	2~6
细粒式	OGFC-10			100	90~100	50~70	10~22	6~18	4~15	3~12	3~8	2~6

密级配沥青碎石混合料矿料级配范围　　　　表 10-19

级配类型		通过下列筛孔(mm)的质量百分率(%)												
		53	37.5	31.5	26.5	19	16	13.2	9.5	4.75	2.36	1.18	0.6	0.3	0.15	0.075
特粗式	ATB-40	100	90~100	75~92	65~85	49~71	43~63	37~57	30~50	20~40	15~32	10~25	8~18	5~14	3~10	2~6
	ATB-30		100	90~100	70~90	53~72	44~66	39~60	31~51	20~40	15~32	10~25	8~18	5~14	3~10	2~6
粗粒式	ATB-25			100	90~100	60~80	48~68	42~62	32~52	20~40	15~32	10~25	8~18	5~14	3~10	2~6

半开级配沥青碎石混合料矿料级配范围　　　　表 10-20

级配类型		通过下列筛孔(mm)的质量百分率(%)										
		26.5	19	16	13.2	9.5	4.75	2.36	1.18	0.6	0.3	0.15	0.075
中粒式	AM-20	100	90~100	60~85	50~75	40~65	15~40	5~22	2~16	1~12	0~10	0~8	0~5
	AM-16		100	90~100	60~85	45~68	18~40	6~25	3~18	1~14	0~10	0~8	0~5
细粒式	AM-13			100	90~100	50~80	20~45	8~28	4~20	2~16	0~10	0~8	0~6
	AM-10				100	90~100	35~65	10~35	5~22	2~16	0~12	0~9	0~6

开级配沥青碎石混合料矿料级配范围　　　　表 10-21

级配类型		通过下列筛孔(mm)的质量百分率(%)												
		53	37.5	31.5	26.5	19	16	13.2	9.5	4.75	2.36	1.18	0.6	0.3	0.15	0.075
特粗式	ATPB-40	100	70~100	65~90	55~85	43~75	32~70	20~65	12~50	0~3	0~3	0~3	0~3	0~3	0~3	0~3
	ATPB-30		100	80~100	70~95	53~85	36~80	26~75	14~60	0~3	0~3	0~3	0~3	0~3	0~3	0~3
粗粒式	ATPB-25			100	80~100	60~100	45~90	30~82	16~70	0~3	0~3	0~3	0~3	0~3	0~3	0~3

二、马歇尔试验技术标准

热拌沥青混合料配合比设计采用马歇尔试验配合比设计方法。沥青混合料技术要求应符合表 10-22~表 10-25 的规定,并有良好的施工性能。当采用其他方法设计沥青混合料时,应按本规范规定进行马歇尔试验及各项配合比设计检验,并报告不同设计方法各自的试验结果。

密级配沥青混凝土混合料马歇尔试验技术标准

表 10-22

（本表适用于公称最大粒径≤26.5mm 的密级配沥青混凝土混合料）

试验指标		单位	高速公路、一级公路				其他等级公路	行人道路
			夏炎热区(1-1、1-2、1-3、1-4区)		夏热区及夏凉区(2-1、2-2、2-3、2-4、3-2区)			
			中轻交通	重载交通	中轻交通	重载交通		
击实次数(双面)		次	75				50	50
试件尺寸		mm	$\phi 101.6mm \times 63.5mm$					
空隙率 VV	深约90mm以内	%	3~5	4~6②	2~4	3~5	3~6	2~4
	深约90mm以下	%	3~6		2~4	3~6	3~6	—
稳定度 MS 不小于		kN	8				5	3
流值 FL		mm	2~4	1.5~4	2~4.5	2~4	2~4.5	2~5
矿料间隙率 VMA (%) 不小于	设计空隙率(%)	相应于以下公称最大粒径(mm)的最小 VMA 及 VFA 技术要求(%)						
		26.5	19	16	13.2	9.5	4.75	
	2	10	11	11.5	12	13	15	
	3	11	12	12.5	13	14	16	
	4	12	13	13.5	14	15	17	
	5	13	14	14.5	15	16	18	
	6	14	15	15.5	16	17	19	
沥青饱和度 VFA(%)			55~70		65~75		70~85	

注：①对空隙率大于5%的夏炎热区重载交通路段，施工时应至少提高压实度1%。
②当设计的空隙率不是整数时，由内插确定要求的 VMA 最小值。
③对改性沥青混合料，马歇尔试验的流值可适当放宽。

沥青稳定碎石混合料马歇尔试验配合比设计技术标准

表 10-23

试验指标	单位	密级配基层 (ATB)	半开级配面层 (AM)	排水式开级配磨耗层 (OGFC)	排水式开级配基层 (ATPB)
公称最大粒径	mm	26.5mm	等于或大于31.5mm	等于或小于26.5mm	等于或小于26.5mm	所有尺寸
马歇尔试件尺寸	mm	$\phi 101.6mm \times 63.5mm$	$\phi 152.4mm \times 95.3mm$	$\phi 101.6mm \times 63.5mm$	$\phi 101.6mm \times 63.5mm$	$\phi 152.4mm \times 95.3mm$
击实次数(双面)	次	75	112	50	50	75
空隙率 VV①	%	3~6		6~10	不小于18	不小于18
稳定度，不小于	kN	7.5	15	3.5	3.5	—
流值	mm	1.5~4	实测			
沥青饱和度 VFA	%	55~70	40~70	—	—	
密级配基层 ATB 的矿料间隙率 VMA 不小于(%)	设计空隙率(%)	ATB-40	ATB-30	ATB-25		
	4	11	11.5	12		
	5	12	12.5	13		
	6	13	13.5	14		

注：①在干旱地区，可将密级配沥青稳定碎石基层的空隙率适当放宽到8%。

SMA 混合料马歇尔试验配合比设计技术要求　　　　表 10-24

试 验 项 目		单位	技 术 要 求		试验方法
			不使用改性沥青	使用改性沥青	
马歇尔试件尺寸		mm	$\phi 101.6\text{mm} \times 63.5\text{mm}$		T 0702
马歇尔试件击实次数①			两面击实 50 次		T 0702
空隙率 VV②		%	3～4		T 0708
矿料间隙率 VMA②	不小于	%	17.0		T 0708
粗集料骨架间隙率 VCA_{mix}③	不大于		VCA_{DRC}		T 0708
沥青饱和度 VFA		%	75～85		T 0708
稳定度④	不小于	kN	5.5	6.0	T 0709
流值		mm	2～5	—	T 0709
谢伦堡沥青析漏试验的结合料损失		%	不大于 0.2	不大于 0.1	T 0732
肯塔堡飞散试验的混合料损失或浸水飞散试验		%	不大于 20	不大于 15	T 0733

注：①对集料坚硬不易击碎，通行重载交通的路段，也可将击实次数增加为双面 75 次。
②对高温稳定性要求较高的重交通路段或炎热地区，设计空隙率允许放宽到 4.5%，VMA 允许放宽到 16.5%（SMA-16）或 16%（SMA-19），VFA 允许放宽到 70%。
③试验粗集料骨架间隙率 VCA 的关键性筛孔，对 SMA-19、SMA-16 是指 4.75mm，对 SMA-13、SMA-10 是指 2.36mm。
④稳定度难以达到要求时，容许放宽到 5.0kN（非改性）或 5.5kN（改性），但动稳定度检验必须合格。

OGFC 混合料技术要求　　　　表 10-25

试 验 项 目	单位	技 术 要 求	试验方法
马歇尔试件尺寸	mm	$\phi 101.6\text{mm} \times 63.5\text{mm}$	T 0702
马歇尔试件击实次数		两面击实 50 次	T 0702
空隙率	%	18～25	T 0708
马歇尔稳定度，不小于	kN	3.5	T 0709
析漏损失	%	<0.3	T 0732
肯特堡飞散损失	%	<20	T 0733

对用于高速公路和一级公路的公称最大粒径等于或小于 19mm 的密级配沥青混合料（AC）及 SMA、OGFC 混合料需在配合比设计的基础上按《公路沥青路面施工技术规范》（JTG F40—2004）的规定进行动稳定度、水稳定性、低温弯曲试验破坏应变（$\mu\varepsilon$）、渗水性、活性和膨胀性等各种使用性能检验，不符要求的沥青混合料，必须更换材料或重新进行配合比设计。二级公路参照此要求执行。

三、热拌沥青混合料配合比设计

高速公路、一级公路热拌沥青混合料的配合比设计应通过目标配合比设计、生产配合比设计及生产配合比验证三个阶段，确定沥青混合料的材料品种及配比、矿料级配、最佳沥青用量。各个阶段的工作内容虽有所不同，但每个阶段最终要解决的问题是相同的，一是确定矿料的配合比例，二是确定沥青用量。这就是说，沥青混合料配合比设计是建立在试验、检验、调整、完善基础上的一项技术工作，只有分阶段，并结合试验、施工设备反复进行验证、调整，才能获得满意的配合比设计结果。热拌沥青混合料配合比设计的具体内容参见《公路沥青路面施工技术规范》（JTG F40—2004），在此不再赘述。

四、试验路段铺筑

(1)高速公路和一级公路的沥青路面在施工前应铺筑试验段。其他等级公路在缺乏施工经验或初次使用重大设备时,也应铺筑试验段。当同一施工单位在材料、机械设备及施工方法与其他工程完全相同时,也可利用其他工程的结果,不再铺筑新的试验路段。

(2)试验段的长度应根据试验目的确定,通常宜为 100~200m,宜选在正线上铺筑。

(3)热拌热铺沥青混合料路面试验段铺筑分试拌及试铺两个阶段,应包括下列试验内容:

①检验各种施工机械的类型、数量及组合方式是否匹配。

②通过试拌确定拌和机的操作工艺,考察计算机打印装置的可信度。

③通过试铺确定透层油的喷洒方式和效果、摊铺、压实工艺,确定松铺系数等。

④验证沥青混合料生产配合比设计,提出生产用的标准配合比和最佳沥青用量。

⑤建立用钻孔法与核子密度仪无破损检测路面密度的对比关系。确定压实度的标准检测方法。核子仪等无破损检测在碾压成型后热态测定,取 13 个测点的平均值为 1 组数据,一个试验段的不得少于 3 组。钻孔法在第 2 天或第 3 天以后测定,钻孔数不少于 12 个。

⑥检测试验段的渗水系数。

(4)试验段铺筑应由有关各方共同参加,及时商定有关事项,明确试验结论。铺筑结束后,施工单位应就各项试验内容提出完整的试验路施工、检测报告,取得业主或监理的批复。

任务实施

能根据规范对热拌沥青混合料材料的要求进行备料,并且能进行热拌沥青混合料配合比的设计。

1. 简述热拌沥青混合料材料的类型。
2. 简述规范对热拌沥青混合料材料的要求。
3. 简述热拌沥青混合料配合比设计的方法。
4. 简述试验路段的目的。

任务三 热拌沥青混合料路面施工技术

知识目标

1. 了解热拌沥青混合料路面施工前的准备工作。
2. 掌握热拌沥青混合料路面的施工程序。
3. 掌握热拌沥青混合料路面施工过程质量控制。

能力目标

1. 能结合工程实际做好热拌沥青混合料路面施工前的准备工作。
2. 能按规范组织热拌沥青混合料路面的施工。
3. 能进行热拌沥青混合料路面施工过程质量控制。

一、一般规定

(1) 热拌沥青混合料(HMA)适用于各种等级公路的沥青路面。各层沥青混合料应满足所在层位的功能性要求,便于施工,不容易离析。各层应连续施工并连接成为一个整体。当发现混合料结构组合及级配类型的设计不合理时,应进行修改、调整,以确保沥青路面的使用性能。

(2) 经设计确定的标准配合比在施工过程中不得随意变更。生产过程中应加强跟踪检测,严格控制进场材料的质量,如遇材料发生变化并经检测沥青混合料的矿料级配、马歇尔技术指标不符要求时,应及时调整配合比,使沥青混合料的质量符合要求并保持相对稳定,必要时重新进行配合比设计。

(3) 沥青面层集料的最大粒径宜从上至下逐渐增大,并应与压实层厚度相匹配。

二、施工准备

(1) 确定料源及进场材料的质量检验,不符合技术要求的材料不得进场。

(2) 对于路面施工机械和设备进行调试、检查。有关机械设备的选型与配套参见项目八中路面施工机械设备的选型与配套内容。

(3) 铺筑沥青层前,应检查基层或下卧沥青层的质量,不符要求的不得铺筑沥青面层。

(4) 热拌沥青混合料的施工过程,要根据沥青品种、标号、黏度、气候条件及铺筑层的厚度选择沥青加热温度及混合料施工温度。并应符合表10-26和表10-27的要求。

热拌沥青混合料的施工温度(℃)　　　　表10-26

施工工序		石油沥青的标号			
		50号	70号	90号	110号
沥青加热温度		160~170	155~65	150~160	145~155
矿料加热温度	间隙式拌和机	集料加热温度比沥青温度高10~30			
	连续式拌和机	矿料加热温度比沥青温度高5~10			
沥青混合料出料温度		150~170	145~165	140~160	135~155
混合料储料仓储存温度		储料过程中温度降低不超过10			
混合料废弃温度,高于		200	195	190	185
运输到现场温度,不低于		150	145	140	135
混合料摊铺温度,不低于	正常施工	140	135	130	125
	低温施工	160	150	140	135
开始碾压的混合料内部温度,不低于	正常施工	135	130	125	120
	低温施工	150	145	135	130
碾压终了的表面温度,不低于	钢轮压路机	80	70	65	60
	轮胎压路机	85	80	75	70
	振动压路机	75	70	60	55
开放交通的路表温度,不高于		50	50	50	45

注:①沥青混合料的施工温度采用具有金属探测针的插入式数显温度计测量。表面温度可采用表面接触式温度计测定。当采用红外线温度计测量表面温度时,应进行标定。

②表中未列入的130号、160号及30号沥青的施工温度由试验确定。

聚合物改性沥青混合料的正常施工温度范围(℃)　　　表10-27

工　序	聚合物改性沥青品种		
	SBS 类	SBR 胶乳类	EVA、PE 类
沥青加热温度	160~165		
改性沥青现场制作温度	165~170	—	165~170
成品改性沥青加热温度,不大于	175	—	175
集料加热温度	190~220	200~210	185~195
改性沥青SMA混合料出厂温度	170~185	160~180	165~180
混合料最高温度(废弃温度)	195		
混合料储存温度	拌和出料后降低不超过10		
摊铺温度,不低于	160		
初压开始温度,不低于	150		
碾压终了的表面温度,不低于	90		
开放交通时的路表温度,不高于	50		

注：当采用表列以外的聚合物或天然沥青改性沥青时，施工温度由试验确定。

三、施工程序

热拌沥青混合料路面施工可分为沥青混合料的拌制与运输和现场铺筑两阶段。在拌制沥青混合料之前，应根据确定的配合比进行试拌，试拌时对所用的各种矿料及沥青应严格计量，通过试拌和抽样试验确定每盘热拌的配合比及其总质量(对间歇式拌和机)，或各种矿料进料口开启的大小及沥青和矿料进料的速度(对连续式拌和机)、适宜的沥青用量、拌和时间、矿料和沥青加热温度以及沥青混合料出厂温度。对试拌的沥青混合料进行试验以后，即可选定施工配合比。

热拌沥青混合料路面施工工艺流程如图10-1所示。其各主要施工工序的要求分述如下：

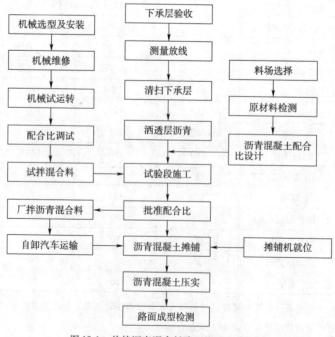

图10-1　热拌沥青混合料路面施工工艺流程

1. 沥青混合料的拌制及运输

1) 沥青混合料的拌制

沥青混合料必须在沥青拌和厂(场、站)采用拌和机械拌制。在拌和厂拌制混合料所用的设备有间歇式和连续式两种。前者在每盘拌和时计量混合料各种材料的用量,而后者则在计量各种材料之后连续不断地送进拌和器中拌和。高速公路和一级公路宜采用间歇式拌和机拌和。连续式拌和机使用的集料必须稳定不变,一个工程从多处进料、料源或质量不稳定时,不得采用连续式拌和机。热拌沥青混合料拌和工艺流程如图10-2所示。

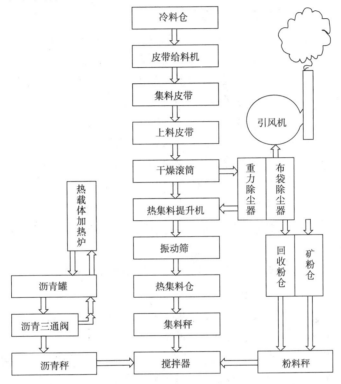

图10-2 拌制沥青混合料工艺流程

(1) 间歇式拌和机的总拌和能力满足施工进度要求。拌和机除尘设备完好,能达到环保要求。冷料仓的数量满足配合比需要,通常不宜少于5~6个。具有添加纤维、消石灰等外掺剂的设备。

(2) 高速公路和一级公路施工用的间歇式拌和机必须配备计算机设备,拌和过程中逐盘采集并打印各个传感器测定的材料用量和沥青混合料拌和量、拌和温度等各种参数,每个台班结束时打印出一个台班的统计量。进行沥青混合料生产质量及铺筑厚度的总量检验,总量检验的数据有异常波动时,应立即停止生产,分析原因。

(3) 根据配料单进料,严格控制各种材料用量及其加热温度。拌和后的混合料应均匀一致,无花白、无离析和结团成块等现象。每班抽样做沥青混合料性能、矿料级配组成和沥青用量检验。

(4) 沥青混合料拌和时间根据具体情况经试拌确定,以沥青均匀裹覆集料为度。间歇式拌和机每盘的生产周期不宜少于45s(其中干拌时间不少于5~10s)。改性沥青和SMA混合料的拌和时间应适当延长。

(5) 沥青混合料出厂时应逐车检测沥青混合料的质量和温度,记录出厂时间,签发运料单。

2)沥青混合料运输

热拌沥青混合料宜采用较大吨位的运料车运输,对高速公路、一级公路,宜待等候的运料车多于5辆后开始摊铺。运料车每次使用前后必须清扫干净,在车厢板上涂一薄层防止沥青黏结的隔离剂或防黏剂。运料车运输混合料宜用苫布覆盖保温、防雨、防污染。运至铺筑现场的混合料,应在当天或当班完成摊铺与压实。

2. 沥青混合料铺筑

(1)基层准备和放样。铺筑沥青混合料前,应检查确认下层的质量,当下层质量不符合要求,或未按规定洒布透层、黏层沥青或铺热下封层时,不得铺筑沥青面层。为了控制混合料的摊铺厚度,在准备好基层之后,应进行测量放样,即沿路面中心线和四分之一路面宽度处设置样桩,标出混合料松铺厚度。当采用自动调平摊铺机时,应放出引导摊铺机运行走向和高程的控制基准线。具体见项目八中路面面层施工放样内容。

(2)沥青混合料的摊铺。热拌沥青混合料应采用机械摊铺,对高速公路和一级公路宜采用两台以上摊铺机联合摊铺,以减少纵向次冷接缝,相邻两台摊铺机纵向相距10~20m,两幅之间应有30~60mm左右宽度的搭接,并躲开车道轮迹带,上下层的搭接位置宜错开200mm以上。摊铺机开工前应提前0.5~1h预热熨平板不低于100℃。铺筑过程中应选择熨平板的振捣或夯锤压实装置具有适宜的振动频率和振幅,以提高路面的初始压实度。熨平板加宽连接应仔细调节至摊铺的混合料没有明显的离析痕迹。摊铺机必须缓慢、均匀、连续不间断地摊铺,不得随意变换速度或中途停顿,以提高平整度,减少混合料的离析。摊铺速度宜控制在2~6m/min的范围内。对改性沥青混合料及SMA混合料宜放慢至1~3m/min。当发现混合料出现明显的离析、波浪、裂缝、拖痕时,应分析原因,予以消除。

摊铺机应采用自动找平方式,下面层或基层宜采用钢丝绳引导的高程控制方式,上面层宜采用平衡梁或雪橇式摊铺厚度控制方式,中面层根据情况选用找平方式。直接接触式平衡梁的轮子不得粘附沥青。铺筑改性沥青或SMA路面时宜采用非接触式平衡梁。

沥青路面施工的最低气温应不得低于表10-28的要求。每天施工开始阶段宜采用较高温度的混合料。

沥青混合料的最低摊铺温度 表10-28

下卧层的表面温度(℃)	相应于下列不同摊铺层厚度的最低摊铺温度(℃)					
	普通沥青混合料			改性沥青混合料或SMA沥青混合料		
	<50mm	50~80mm	>80mm	<50mm	50~80mm	>80mm
<5	不允许	不允许	140	不允许	不允许	不允许
5~10	不允许	140	135	不允许	不允许	不允许
10~15	145	138	132	165	155	150
15~20	140	135	130	158	150	145
20~25	138	132	128	153	147	143
25~30	132	130	126	147	145	141
>30	130	125	124	145	140	139

(3)碾压。压实后的沥青混合料应符合平整度和压实度的要求,因此,沥青混合料每层的碾压成型厚度不宜大于100mm,沥青稳定碎石混合料的压实层厚度不宜大于120mm,但当采

用大功率压路机且经试验证明能达到压实度时允许增大到150mm。沥青路面施工应配备足够数量的压路机,选择合理的压路机组合方式,其碾压过程分为初压、复压和终压三个阶段,以达到最佳碾压效果。压路机应以慢而均匀的速度碾压,压路机的碾压速度应符合表10-29的规定。

压路机碾压速度(km/h)　　　　表10-29

压路机类型	初压		复压		终压	
	适宜	最大	适宜	最大	适宜	最大
钢筒式压路机	2~3	4	3~5	6	3~6	6
轮胎压路机	2~3	4	3~5	6	4~6	8
振动压路机	2~3(静压或振动)	3(静压或振动)	3~4.5(振动)	5(振动)	3~6(静压)	6(静压)

初压应在紧跟摊铺机后碾压,并保持较短的初压区长度,以尽快使表面压实,减少热量散失。通常宜采用60~80kN双轮压路机以1.5~2.0km/h的速度静压2遍,使混合料初步稳定。初压后应检查平整度、路拱,有严重缺陷时进行修整乃至返工。随即用100~120kN三轮压路机或轮胎压路机复压4~6遍,碾压速度三轮压路机为3km/h,轮胎压路机为5km/h。复压阶段碾压至稳定无显著轮迹为止。复压是碾压过程中最重要的阶段,混合料能否达到规定的密实度,关键全在于这一阶段的碾压。终压紧接着复压进行,选择60~80kN的双轮压路机以3km/h的碾压速度碾压2~4遍,以消除在碾压过程中产生的轮迹,并确保路表面的平整度。

(4)接缝施工。沥青路面的各种施工,包括纵缝、横缝和新旧路的接缝等处,往往由于压实不足,容易产生台阶、裂缝、松散等质量事故,影响路面的平整度和耐久性。接缝的内容、要求和注意事项如下:

①摊铺时采用梯队作业的纵过采用热接缝。施工时应将先铺的已铺混合料留下10~20cm宽度暂时不碾压,作为后摊铺部分的高程基准面。纵缝应在后铺部分摊铺后立即进行碾压,压路机应大部分压在已先铺碾压好的路面上,仅有10~15cm的宽度压在新铺的车道上,然后逐渐移动跨缝碾压以消除缝迹。

②当半幅施工或因特殊原因而产生纵向冷接缝时,宜加设挡板或采用切刀切齐。宜加设挡板或加设切刀切齐,也可在混合料尚未完全冷却前用镐刨除边缘留下毛茬的方式,但不宜在冷却后采用切割机作纵向切缝。加铺另半幅前应涂洒少量沥青,重叠在已铺层上50~100mm,再铲走铺在前半幅上面的混合料,碾压时由边向中碾压留下100~150mm,再跨缝挤紧压实。或者先在已压实路面上行走碾压新铺层150mm左右,然后压实新铺部分。

③横缝应与路中线垂直。相邻两幅及上下层的横缝应错位1m以上。对高速公路和一级公路上面层应做成垂直的平接缝,以下各层可采用自然碾压的斜接缝。其他等级公路的各层均可斜接。铺筑接缝时,可在已压实的部分上面铺设一些热混合料使之预热软化,以加强新旧混合料的黏结。但在开始碾压前应将预热用的混合料铲除。

④斜接缝的搭接长度与层厚有关,宜为0.4~0.8m。搭接处应洒少量沥青,混合料中的粗集料颗粒应予剔除,并补上细料,搭接平整,充分压实。阶梯形接缝的台阶经铣刨而成,并洒黏层沥青,搭接长度不宜小于3m。

⑤平接缝应做到紧密黏结,充分压实,连接平顺。接缝处应清扫干净,切齐,边缘涂黏层沥青,并在其压实后用热烙铁烫平,再在缝口涂黏层沥青,撒石粉封口,以防渗水。

(5)开放交通及其他。

热拌沥青混合料路面应待摊铺层完全自然冷却,混合料表面温度低于50℃后,方可开放交通。需要提早开放交通时，可洒水冷却降低混合料温度。铺筑好的沥青层应严格控制交通，做好保护，保持整洁，不得造成污染，严禁在沥青层上堆放施工产生的土或杂物，严禁在已铺沥青层上制作水泥砂浆。

四、施工过程中质量控制

1. 施工过程中材料质量检验

沥青路面施工前应按规定对原材料的质量进行检查。在施工过程中也应按表10-30规定的检查项目和频度，对各种原材料进行抽样试验，以保证原材料的质量符合规范要求。

施工过程中材料质量检查的项目与频度　　　　　　　表10-30

材料	检查项目	检查频度		试验规程规定的平行试验次数或一次试验的试样数
		高速公路、一级公路	其他等级公路	
粗集料	外观（石料品种、含泥量等）	随时	随时	—
	针片状颗粒含量	随时	随时	2~3
	颗粒组成（筛分）	随时	必要时	2
	压碎值	必要时	必要时	2
	磨光值	必要时	必要时	4
	洛杉矶磨耗值	必要时	必要时	2
	含水率	必要时	必要时	2
细集料	颗粒组成（筛分）	随时	必要时	2
	砂当量	必要时	必要时	2
	含水率	必要时	必要时	2
	松方单位重	必要时	必要时	2
矿粉	外观	随时	随时	—
	<0.075mm含量	必要时	必要时	2
	含水率	必要时	必要时	2
石油沥青	针入度	每2~3天1次	每周1次	3
	软化点	每2~3天1次	每周1次	2
	延度	每2~3天1次	每周1次	3
	含蜡量	必要时	必要时	2~3
改性沥青	针入度	每天1次	每天1次	3
	软化点	每天1次	每天1次	2
	离析试验（对成品改性沥青）	每周1次	每周1次	2
	低温延度	必要时	必要时	3
	弹性恢复	必要时	必要时	3
	显微镜观察（对现场改性沥青）	随时	随时	—
乳化沥青	蒸发残留物含量	每2~3天1次	每周1次	2
	蒸发残留物针入度	每2~3天1次	每周1次	2
改性乳化沥青	蒸发残留物含量	每2~3天1次	每周1次	2
	蒸发残留物针入度	每2~3天1次	每周1次	3
	蒸发残留物软化点	每2~3天1次	每周1次	2
	蒸发残留物的延度	必要时	必要时	3

注：①表列内容是在材料进场时已按"批"进行了全面检查的基础上，日常施工过程中质量检查的项目与要求。

②"随时"是指需要经常检查的项目，其检查频度可根据材料来源及质量波动情况由业主及监理确定；"必要时"是指施工各方任何一个部门怀疑其质量而提出需要检查时，或是根据需要商定的检查频度。

2. 热拌沥青混合料质量检验

施工过程中应对沥青混合料生产过程进行质量控制,并按表10-31规定的项目和频度检查沥青混合料产品的质量。

热拌沥青混合料的频度和质量要求 表10-31

项目		检查频度及单点检验评价方法	质量要求或允许偏差		试验方法
			高速公路、一级公路	其他等级公路	
混合料外观		随时	观察集料粗细、均匀性、离析、油石比、色泽、冒烟、有无花白料、油团等各种现象		目测
拌和温度	沥青、集料的加热温度	逐盘检测评定	符合规范规定		传感器自动检测、显示并打印
	混合料出厂温度	逐车检测评定	符合规范规定		传感器自动检测、显示并打印,出厂时逐车按T 0981人工检测
		逐盘测量记录,每天取平均值评定	符合规范规定		传感器自动检测、显示并打印
矿料级配(筛孔)(mm)	0.075	逐盘在线检测	±2%(2%)	—	计算机采集数据计算
	≤2.36		±5%(4%)	—	
	≥4.75		±6%(5%)	—	
	0.075	逐盘检查,每天汇总1次取平均值评定	±1%	—	附录G 总量检验
	≤2.36		±2%	—	
	≥4.75		±2%	—	
	0.075	每台拌和机每天1~2次,以2个试样的平均值评定	±2%(2%)	±2%	T 0725抽提筛分与标准级配比较的差
	≤2.36		±5%(3%)	±6%	
	≥4.75		±6%(4%)	±7%	
沥青用量(油石比)		逐盘在线监测	±0.3%		计算机采集数据计算
		逐盘检查,每天汇总1次取平均值评定	±0.1%	—	附录F 总量检验
		每台拌和机每天1~2次,以2个试样的平均值评定	±0.3%	±0.4%	抽提T 0722、T 0721
马歇尔试验:空隙率、稳定度、流值		每台拌和机每天1~2次,以4~6个试件的平均值评定	符合规定		T 0702、T 0709,本规范附录B、附录C
浸水马歇尔试验		必要时(试件数同马歇尔试验)	符合规定		T 0702、T 0709
车辙试验		必要时(以3个试件的平均值评定)	符合规定		T 0719

注:①单点检验是指试验结果以一组试验结果的报告值为一个测点的评价依据,一组试验(如马歇尔试验、车辙试验)有多个试样时,报告值的取用按《公路工程沥青与沥青混合料试验规程》(JTG E20—2011)的规定执行。
②对高速公路和一级公路,矿料级配和油石比必须进行总量检验和抽提筛分的双重检验控制,互相校核,表中括号内的数字是对SMA的要求。油石比抽提试验应事先进行空白试验标定,提高测试数据的准确度。

3. 热拌沥青混合料施工质量控制

在沥青路面施工过程中,随时对施工质量进行抽检。施工工程中质量检查的内容、频度及质量标准应符合表 10-32 的要求。

热拌沥青混合料路面施工过程中工程质量的控制标准　　表 10-32

项目		检查频度及单点检验评价方法	质量要求或允许偏差		试验方法
			高速公路、一级公路	其他等级公路	
外观		随时	表面平整密实,不得有明显轮迹、裂缝、推挤、油包等缺陷,且无明显离析		目测
接缝		随时	紧密平整,顺直,无跳车		目测
		逐条缝检测评定	3mm	5mm	T 0931
施工温度	摊铺温度	逐车检测评定	符合本规范规定		T 0981
	碾压温度	随时	符合本规范规定		插入式温度计实测
厚度	每一层次	随时,厚度 50mm 以下厚度 50mm 以上	设计值的 5% 设计值的 8%	设计值的 8% 设计值的 10%	施工时插入法量松铺厚度及压实厚度
	每一层次	1 个台班区段的平均值厚度 50mm 以下厚度 50mm 以上	−3mm −5mm	—	附录 G 总量检验
	总厚度	每 2000m² 一点单点评定	设计值的 −5%	设计值的 −8%	T 0912
	上面层	每 2000m² 一点单点评定	设计值的 −10%	设计值的 −10%	
压实度		每 2000m² 检查 1 组逐个试件评定并计算平均值	实验室标准密度的 97%(98%) 最大理论密度的 93%(94%) 试验段密度的 99%(99%)		T 0924、T 0922 本规范附录 E
平整度（最大间隙）	上面层	随时,接缝处单杆评定	3mm	5mm	T 0931
	中下面层	随时,接缝处单杆评定	5mm	7mm	T 0931
平整度（标准差）	上面层	连续测定	1.2mm	2.5mm	T 0932
	中面层	连续测定	1.5mm	2.8mm	
	下面层	连续测定	1.8mm	3.0mm	
	基层	连续测定	2.4mm	3.5mm	
宽度	有侧石	检测每个断面	±20mm	±20mm	T 0911
	无侧石	检测每个断面	不小于设计宽度	不小于设计宽度	
纵断面高程		检测每个断面	±10mm	±15mm	T 0911
横坡度		检测每个断面	±0.3%	±0.5%	T 0911
沥青层层面上的渗水系数		每 1km 不少于 5 点,每点 3 处取平均值	300mL/min(普通密级配沥青混合料) 200mL/min(SMA 混合料)		T 0971

任务实施

能结合工程实际做好热拌沥青混合料路面施工前的准备工作,能按规范进行热拌沥青混合料路面的施工及施工过程质量控制。

复习思考题

1. 简述热拌沥青混合料路面施工前的准备工作。
2. 简述热拌沥青混合料路面的施工程序。
3. 简述热拌沥青混合料路面施工过程质量控制。

任务四　沥青表面处治路面施工技术

知识目标

1. 掌握沥青表面处治路面的施工程序。
2. 掌握沥青表面处治路面施工过程质量控制。

能力目标

1. 能按规范组织沥青表面处治路面的施工。
2. 能进行沥青表面处治路面施工过程质量控制。

沥青表面处治是用沥青裹覆矿料,用层铺法或拌和法施工的铺筑厚度不超过3cm的一种薄层的沥青面层。层铺法路面宜采用沥青洒布车及集料撒布机联合作业。沥青表面处治分为单层式、双层式、三层式三种类型,适用于三级及三级以下公路的沥青面层。

一、一般规定

沥青表面处治施工应确保各工序紧密衔接,每个作业段长度应根据压路机数量、沥青洒布设备及集料撒布机能力确定,当天施工的路段必须当天完成。人工撒布集料时应等距离划分段落备料。

沥青表面处治宜选择在干燥和较热的季节施工,并在雨季及日最高温度低于15℃到来前半个月结束,使表面处治层通过开放交通压实,成型稳定。

二、材料规格及用量

1. 集料

沥青表面处治所用集料,其最大粒径与所处治的层次厚度相当。沥青表面处治材料用量及规格按表10-33选用。沥青表面处治施工后,应在路侧另备S12(5~10mm)碎石或S14(3~5mm)石屑、粗砂或小砾石$2\sim3m^3/1000m^2$作为初期养护用料。

2. 沥青

沥青表面处治可采用道路石油沥青、乳化沥青、煤沥青铺筑,沥青标号应按本规范相关规定选用。当采用乳化沥青时,应减少乳液流失,可在主层集料中掺加20%以上较小粒径的集料。当采用煤沥青时,乳液用量根据表10-33中的沥青用量增加15%~20%,沥青等级符合表10-2的要求。当采用乳化沥青时,乳液用量根据表10-33中所列乳液用量并按其中的沥青含量折算。乳化沥青的类型及等级应按表10-34选用。

沥青表面处治材料规格和用量（方孔筛） 表10-33

沥青种类	类型	厚度(mm)	集料(m³/1000m²) 第一层 规格	用量	第二层 规格	用量	第三层 规格	用量	沥青或乳液用量(kg/m²) 第一次	第二次	第三次	合计用量
石油沥青	单层	1.0	S12	7~9					1.0~1.2			1.0~1.2
		1.5	S10	12~14					1.4~1.6			1.4~1.6
	双层	1.5	S10	12~14	S12	7~8			1.4~1.6	1.0~1.2		2.4~2.8
		2.0	S9	16~18	S12	7~8			1.6~1.8	1.0~1.2		2.6~3.0
		2.5	S8	18~20	S12	7~8			1.8~2.0	1.0~1.2		2.8~3.2
	三层	2.5	S8	18~20	S12	12~14	S12	7~8	1.6~1.8	1.2~1.4	1.0~1.2	3.8~4.4
		3.0	S6	20~22	S12	12~14	S12	7~8	1.8~2.0	1.2~1.4	1.0~1.2	4.0~4.6
乳化沥青	单层	0.5	S14	7~9					0.9~1.0			0.9~1.0
	双层	1.0	S12	9~11	S14	4~6			1.8~2.0	1.0~1.2		2.8~3.2
	三层	3.0	S6	20~22	S10	9~11	S12/S14	4~6 / 3.5~4.5	2.0~2.2	1.8~2.0	1.0~1.2	4.8~5.4

注：①煤沥青表面处治的沥青用量可比石油沥青用量增加15%~20%；
②表中的乳液用量按乳化沥青的蒸发残留物含量60%计算，如沥青含量不同应予折算；
③在高寒地区及干旱风沙大的地区，可超出高限5%~10%。

道路用乳化沥青技术要求 表10-34

试验项目		单位	品种及代号 阳离子 喷洒用 PC-1	PC-2	拌和用 PC-3	BC-1	阴离子 喷洒用 PA-1	PA-2	拌和用 PA-3	BA-1	非离子 喷洒用 PN-2	拌和用 BN-1	试验方法
破乳速度			快裂	慢裂	快或中裂	慢或中裂	快裂	慢裂	快或中裂	慢或中裂	慢裂	慢裂	T 0658
粒子电荷			阳离子(+)				阴离子(-)				非离子		T 0653
筛上残留物(1.18mm筛) 不大于		%	0.1				0.1				0.1		T 0652
黏度	恩格拉黏度计 E25		2~10	1~6	1~6	2~30	2~10	1~6	1~6	2~30	1~6	2~30	T 0622
	道路标准黏度计 C25.3	s	10~25	8~20	8~20	10~60	10~25	8~20	8~20	10~60	8~20	10~60	T 0621
蒸发残留物	残留分含量 不小于	%	50	50	50	55	50	50	50	55	50	55	T 0651
	溶解度 不小于	%	97.5				97.5				97.5		T 0607
	针入度(25℃)	dmm	50~200	50~300	45~150		50~200	50~300	45~150		50~300	60~300	T 0604
	延度(15℃) 不小于	cm	40				40				40		T 0605
与粗集料的黏附性、裹覆面积 不小于			2/3			—	2/3			—	2/3	—	T 0654
与粗、细粒式集料拌和试验			—			均匀	—			均匀	—	均匀	T 0659
水泥拌和试验的筛上剩余 不大于		%	—				—				—	3	T 0657
常温储存稳定性： 1d 不大于 5d 不大于		%	1 5				1 5				1 5		T 0655

注：①P为喷洒型，B为拌和型，C、A、N分别表示阳离子、阴离子、非离子乳化沥青；
②黏度可选用恩格拉黏度计或沥青标准黏度计之一测定；
③表中的破乳速度、与集料的黏附性、拌和试验的要求与所使用的石料品种有关，质量检验时应采用工程上实际的石料进行试验，仅进行乳化沥青产品质量评定时可不要求此三项指标；
④储存稳定性根据施工实际情况选用试验时间，通常采用5d，乳液生产后能在当天使用时也可用1d的稳定性；
⑤当乳化沥青需要在低温冰冻条件下储存或使用时，尚应按 T 0656 进行 -5℃低温储存稳定性试验，要求没有粗颗粒、不结块；
⑥如果乳化沥青是将高浓度产品运到现场经稀释后使用时，表中的蒸发残留物等各项指标指稀释前乳化沥青的要求。

三、施工程序

层铺法沥青表面处治施工，一般采用所谓"先油后料"法，即先洒布一层沥青，然后撒布一层矿料。下面以三层式沥青表面处治为例，其施工程序如下：备料→清扫基层、放样和安装路缘石→浇洒透层沥青→洒布第一次沥青→撒铺第一次矿料→碾压→洒布第二层沥青→铺撒第二层矿料→碾压→洒布第三层沥青→铺撒第三层矿料→碾压→初期养护。

1. 清扫基层

在表面处治层施工前，应将路面基层清扫干净，使基层矿料大部分外露，并且保持干燥。对有坑槽、不平整的路段应先修补和整平，若基层整体强度不足，则应先予补强。

2. 浇洒透层沥青

透层是为使沥青面层与非沥青材料基层结合良好，在基层上浇洒乳化沥青、煤沥青或液体沥青而形成的透入基层表面的薄层。沥青路面的级配砂砾、级配碎石基层及水泥、石灰、粉煤灰等无机结合料稳定土或粒料的半刚性基层上必须浇洒透层沥青，沥青层必须在透层油完全渗入基层后方可铺筑。基层上设置下封层时，透层油不宜省略。

透层沥青宜采用慢裂的洒布型乳化沥青，也可采用中、慢凝液体石油沥青或煤沥青。喷洒后通过钻孔或挖掘确认透层油渗透入基层的深度宜不小于5mm（无机结合料稳定集料基层）~10mm（无结合料基层），并能与基层联结成为一体。透层沥青的稠度宜通过试洒确定，表面致密的半刚性基层宜采用渗透性好的较稀的透层沥青，级配砂砾、级配碎石等粒料基层宜采用较稠的透层沥青。

透层油的黏度通过调节稀释剂的用量或乳化沥青的浓度得到适宜的黏度，基质沥青的针入度通常不宜小于100。透层用乳化沥青的蒸发残留物含量允许根据渗透情况适当调整，当使用成品乳化沥青时可通过稀释得到要求的黏度。透层用液体沥青的黏度通过调节煤油或轻柴油等稀释剂的品种和掺量经试验确定。透层油的用量通过试洒确定，各种透层沥青的规格和用量可按表10-35选定。

沥青路面透层材料的规格和用量　　　　　　表10-35

用　途	液体沥青		乳化沥青		煤沥青	
	规　格	用量(L/m²)	规　格	用量(L/m²)	规　格	用量(L/m²)
无结合料粒料基层	AL(M)-1、2或3 AL(S)-1、2或3	1.0~2.3	PC-2 PA-2	1.0~2.0	T-1 T-2	1.0~1.5
半刚性基层	AL(M)-1或2 AL(S)-1或2	0.6~1.5	PC-2 PA-2	0.7~1.5	T-1 T-2	0.7~1.0

注：表中用量是指包括稀释剂和水分等在内的液体沥青、乳化沥青的总量。乳化沥青中的残留物含量以50%为基准。

透层应紧接在基层施工结束表面稍干后浇洒。当基层完工后时间较长，表面过分干燥时，应在基层表面少量洒水，并待表面稍干后浇洒透层沥青。

透层沥青应采用沥青洒布车喷洒，当用于表面处治或贯入式路面喷洒沥青的喷嘴不能保证喷洒均匀时，应更换喷嘴。在浇洒透层沥青时还应注意以下事项：

①浇洒透层前，路面应清扫干净，对路缘石及人工构造物应适当防护，以防污染。

②透层沥青洒布后应不致流淌，渗透入基层一定深度不得在表面形成油膜。

③如遇大风或即将降雨时，不得浇洒透层沥青。

④气温低于10℃时，不宜浇洒透层沥青。

⑤应按设计的沥青用量一次浇洒均匀，当有遗漏时，应用人工补洒。

⑥浇洒透层沥青后,严禁车辆、行人通过。

⑦在铺筑沥青面层前,若局部地方尚有多余的透层沥青未渗入基层时,应予清除。

⑧在无机结合料稳定半刚性基层上浇洒透层沥青后,应立即撒布用量为 $2\sim3m^3/km^2$ 的石屑或粗砂。在无机结合料稳定半刚基层上浇洒透层沥青后,当不能及时铺筑面层,并需开放施工车辆通行时,也应撒铺适量的石屑或粗砂,此种情况下,透层沥青用量宜增加10%。撒布石屑或粗砂后,应用6~8t钢筒式压路机稳压一遍。当通行车辆时,应控制车速。在铺筑沥青面层前如发现局部地方透层沥青剥落,应予修补。当有多余的浮动石屑或砂时,应予扫除。

⑨透层洒布后应尽早铺筑沥青面层。当用乳化沥青作透层时,洒布后应待其充分渗透、水分蒸发后方可铺筑沥青面层,此段时间不宜少于24h。

3. 洒布第一层沥青

在透层沥青充分渗透后,或在已做透层并已开放交通的基层清扫后,即可洒布第一次沥青。沥青的浇洒温度根据施工气温及沥青标号选择,石油沥青的洒布温度宜为130~170℃,煤沥青的洒布温度宜为80~120℃,乳化沥青在常温下洒布,当气温偏低,破乳及成形过慢时,可将乳液加温后洒布,但乳液温度不得超过60℃,在洒布过程中,如发现洒布数不足,有空白、缺边等应立即用人工补洒,有积聚现象应予刮除。沥青洒布的长度应与矿料铺撒相配合,应避免沥青洒布后等待较长时间才铺撒矿料。前后两车喷洒的接茬处用铁板或建筑纸铺1.0~1.5m,使搭接良好。如需分两幅洒布时,应保证接茬搭接良好,纵向搭接宽度宜为100~150mm。撒布第二、三层沥青的搭接缝应错开。

沥青洒布车喷洒沥青时应保持稳定速度和喷洒量,并保持整个洒布宽度喷洒均匀。小规模工程可采用机动或手摇的手工沥青洒布机洒布沥青。洒布设备的喷嘴应适用于沥青的稠度,确保能成雾状,与洒油管成15°~25°的夹角,洒油管的高度应使同一地点接受2~3个喷油嘴喷洒的沥青,不得出现花白条。喷洒沥青材料时应对道路人工构造物、路缘石等外露部分作防污染遮盖。

4. 撒布第一层主集料

洒布第一次沥青后(不必等全段洒完),应立即铺撒第一次矿料(当使用乳化沥青时,集料撒布必须在乳液破乳之前完成)。其数量按规定一次撒足。局部缺料或过多处,用人工适当找补,或将多余矿料扫出。撒布集料后应及时扫匀,达到全面覆盖、厚度一致、集料不重叠、也不露出沥青的要求。局部有缺料时适当找补,积料过多的将多余集料扫出。两幅搭接处,第一幅撒布沥青应暂留100~150mm宽度不撒布石料,待第二幅一起撒布。

5. 碾压

铺撒一段矿料后(不必等全段铺完),应立即用6~8t钢筒双轮压路机碾压。碾压时应从路边逐渐移至路中心,然后再从另一边开始压向路中心。每次轮迹重叠宽度宜为300mm,碾压3~4遍。压路机行驶速度开始不宜超过2km/h,以后可适当增加。碾压完了之后,进行第二层、第三层的施工。第二层、第三层的施工方法和要求与第一层相同。但可采用8-10t压路机。

6. 开放交通

除乳化沥青表面处治应待破乳后水分蒸发并基本成形后方可通车外,其他处治碾压结束后即可开放交通。通车初其应设专人指挥交通或设置障碍物控制行车,使路面全部宽度获得均匀压实。成形前应限制行车速度不超过20km/h。

7. 初期养护

在通车初期,如有泛油现象,应在泛油地点补撒与最后一层矿料规格相同的养护料(城市道路的养护料,宜有施工时与最后一遍料一起铺撒),并仔细扫匀。过多的浮动矿料应扫出路面外,以免搓动其他已经黏着在位的矿料。当有其他破坏现象,应及时进行修补。

四、施工过程中质量控制

在沥青表面处治路面施工过程中,随时对施工质量进行抽检。施工过程中质量检查的内容、频度及质量标准应符合表 10-36 的要求。

沥青表面处治路面施工过程中工程质量的控制标准   表 10-36

项 目	检查频度及单点检验评价方法	质量要求或允许偏差	试 验 方 法
外观	随时	集料嵌挤密实,沥青洒布均匀,无花白料,接头无油包	目测
集料及沥青用量	每日 1 次逐日评定	±10%	每日施工长度的实际用量与计划用量比较,T 0982
沥青洒布温度	每车 1 次评定	符合本规范规定	温度计测量
厚度(路中及路侧各 1 点)	不少于每 2000m² 一点,逐点评定	-5mm	T 0912
平整度(最大间隙)	随时,以连续 10 尺的平均值评定	10mm	T 0931
宽度	检测每个断面逐个评定	±30mm	T 0911
横坡度	检测每个断面逐个评定	±0.5%	T 0911

任务实施

能按规范组织沥青表面处治路面的施工,并能进行沥青表面处治路面施工过程质量控制。

复习思考题

1. 简述沥青表面处治路面的施工程序。
2. 简述沥青表面处治路面施工过程质量控制。

任务五　沥青贯入式路面施工技术

知识目标

1. 掌握沥青贯入式路面的施工程序。
2. 掌握沥青贯入式路面施工过程质量控制。

能力目标

1. 能按规范组织沥青贯入式路面路面的施工。
2. 能进行沥青贯入式路面施工过程质量控制。

一、一般规定

沥青贯入式路面的强度构成,主要依靠矿料的嵌挤作用和沥青材料的黏结力。沥青贯入式路面适用于三级及三级以下公路,也可作为沥青路面的联结层或基层。由于沥青贯入式路面是一种多孔隙结构,为防止雨水浸入,增强路面的水稳性,其面层的最上层必须加铺封层或加铺拌和层。若沥青贯入层作为联结层使用时,可不撒表面封层料。

沥青贯入式路面宜选择在干燥和较热的季节施工,并宜在雨季及日最高温度低至15℃到来以前半个月结束,使贯入式结构层通过开放交通碾压成型。

沥青贯入式路面的厚度宜为4~8cm,但乳化沥青贯入式路面的厚度不宜超过5cm。当贯入层上部加铺拌和的沥青混合料面层成为上拌下贯式路面时,路面总厚度为7~10cm,拌和层的厚度宜不小于1.5cm,一般为3~4cm。

二、材料规格及用量

1. 集料

沥青贯入式路面的集料应选择有棱角、嵌挤性好的坚硬石料,其规格和用量宜根据贯入层厚度按表10-37或表10-38选用。沥青贯入层的主层集料最大粒径宜与贯入层厚度相当。当采用乳化沥青时,主层集料最大粒径可采用厚度的0.8~0.85倍,数量宜按压实系数1.25~1.30计算。

表10-37 沥青贯入式面路面材料规格和用量(方孔筛)

(用量单位:集料:$m^3/1000m^2$,沥青及沥青乳液:kg/m^2)

沥青品种	石 油 沥 青					
厚度(cm)	4		5		6	
规格和用量	规格	用量	规格	用量	规格	用量
封层料	S14	3~5	S14	3~5	S13(S14)	4~6
第三遍沥青		1.0~1.2		1.0~1.2		1.0~1.2
第二遍嵌缝料	S12	6~7	S11(S10)	10~12	S11(S10)	10~12
第二遍沥青		1.6~1.8		1.8~2.0		2.0~2.2
第一遍嵌缝料	S10(S9)	12~14	S8	12~14	S8(S6)	16~18
第一遍沥青		1.8~2.1		1.6~1.8		2.8~3.0
主层石料	S5	45~50	S4	55~60	S3(S4)	66~76
沥青总用量		4.4~5.1		5.2~5.8		5.8~6.4
沥青品种	石 油 沥 青				乳 化 沥 青	
厚度(cm)	7		8		4	5
规格和用量	规格	用量	规格	用量	规格	用量	规格	用量
封层料	S13(S14)	4~6	S13(S14)	4~6	S13(S14)	4~6	S14	4~6
第五遍沥青								0.8~1.0
第四遍嵌缝料							S14	5~6
第四遍沥青						0.8~1.0		1.2~1.4
第三遍嵌缝料					S14	5~6	S12	7~9
第三遍沥青		1.0~1.2		1.0~1.2		1.4~1.6		1.5~1.7
第二遍嵌缝料	S10(S11)	11~13	S10(S11)	11~13	S12	7~8	S10	9~11
第二遍沥青		2.4~2.6		2.6~2.8		1.6~1.8		1.6~1.8
第一遍嵌缝料	S6(S8)	18~20	S6(S8)	20~22	S9	12~14	S8	10~12
第一遍沥青		3.3~3.5		4.4~4.2		2.2~2.4		2.6~2.8
主层石料	S2	80~90	S1(S2)	95~100	S5	40~45	S4	50~55
沥青总用量		6.7~7.3		7.6~8.2		6.0~6.8		7.4~8.5

注:①煤沥青贯入式的沥青用量可较石油沥青用量增加15%~20%。
②表中乳化沥青是指乳液的用量,并适用于乳液浓度约为60%的情况,如果浓度不同,用量应予换算。
③在高寒地区及干旱风沙大的地区,可超出高限,再增加5%~10%。

2. 沥青

沥青贯入式路面的结合料可采用道路石油沥青、煤沥青或乳化沥青,用量应按表 10-37 或表 10-38 选用。

上拌下贯式路面的材料规格和用量(方孔筛)　　　　表 10-38

(用量单位:集料:m³/1000m²,沥青及沥青乳液:kg/m²)

沥青品种	石 油 沥 青					
厚度(cm)	4		5		6	
规格和用量	规格	用量	规格	用量	规格	用量
第二遍嵌缝料	S12	5~6	S12(S11)	7~9	S12(S11)	7~9
第二遍沥青		1.4~1.6		1.6~1.8		1.6~1.8
第一遍嵌缝料	S10(S9)	12~14	S8	16~18	S8(S7)	16~18
第一遍沥青		2.0~2.3		2.6~2.8		3.2~3.4
主层石料	S5	45~50	S4	55~60	S3(S2)	66~76
沥青总用量		3.4~3.9		4.2~4.6		4.8~5.2

沥青品种	石 油 沥 青		乳 化 沥 青			
厚度(cm)	7		5		6	
规格和用量	规格	用量	规格	用量	规格	用量
第四遍嵌缝料					S14	4~6
第四遍沥青						1.3~1.5
第三遍嵌缝料			S14	4~6	S12	8~10
第三遍沥青				1.4~1.6		1.4~1.6
第二遍嵌缝料	S10(S11)	8~10	S12	9~10	S9	8~12
第二遍沥青		1.7~1.9		1.8~2.0		1.5~1.7
第一遍嵌缝料	S6(S8)	18~20	S8	15~17	S6	24~26
第一遍沥青		4.0~4.2		2.5~2.7		2.4~2.6
主层石料	S2(S3)	80~90	S4	50~55	S3	50~55
沥青总用量		5.7~6.1		5.9~6.2		6.7~7.2

注:①煤沥青贯入式的沥青用量可较石油沥青用量增加 15%~20%。
②表中乳化沥青是指乳液的用量,并适用于乳液浓度约为 60% 的情况。
③在高寒地区及干旱风沙大的地区,可超出高限,再增加 5%~10%。
④表面加铺拌和层部分的材料规格及沥青(或乳化沥青)用量按热拌沥青混合料(或乳化沥青碎石混合料路面)的有关规定执行。

贯入式路面各层分次沥青用量应根据施工气温及沥青标号等在规定范围内选用,在寒冷地带或当施工季节气温较低、沥青针入度较小时,沥青用量宜用高限。在低温潮湿气候下用乳化沥青贯入时,应按乳液总用量不变的原则进行调整,上层较正常情况适当增加,下层较正常情况适当减少。

三、施工程序

沥青贯入式路面施工前,基层必须清扫干净。当需要安装路缘石时,应在路缘石安装完成后施工,路缘石应予遮盖。乳化沥青贯入式路面必须浇洒透层或黏层沥青。沥青贯入式路面厚度小于或等于 5cm 时,也应浇洒透层或黏层沥青。沥青贯入式路面施工程序如下:备料→放样和安装缘石→清扫基层→浇洒透层或黏层沥青→铺撒主层集料→第一次碾压→洒布第一次沥青→铺撒第一次嵌缝料→第二次碾压→洒布第二次沥青→铺撒第二次嵌缝料→第三次碾压→洒布第三次沥青→铺撒封面集料→最后碾压→初期养护→封层。

其中,备料、放样和安装路缘石、清扫基层、初期养护等工序与沥青表面处治路面相同,这里就其余工序分述如下。

1. 浇洒透层或黏层沥青

浇洒透层沥青前面已经介绍,这里介绍黏层。黏层是使新铺沥青面层与下层表面黏结良好的而浇洒的一种沥青薄层,适用于以下情况:

①双层式或三层式热拌热铺沥青混合料路面的沥青层之间。
②水泥混凝土路面、沥青稳定碎石基层或旧沥青路面层上加铺沥青层。
③路缘石、雨水口、检查井等构造物与新铺沥青混合料接触的侧面。

黏层油宜采用快裂或中裂乳化沥青、改性乳化沥青,也可采用快、中凝液体石油沥青,其规格和质量应符合本规范的要求,所使用的基质沥青标号宜与主层沥青混合料相同。

黏层油规格和用量,应根据下卧层的类型通过试洒确定,并符合表10-39的要求。当黏层油上铺筑薄层大空隙排水路面时,黏层油的用量宜增加到 $0.6\sim1.0L/m^2$。在沥青层之间兼作封层而喷洒的黏层油宜采用改性沥青或改性乳化沥青,其用量宜不少于 $1.0L/m^2$。

沥青路面黏层材料的规格和用量 表10-39

下卧层类型	液体沥青		乳化沥青	
	规 格	用量(L/m^2)	规 格	用量(L/m^2)
新建沥青层或旧沥青路面	AL(R)-3-AL(R)-6 AL(M)-3-AL(M)-6	0.3~0.5	PC-3 PA-3	0.3~0.6
水泥混凝土	AL(M)-3-AL(M)-6 AL(S)-3-AL(S)-6	0.2~0.4	PC-3 PA-3	0.3~0.5

注:表中用量是指包括稀释剂和水分等在内的液体沥青、乳化沥青的总量。乳化沥青中的残留物含量以50%为基准。

黏层沥青宜用沥青洒布车喷洒,喷洒黏层沥青应注意:

①要均匀洒布或涂刷,特别是在路缘石、雨水进水口、检查井等局部应用刷子人工涂刷均匀。对浇洒过量处应予以刮除。
②路面有杂物、尘土时应清除干净。当有沾黏的土块时,应用水刷净,待表面干燥后浇洒。
③当气温低于10℃或路面潮湿时,不得浇洒黏层沥青。
④浇洒黏层沥青后,严禁除沥青混合料运输车外的其他车辆、行人通过。
⑤黏层油宜采用沥青洒布车喷洒,并选择适宜的喷嘴,洒布速度和喷洒量保持稳定。喷洒的黏层油必须成均匀雾状,在路面全宽度内均匀分布成一薄层,不得有洒花漏空或成条状,也不得有堆积。喷洒不足的要补洒,喷洒过量处应予刮除。
⑥黏层油宜在当天洒布,待乳化沥青破乳、水分蒸发完成,或稀释沥青中的稀释剂基本挥发完成后,紧跟着铺筑沥青层,确保黏层不受污染。

2. 铺撒主层集料

摊铺集料应避免大、小颗粒集中,并应检查其松铺厚度。应严禁车辆在铺好的矿料层上通行。

3. 第一次碾压

主层矿料摊铺后应先用6~8t的轻型钢筒式压路机进行初压,速度宜为2km/h,碾压应自路边缘逐渐移向中心,每次轮迹重叠宜为30cm。碾压一遍后应检验路拱和纵向坡度,当有不符合要求时应找平再压。然后用重型的钢轮压路机碾压,每次轮迹重叠1/2左右,宜碾压4~6遍,直至主层集料嵌挤稳定,无显著轮迹为止。

4. 浇洒第一层沥青

主层矿料碾压完毕后,即应洒布第一次沥青。其作业要求与沥青表面处治相同。当采用乳化沥青贯入时,为防止乳液下漏过多,可在主层集料碾压稳定后,先撒布一部分上一层嵌缝料,再浇洒主层沥青。

5. 铺撒第一次嵌缝料

主层沥青洒布后,应立即趁热铺撒第一次嵌缝料,铺撒应均匀,铺撒后应立即扫匀,个别不足处应找补。当使用乳化沥青时,石料撒布必须在乳液破乳前完成。

6. 第二次碾压

嵌缝料扫匀后应立即用8~12t压路机进行碾压,轮迹重叠1/2左右,随压随扫,使嵌缝料均匀嵌入,宜碾压4~6遍,直至稳定为止。如因气温较高,在碾压过程中发生推移现象时,应立即停止碾压,待气温稍低时再继续碾压。

适度的碾压在贯入式路面施工中极为重要。碾压不足会影响矿料嵌挤稳定,且易使沥青流失,形成层次,上、下部沥青分布不均,但过度的碾压,则矿料易于压碎,破坏嵌挤原则,造成空隙减少,沥青难以下渗,形成泛油。因此,应根据矿料的等级、沥青材料的标号、施工气温等因素来确定各次碾压所使用的压路机质量和碾压遍数。

碾压密实后,可洒布第二次沥青,铺撒第二次嵌缝料,第三次碾压,洒布第三次沥青,按撒布嵌缝料方法最后撒布封层料,最后碾压采用6~8t压路机,碾压2~4遍即可开放交通。

7. 初期养护

当有泛油时,应补撒嵌缝料,并应与最后一层石料规格相同,且扫匀将浮料扫除。

四、施工过程中质量控制

在沥青贯入式路面施工过程中,随时对施工质量进行抽检。施工过程中质量检查的内容、频度及质量标准应符合表10-40的要求。

沥青贯入式路面施工过程中工程质量的控制标准　　　　表10-40

项 目	检查频度及单点检验评价方法	质量要求或允许偏差	试 验 方 法
外观	随时	集料嵌挤密实,沥青洒布均匀,无花白料,接头无油包	目测
集料及沥青用量	每日1次总量评定	±10%	每日施工长度的实际用量与计划用量比较,T 0982
沥青洒布温度	每车1次逐点评定	符合本规范规定	温度计测量
厚度	每2000m²一点逐点评定	-5mm 或设计厚度的-8%	T 0912
平整度(最大间隙)	随时,以连续10尺的平均值评定	8mm	T 0931
宽度	检测每个断面	±30mm	T 0911
横坡度	检测每个断面	±0.5%	T 0911

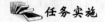**任务实施**

能按规范组织沥青贯入式路面的施工,并能进行沥青贯入式路面施工过程质量控制。

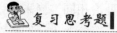**复习思考题**

1. 简述沥青贯入式路面的施工程序。
2. 简述沥青贯入式路面施工过程质量控制。

项目十一　水泥混凝土路面施工技术

任务一　水泥混凝土路面材料准备

掌握规范对水泥混凝土路面材料的要求、原材料检验的项目。

能根据规范对水泥混凝土路面材料的要求进行备料。

水泥混凝土的基本组成材料有水泥、水、粗集料、细集料、外加剂和矿物掺合料等。水泥混凝土质量的好坏,与原材料的质量和技术指标有很大关系,因此施工前和施工中,严把原材料质量关,是铺筑优质水泥混凝土路面的前提。

一、原材料技术要求

1. 水泥

作为混凝土的胶结材料,水泥应具有强度高、干缩性小、抗磨性与耐久性好的特点。水泥品种及强度等级,必须根据不同的路面等级和交通量要求选用。一般情况下,特重、重交通路面应选择抗折强度高、收缩小、耐磨性强、抗冻性好的旋窑道路硅酸盐水泥,也可采用旋窑硅酸盐水泥或普通硅酸盐水泥;中、轻交通的路面可采用矿渣硅酸盐水泥;低温天气施工或有快通要求的路段可采用R型水泥,此外宜采用普通型水泥。各交通等级路面水泥抗折强度、抗压强度应符合表11-1的规定。

各交通等级路面水泥各龄期的抗折强度、抗压强度　　表11-1

交通等级	特重交通		重交通		中、轻交通	
龄期(d)	3	28	3	28	3	28
抗压强度(MPa),≥	25.5	57.5	22.0	52.5	16.0	42.5
抗折强度(MPa),≥	4.5	7.5	4.0	7.0	3.5	6.5

水泥的矿物组成主要有硅酸三钙、硅酸二钙、铝酸三钙和铁铝酸钙以及其他成分,不同的水泥含有这些化学成分的量不同,其物理性能也不相同。因此,在选择水泥时,根据各交通等级路面所使用水泥的化学成分、物理性能等路用品质要求,按表11-2的规定选用。

在选用水泥时,除满足上述要求外,还应通过配合比试验,根据其配制弯拉强度、耐久性和工作性,优选适宜的水泥品种、强度等级。水泥一旦选定,不得随意更改,不同品种、牌号、生产厂家、强度等级的水泥,严禁混装和掺和。

各交通等级路面所使用水泥的化学成分和物理指标　　表 11-2

水泥性能	特重、重交通路面	中、轻交通路面
铝酸三钙	不宜大于 7.0%	不宜大于 9.0%
铁铝酸四钙	不宜小于 15.0%	不宜小于 12.0%
游离氧化钙	不得大于 1.0%	不得大于 1.5%
氧化镁	不得大于 5.0%	不得大于 6.0%
三氧化硫	不得大于 3.5%	不得大于 4.0%
碱含量	$Na_2O+0.658K_2O \leqslant 0.6\%$	怀疑有碱活性集料时，≤0.6%；无碱活性集料时，≤1.0%
混合材种类	不得掺窑灰、煤矸石、火山灰和黏土，有抗盐冻要求时不得掺石灰、石粉	不得掺窑灰、煤矸石、火山灰和黏土，有抗盐冻要求时不得掺石灰、石粉
出磨时安定性	雷氏夹或蒸煮法检验必须合格	蒸煮法检验必须合格
标准稠度需水量	不宜大于 28%	不宜大于 30%
烧失量	不得大于 3.0%	不得大于 5.0%
比表面积	宜在 300~450 m^2/kg	宜在 300~450 m^2/kg
细度(80μm)	筛余量不得大于 10%	筛余量不得大于 10%
初凝时间	不早于 1.5h	不早于 1.5h
终凝时间	不迟于 10h	不迟于 10h
28d 干缩率	不得大于 0.09%	不得大于 0.10%
耐磨性	不得大于 3.6kg/m^2	不得大于 3.6kg/m^2

注：28d 干缩率和耐磨性试验方法采用《道路硅酸盐水泥》(GB 13693—2005)标准。

采用机械化铺筑时，宜选用散装水泥。散装水泥的夏季出厂温度：南方不宜高于 65℃，北方不宜高于 55℃；混凝土搅拌时的水泥温度：南方不宜高于 60℃，北方不宜高于 50℃，且不宜低于 10℃。工程规模小时，采用小型机具施工，可用袋装水泥。

2. 粉煤灰及其他掺合料

水泥混凝土中使用的掺合料主要有粉煤灰、硅灰和磨细矿渣。

混凝土路面在掺用粉煤灰时，应掺用质量指标符合表 11-3 规定的电收尘 Ⅰ、Ⅱ 级干排或磨细粉煤灰，不得使用 Ⅲ 级粉煤灰。贫混凝土、碾压混凝土基层或复合式路面下面层掺用粉煤灰必须采用 Ⅲ 级或Ⅲ级以上粉煤灰，粉煤灰宜采用散装灰，进货时应有等级检验报告，使用时应确切了解所用水泥中已经加入的掺合料种类和数量。路面和桥面混凝土中可使用硅灰或磨细矿渣，使用前应经过试配检验。

粉煤灰分级和质量指标　　表 11-3

粉煤灰等级	细度①(45μm 气流筛，筛余量)(%)	烧失量(%)	需水量比(%)	含水率(%)	Cl^-(%)	SO_3(%)	混合砂浆活性指数②	
							7d	28d
Ⅰ	≤12	≤5	≤95	≤1.0	<0.02	≤3	≥75	≥85(75)
Ⅱ	≤20	≤8	≤105	≤1.0	<0.02	≤3	≥70	≥80(62)
Ⅲ	≤45	≤15	≤115	≤1.5	—	≤3	—	—

注：①45μm 气流筛的筛余量换算为 80μm 水泥筛的筛余量时换算系数约为 2.4。
②混合砂浆的活性指数为掺粉煤灰的砂浆与水泥砂浆的抗压强度比的百分数，适用于所配制混凝土强度等级大于或等于 C40 的混凝土；当配制的混凝土强度等级小于 C40 时，混合砂浆的活性指数要求应满足 28d 括号中的数值。

3.粗集

用作混凝土的粗集料是混凝土中大于5mm的碎石、卵石和碎卵石。为保证混凝土具有足够的强度、良好的抗滑性、耐磨性、耐久性,粗集料应质地坚硬、耐久、洁净,且符合一定的级配。

粗集料技术指标应符合表11-4的规定。高速公路、一级公路、二级公路及有抗冻(盐)要求的三、四级公路混凝土路面使用的粗集料级别应不低于Ⅱ级,无抗(盐)冻要求的三、四级公路混凝土路面、碾压混凝土及贫混凝土基层可使用Ⅲ级粗集料。有抗(盐)冻要求时,Ⅰ级集料吸水率不应大于1.0%;Ⅱ级集料吸水率不应大于2.0%。

碎石、碎卵石和卵石技术指标 表11-4

项 目	技 术 要 求		
	Ⅰ 级	Ⅱ 级	Ⅲ 级
碎石压碎指标(%)	<10	<15	<20①
卵石压碎指标(%)	<12	<14	<16
坚固性(按质量损失计,%)	<5	<8	<12
针片状颗粒含量(按质量计,%)	<5	<15	<20②
含泥量(按质量计,%)	<0.5	<1.0	<1.5
泥块含量(按质量计,%)	<0	<0.2	<0.5
有机物含量(比色法)	合格	合格	合格
硫化物及硫酸盐(按SO_3质量计)	<0.5	<1.0	<1.0
岩石抗压强度	火成岩不应小于100MPa;变质岩不应小于80MPa;水成岩不应小于60MPa		
表观密度	>2500kg/m^2		
松散堆积密度	>1350 kg/m^2		
空隙率	<47%		
碱集料反应	碱集料反应试验后,试件无裂缝、酥裂、胶体外溢等现象,在规定试验龄期的膨胀率应小于0.10%		

注:①Ⅲ级碎石的压碎指标,用作路面时,应小于20%;用作下面层或基层时,可小于25%。

②Ⅲ级粗集料的针片状颗粒含量,用作路面时,应小于20%;用作下面层或基层时,可小于25%。

混凝土的粗集料不得使用不分级的统料,应按最大公称粒径的不同采用2~4个粒级的集料进行掺配,并应符合表11-5合成级配的要求。碎石最大公称粒径不应大于31.5mm,卵石不宜大于19.0mm,碎卵石不宜大于26.5mm,碎卵石或碎石中粒径小于75μm的石粉含量不宜大于1%。

4.细集料

混凝土的细集料是指粒径小于5mm的天然砂、机制砂或混合砂。细集料应坚硬、耐久、清洁,满足一定的级配及细度模数,且有害杂质含量少。

细集料技术要求应符合表11-6的规定。细集料按其技术指标分为三级,二级公路以上公路及有抗(盐)冻要求的三、四级公路混凝土路面使用的砂应不低于Ⅱ级,无抗(盐)冻要求的三、四级公路混凝土路面、碾压混凝土及贫混凝土基层可采用Ⅲ级砂。特重、重交通混凝土路面宜使用河砂,砂的硅质含量不应低于25%。

粗集料级配范围 表11-5

级配类型	粒径	方筛孔尺寸(mm)						
		2.36	4.75	9.50	16.0	19.0	26.5	31.5	37.5
		累计筛余(以质量计)(%)							
合成级配	4.75~16	95~100	85~100	40~60	0~10				
	4.75~19	95~100	85~90	60~75	30~45	0~5	0		
	4.75~26.5	95~100	90~100	70~90	50~70	25~40	0~5	0	
	4.75~31.5	95~100	90~100	75~90	60~75	40~60	20~35	0~5	0
粒级	4.75~9.5	95~100	80~100	0~15	0				
	9.5~16		95~100	80~100	0~15	0			
	9.5~19		95~100	85~100	40~60	0~15	0		
	16~26.5			95~100	55~70	25~40	0~10	0	
	16~31.5			95~100	85~100	55~70	25~40	0~10	0

细集料技术指标 表11-6

项 目	技 术 要 求		
	Ⅰ级	Ⅱ级	Ⅲ级
机制砂单粒级最大压碎指标(%)	<20	<25	<30
氯化物(氯离子质量计,%)	<0.01	<0.02	<0.06
坚固性(按质量损失计,%)	<6	<8	<10
云母(按质量计,%)	<1.0	<2.0	<2.0
天然砂、机制砂含泥量(按质量计,%)	<1.0	<2.0	<3.0[①]
天然砂、机制砂泥块含量(按质量计,%)	<0	<1.0	<2.0
机制砂 pH 值小于 1.4 或合格石粉含量[②]（按质量计,%）	<3.0	<5.0	<7.0
机制砂 pH 值大于或等于 1.4 或不合格石粉含量(按质量计,%)	<1.0	<3.0	<5.0
有机物含量(比色法)	合格		
硫化物级硫酸盐(按 SO₃ 质量计,%)	<0.5		
轻物质(按质量计,%)	<1.0		
机制砂母岩抗压强度	火成岩不应小于100MPa;变质岩不应小于80MPa;水成岩不应小于60MPa		
表观密度	>2500kg/m²		
松散堆积密度	>1350kg/m²		
空隙率	<47%		
碱集料反应	经碱集料反应试验后,由砂配制的试件无裂缝、酥裂、胶体外溢等现象,在规定试验龄期的膨胀率应小于0.10%		

注:①天然Ⅲ级砂用做路面时,含泥量应小于3%;用做贫混凝土基层时,可小于5%。
②亚甲蓝试验 MB 试验方法见附录 B。

细集料的级配要求应符合表11-7的规定,路面和桥面用天然砂宜为中砂,也可使用细度模数为 2.0～3.5 的砂。同一配合比用砂的细度模数变化范围不应超过 0.3,否则,应分别堆放,并调整配合比中的砂率后使用。

细集料级配范围 表 11-7

砂分级	方筛孔尺寸(mm)					
	0.15	0.30	0.60	1.18	2.36	4.75
	累计筛余(以质量计)(%)					
粗砂	90～100	80～95	71～85	35～65	5～35	0～10
中砂	90～100	70～92	41～70	10～50	0～25	0～10
细砂	90～100	55～85	16～40	0～25	0～15	0～10

5. 水

饮用水可直接使用。对水质有疑问时,应检验硫酸盐含量(按 SO_4^{2-})小于 $0.0027 mg/mm^3$,含盐量不得超过 $0.005 mg/mm^3$,pH 值不得小于 4,不得含有油污、泥和其他有害杂质,合格者方可使用。

6. 外加剂

混凝土外加剂是在拌和混凝土时掺入,用以改善混凝土技术性质的物质。在混凝土路面修筑过程中,常用的外加剂主要有:减水剂或塑化剂,缓凝剂、速凝剂或早强剂,引气剂等。减水剂主要是在混凝土坍落度不变时,能减少拌和用水;缓凝剂、速凝剂是在不影响混凝土的物理力学性质条件下,调节混凝土凝结时间的外加剂;引气剂是改善混凝土和易性,减少泌水和离析,提高混凝土抗冻、抗渗和抗蚀等性能的外加剂。

外加剂的产品质量应符合表 11-8 的各项技术指标。供应商应提供有相应资质外加剂检测机构的品质检测报告,检测报告应说明外加剂的主要化学成分,认定对人员无毒副作用。

混凝土外加剂产品的技术性能指标 表 11-8

试验项目		普通减水剂	高效减水剂	早强减水剂	缓凝高效减水剂	缓凝减水剂	引气减水剂	早强剂	缓凝剂	引气剂
减水率(%),≮		8	15	8	15	8	12	—	—	6
泌水率比(%),≮		95	90	95	100	100	70	100	100	70
含气量(%)		≤3.0	≤4.0	≤3.0	<4.5	<5.5	>3.0			>3.0
凝结时间(min)	初凝	-90～+120	-90～+120	-90～+90	>+90	>+90	-90～+120	-90～+90	>+90	-90～+120
	终凝									
抗压强度比(%),≮	1d	—	140	140	—	—	—	135	—	—
	3d	115	130	130	125	100	115	130	100	95
	7d	115	125	115	125	110	110	110	100	95
	28d	110	120	105	120	110	100	100	100	90
收缩率比(%) 28d,≯		120	120	120	120	120	120	120	120	120
抗冻标号		50	50	50	50	200	50	50	50	200
对钢筋锈蚀作用		应说明对钢筋无锈蚀危害								

注:①除含气量外,表中数据为掺外加剂混凝土与基准混凝土差值或比值。
②凝结时间指标"-"表示提前,"+"表示延缓。

7. 接缝材料

接缝材料按其使用性能分胀缝板和接缝填料两类。接缝板要求能适应混凝土面板的膨胀和收缩,且施工时不变形、弹性复原率高、耐久性良好。高速公路、一级公路宜采用塑胶、橡胶泡沫板或沥青纤维板;其他公路可采用各种胀缝板。

填缝料要求能与混凝土面板缝壁黏结力强,且材料的回弹性好,能适应混凝土面板的膨胀和收缩,不溶于水,不渗水,高温时不溢出,低温时不脆裂和耐久性好。填缝料有常温施工式和加热施工式两种。常温施工式填缝料主要有聚(氨)酯、硅树脂类、氯丁橡胶、沥青橡胶类等。加热施工式填缝料主要有沥青马蹄脂类、聚氯乙烯胶泥类、改性沥青类等。高速公路、一级公路应优先使用数脂类、橡胶类或改性沥青类填缝材料,并宜在填缝料中加入耐老化剂。

二、原材料检验

在施工准备阶段,应依据混凝土路面设计要求,对所用原材料进行检验,不合格原材料不得进场。所有原材料进出场应进行称量、登记、保管或签发。将相同料源、规格、品种的原材料作为一批,分批量检验和储存。原材料的检测项目和频度应符合表11-9的规定。

混凝土原材料的检测项目和频度　　　　　表11-9

材料	检查项目	检查频度	
		高速公路、一级公路	其他公路
水泥	抗折强度、抗压强度、安定性	机铺1500t一批	机铺1500t、小型机具500t一批
	凝结时间,标稠需水量,细度	机铺2000t一批	机铺3000t、小型机具500t一批
	f-CaO、MgO、SO_3含量,铝酸三钙、铁铝酸四钙、干缩率、耐磨性、碱度、混合材料种类及数量	每标段不少于3次,进场前必测	每标段不少于3次,进场前必测
	温度、水化热	冬、夏季施工随时检测	冬、夏季施工随时检测
粉煤灰	活性指数、细度、烧失量	机铺1500t一批	机铺1500t、小型机具500t一批
	需水量比、SO_3含量	每标段不少于3次,进场前必测	每标段不少于3次,进场前必测
粗集料	针片状、超径颗粒含量,级配,表观密度,堆积密度,空隙率	机铺2500m^3一批	机铺5000m^3、小型机具1500m^3一批
	含泥量、泥块含量	机铺1000m^3一批	机铺2000m^3、小型机具1000m^3一批
	坚固性、岩石抗压强度、压碎指标	每种粗集料每标段不少于2次	每种粗集料每标段不少于2次
	碱集料反应	怀疑有碱活性集料进场前测	怀疑有碱活性集料进场前测
	含水率	降雨或湿度变化随时测	降雨或湿度变化随时测
砂	细度模数,表观密度,堆积密度,空隙率,级配	机铺2000m^3一批	机铺4000m^3、小型机具1500m^3一批
	含泥量、泥块、石粉含量	机铺1000m^3一批	机铺2000m^3、小型机具500m^3一批
	坚固性	每种砂每标段不少于2次	每种砂每标段不少于2次
	云母含量,轻物质与有机物含量	目测有云母或杂质时测	目测有云母或杂质时测
	含盐量(硫酸盐、氯盐)	必要时测,淡化海砂每标段3次	必要时测,淡化海砂每标段2次
	含水率	降雨或湿度变化随时测	降雨或湿度变化随时测

续上表

材料	检查项目	检查频度	
		高速公路、一级公路	其他公路
外加剂	减水剂减水率，液体外加剂含固量和相对密度，粉状外加剂的不溶物含量	机铺5t一批	机铺5t、小型机具3t一批
	引气剂引气量、气泡细密程度和稳定性	机铺2t一批	机铺3t、小型机具1t一批
钢纤维	抗拉强度、弯折性能、长度、长径比、形状	开工前或有变化时，每标段3次	开工前或有变化时，每标段3次
	杂质、质量及其偏差	机铺50t一批	机铺50t、小型机具30t一批
养生剂	有效保水率、抗压强度比、耐磨性、耐热性、膜水溶性	开工前或有变化时，每标段3次	开工前或有变化时，每标段3次
	含固量、成膜时间	试验路段测，施工每5t测1次	试验路段测，施工每5t测1次
水	pH值、含盐量、硫酸根及杂质含量	开工前和水源有变化时	开工前和水源有变化时

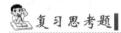

任务实施

1. 能根据规范选择水泥混凝土路面材料。
2. 能根据规范对水泥混凝土路面各种材料的要求备料。

复习思考题

简述水泥混凝土路面对各种材料的技术要求。

任务二　水泥混凝土路面施工技术

知识目标

1. 掌握混凝土拌和及运输的相关技术要求。
2. 掌握混凝土路面铺筑技术要求。
3. 掌握混凝土路面施工过程质量控制。

能力目标

1. 能按规范要求进行混凝土的拌和及运输。
2. 能进按规范要求进行混凝土路面的铺筑。
3. 能进行混凝土路面施工过程质量控制。

一、施工机械的选择

目前，我国水泥混凝土路面施工中，高速公路、一级公路基本上使用滑模式施工，二级及其以下公路大多采用三辊轴机组施工，小型机具施工工艺多用于三、四级公路。根据公路等级的不同,混凝土路面的施工宜符合表 11-10 规定的机械装备要求。

与公路等级相适应的机械装备　　　　　　表 11-10

摊铺机械装备	高速公路	一级公路	二级公路	三级公路	四级公路
滑模摊铺机	√	√	√	○	○
轨道摊铺机	▲	√	√	√	○
三辊轴机组	○	▲	√	√	√
小型机具	×	○	▲	√	√
碾压混凝土机械		○	√	√	▲
计算机自动控制强制搅拌楼(站)	√	√	√	▲	○
强制搅拌楼(站)	×	○	▲	√	√

注:①符号含义:√应使用;▲有条件使用;○不宜使用;×不得使用。
②各等级公路均不得使用体积计量、小型自落滚筒式搅拌机,严禁使用人工控制加水量。
③碾压混凝土也可用于高速公路、一级公路复合式路面的下面层和贫混凝土基层。

二、混凝土拌和与运输

1. 拌和

搅拌站应合理布置拌和机和砂石、水泥等材料的堆放地点,力求提高拌和机生产率。搅拌机的容量应根据工程量在大小和施工进度配置,同时,施工工地宜有备用的搅拌机和发电机组。

拌制混凝土的供料系统应尽量采用配有电子秤的自动计量设备,在每天开始拌和前,应按混凝土配合比要求,在对水泥、水和各种集料的用量准确调试后(特别应根据天气变化情况,测定砂石材料的含水率,以调整拌制时的实际用水量),输入到自动计量的控制存储器中,经试拌检验无误,再正式拌和生产。搅拌楼配料计量偏差不得超过表 11-11 的规定。

搅拌楼的混凝土拌和计量允许偏差(%)　　　表 11-11

材料名称	水泥	掺合剂	钢钎维	砂	粗集料	水	外加剂
高速公路、一级公路每盘	±1	±1	±2	±2	±2	±1	±1
高速公路、一级公路累计每车	±1	±1	±1	±2	±2	±1	±1
其他公路	±2	±2	±2	±3	±3	±2	±2

应根据拌和物的黏聚性、均质性及强度稳定性试拌确定最佳拌和时间。一般情况下,单立轴式搅拌机总拌和时间宜为 80～120s,全部原材料到齐后的最短纯拌和时间不宜短于 40s;行星立轴和双卧轴式搅拌机总拌和时间为 60～90s,最短纯拌和时间不宜短于 35s;连续双卧轴搅拌楼的最短拌和时间不宜短于 40s。最长总拌和时间不应超过高限值的 2 倍。搅拌过程中,拌和物质量检验与控制应符合表 11-12 的规定。低温或高温天气施工时,拌和物出料温度宜控制在 10～35℃。并应测定原材料温度、拌和物的温度、坍落度损失率和凝结时间等。

2. 运输

为保证混凝土的工作性,在运输中应考虑蒸发失水和水化失水(指水泥在拌和之后,开始水化反应,其流动度下降),以及因运输的颠簸和振动使混凝土发生离析等。要减小这些因素的影响,其关键是缩短运输时间,并采取适当措施防止水分损失(如用帷布或其他适当方法将其表面覆盖)和离析。

混凝土拌和物的质量检验项目和频率 表11-12

检查项目	检查频度	
	高速公路、一级公路	其他公路
水灰比及稳定性	每5000m³抽检1次,有变化随时测	每5000m³抽检1次,有变化随时测
坍落度及其均匀性	每工班测3次,有变化随时测	每工班测3次,有变化随时测
坍落度损失率	开工、气温较高和有变化随时测	开工、气温较高和有变化随时测
振动黏度系数	试拌、原材料和配合比有变化时测	试拌、原材料和配合比有变化时测
钢纤维体积率	每工班测2次,有变化随时测	每工班测1次,有变化随时测
含气量	每工班测2次,有抗冻要求不少于3次	每工班测1次,有抗冻要求不少于3次
泌水率	必要时测	必要时测
视密度	每工班测1次	每工班测1次
温度、凝结时间、水化发热量	冬、夏季施工,气温最高、最低时,每工班至少测1~2次	冬、夏季施工,气温最高、最低时,每工班至少测1次
离析	随时观察	随时观察
VC值及稳定性、压实度、松铺系数	碾压混凝土做复合式路面底层时,检查频率与其他公路相同	每工班测3~5次,有变化随时测

混凝土拌和物可采用自卸车运输,使用自卸车运输混凝土最远运输半径不宜超过20km。当运距较远时,宜采用搅拌运输车运输,混凝土拌和物从搅拌机出料后,送至铺筑地点进行摊铺、振捣、做面,直至浇筑完毕的允许最长时间,由试验室根据水泥初凝时间及施工气温确定,并应符合表11-13的规定。若时间超过限值,或者在夏天铺筑路面时,宜使用缓凝剂。

混凝土拌和物出料到运输、铺筑完毕允许最长时间 表11-13

施工气温(℃)	到运输完毕允许最长时间(h)		到铺筑完毕允许最长时间(h)	
	滑模、轨道	三轴、小机具	滑模、轨道	三轴、小机具
5~9	2.0	1.5	2.5	2.0
10~19	1.5	1.0	2.0	1.5
20~29	1.0	0.75	1.5	1.25
30~35	0.75	0.50	1.25	1.0

注:施工温度指施工时间的日间平均气温,使用缓凝剂延长凝结时间后,本表数值可增加0.25~0.5h。

应根据施工进度、运量、运距及路况,选配车型和车辆总数。总运力应比总拌和能力略有富余。确保新拌和混凝土在规定时间内运到摊铺现场。运输到现场的拌和物必须具有适宜摊铺的工作性。不同摊铺工艺的混凝土拌和物从搅拌机出料到运输、铺筑完毕的允许最长时间应符合表11-13的规定。不满足时应通过试验、加大缓凝剂或保塑剂的剂量。

运送混凝土的车辆装料前,应清净厢罐,洒水润壁,排干积水。装料时,自卸车应挪动车位,防止离析。搅拌楼卸料落差不应大于2m。烈日、大风、雨天和低温天远距离运输时,自卸车应遮盖混凝土,罐车宜加保温隔热套。

三、混凝土面层铺筑

1. 小型机具铺筑

小型机具铺筑是指采用固定模板,人工布料,手持振捣棒、振动板或振捣梁振实,棍杠、修整尺、抹刀整平的混凝土路面施工工艺。

水泥混凝土路面小型机具施工工序为：选择拌和场地→备料和混合料配比调整→测量放样→支立模板→安设钢筋(拉杆和传力杆)→搅拌和运输混凝土→摊铺混凝土→振捣混凝土→提浆、刮平→铺放过滤布与气垫薄膜吸垫→真空处理→机械抹平→机械抹光→表面制毛→机械锯缝→拆模→填缝→养护→开放交通。

1) 施工机具

小型机具性能应稳定可靠，操作简易，维修方便，机具配套应与工程规模、施工进度相适应。选配的成套机械、机具应符合表 11-14 的要求。

小型机具施工配套机械、机具配置　　　　　　　　表 11-14

工作内容	主要施工机械机具	
	机械机具名称、规格	数量、生产能力
钢筋加工	钢筋锯断机、折弯机、电焊机	根据需要定规格和数量
测量	水准仪、经纬仪	根据需要定规格和数量
架设模板	与路面厚度等高 3m 长槽钢模板、固定钢钎	数量不少于 3d 摊铺用量
搅拌	强制式搅拌楼，单车道≥25(m^3/h)，双车道≥50(m^3/h)	总搅拌生产能力及搅拌楼数量，根据施工规模和进度由计算确定
	装载机	2~3m^3
	发电机	≥120kW
	供水泵和蓄水池	单车道≥100m^3，双车道≥200m^3
运输	5~10t 自卸车	数量由匹配计算确定
振实	手持振捣棒，功率≥1.1kW	每 2m 宽路面不少于 1 根
	平板振动器，功率≥2.2kW	每车道路面不少于 1 个
	振捣整平梁，刚度足够，2 个振动器功率≥1.1kW	每车道路面不少于 1 个振动器每车道路面不少于 1 根振动梁
	现场发电机功率≥30kW	不少于 2 台
提浆整平	提浆滚杠直径 15~20mm，表面光滑无缝钢管，壁厚≥3mm	长度适应铺筑宽度，一次摊铺单车道路面 1 根，双车道路面 2 根
	叶片式或圆盘式抹面机	每车道路面不少于 1 台
	3m 刮尺	每车道路面不少于 1 根
	手工抹刀	每米宽路面不少于 1 把
真空脱水	真空脱水机有效抽速≥15L/s	每车道路面不少于 1 台
	真空吸垫尺寸不小于 1 块板	每台吸水机应配 3 块吸垫
抗滑构造	工作桥	不少于 3 个
	人工拉毛齿耙、压槽器	根据需要定数量
切缝	软锯缝机	根据需要定数量
	手推锯缝机	根据进度定数量
磨平	水磨石磨机	需要处理欠平整部位时
灌缝	灌缝机具	根据需要定规格和数量
养生	洒水车 4.5~8.0t	按需要定数量
	压力式喷洒机或喷雾器	根据需要定规格和数量
	工地运输车 4~6t	按需要定数量

2) 摊铺

混凝土拌和物摊铺前,应对模板的位置及支撑稳固情况,传力杆、拉杆的安设等进行全面检查。修复破损基层,并洒水润湿。用厚度标尺板全面检测板厚与设计值相符,方可开始摊铺。人工摊铺混凝土拌和物的坍落度应控制在 5~20mm,拌和物松铺系数宜控制 $K=1.10$~1.25,料偏干,取较高值;反之,取较低值。因故造成 1h 以上停工或达到 2/3 初凝时间,致使拌和物无法振实时,应在已铺筑好的面板端头设置施工缝,废弃不能被振实的拌和物。

3) 振捣

拌和物摊铺均匀以后,应采用插入式振捣棒、平板振动器和振动梁配合进行振捣成型。在待振横断面上,每车道路面应使用 2 根振捣棒,组成横向振捣棒组,沿横断面连续振捣密实,并应注意路面板底、内部和边角处不得欠振或漏振。振捣棒在每一处的持续时间,应以拌和物全面振动液化、表面不再冒气泡和泛水泥浆为限,不宜过振,也不宜少于 30s。振捣棒的移动间距不宜大于 500mm;至模板边缘的距离不宜大于 200mm。应避免碰撞模板、钢筋、传力杆和拉杆。振捣棒插入深度宜离基层 30~50mm,振捣棒应轻插慢提,不得猛插快拔,严禁在拌和物中推行和拖拉振捣棒振捣。振捣时,应辅以人工补料,应随时检查振实效果、模板、拉杆、传力杆和钢筋网的移位、变形、松动、漏浆等情况,并及时纠正。

插入式振捣棒振捣后,用振动板纵横交错两遍全面提浆振实,每车道路面应配备 1 块振动板。振动板移位时,应重叠 100~200mm,移位控制以振动板底部和边缘泛浆厚度 3±1mm 为限。振动板在一个位置的持续振捣时间不应少于 15s,也不能过振。然后用振动梁(每车道路面宜使用 1 根振动梁)进一步振实整平提浆,振动梁应垂直路面中线沿纵向拖行,往返 2~3 遍,使表面泛浆均匀平整。在振动梁拖振整平过程中,缺料处应使用混凝土拌和物填补,不得用纯砂浆填补;料多的部位应铲除。

4) 整平饰面

振动梁振实后,应拖动滚杠往返 2~3 遍提浆整平。第一遍应短距离缓慢推滚或拖滚,以后应较长距离匀速拖滚,并将水泥浆始终赶在滚杠前方。多余水泥浆应铲除。每车道路面应配备 1 根滚杠(双车道两根)。

拖滚后的表面宜采用 3m 刮尺,纵横各 1 遍整平饰面,或采用叶片式或圆盘式抹面机往返 2~3 遍压实整平饰面。抹面机配备每车道路面不宜少于 1 台。

在抹面机完成作业后,应进行清边整缝,清除粘浆,修补缺边、掉角。应使用抹刀将抹面机留下的痕迹抹平,当烈日暴晒或风大时,应加快表面的修整速度,或在防雨篷遮阴下进行。精平饰面后的面板表面应无抹面印痕,致密均匀,无露骨,平整度应达到规定要求。

5) 真空脱水

真空脱水工艺是混凝土的一种机械吸水方法,由于真空吸水工艺利用真空负压的压力作用和脱水作用,提高了混凝土的密实度,降低了水灰比,从而改善了混凝土的物理力学性能,是解决混凝土和易性与强度的矛盾,减少水泥用量,节省工程投资,缩短养生时间,提前开放交通的有效措施。同时,由于真空脱水后的混合料含水率减少,使凝固时的收缩量大大减少,有效地防止了混凝土在施工期间的塑性开裂,可延长路面的使用寿命。

小型机具施工三、四级公路混凝土路面,应优先采用在拌和物中掺外加剂,无掺外加剂条件时,应使用真空脱水工艺,该工艺适用于面板厚度不大于 240mm 混凝土面板施工。使用真空脱水工艺时,混凝土拌和物的最大单位用水量可比不采用外加剂时增大 3~12kg/m³;拌和物适宜坍落度:高温天 30~50mm;低温天 20~30mm。最短脱水时间不宜短于表 11-15 的规定。当脱水达到规定时间和脱水量要求后(双控),应先将吸垫四周微微掀起10~20mm,继续抽吸15s,以便吸尽作业表面和吸管中的余水。

最短脱水时间(min) 表11-15

面板厚度 h(mm)	昼夜平均气温 T(℃)					
	3~5	6~10	11~15	16~19	20~25	>25
18	26	24	22	20	18	17
22	30	28	26	24	22	21
25	35	32	30	27	25	24

注:①真空脱水后,应采用振动梁、滚杠或叶片、圆盘式抹面机重新压实精平1~2遍。
②真空脱水整平后的路面,应采用硬刻槽方式制作抗滑构造。
③真空脱水混凝土路面切缝时间可比规定时间适当提前。

2. 三辊轴机组铺筑

三辊轴机组铺筑是指采用振捣机、三辊轴整平机等机组铺筑混凝土路面的施工工艺。

水泥混凝土路面三辊轴机组施工工序为:选择拌和场地→备料和混合料配比调整→测量放样→安装模板→搅拌和运输混凝土→布料机布料→排式振捣机振捣→拉杆安装机安装拉杆→人工补料→三辊轴整平(真空脱水)→精平饰面→拉毛→切缝→养生→硬刻槽→填缝→养护→开放交通。

1)施工机具

三辊轴机组是介于小型机具施工和摊铺机施工之间的一种中型施工设备,在我国得到广泛应用。三辊轴整平机的主要技术参数应符合表11-16的规定。板厚200mm以上宜采用直径168mm的辊轴;桥面铺装或厚度较小的路面可采用直径为219mm的辊轴。轴长宜比路面宽度长出600~1200mm。振动轴的转速不宜大于380r/min。

三辊轴整平机的主要技术参数 表11-16

型号	轴直径(mm)	轴速(r/min)	轴长(m)	轴质量(kg/m)	行走机构质量(kg)	行走速度(m/min)	整平轴距(mm)	振动功率(kW)	驱动功率(kW)
5001	168	300	1.8~9	65±0.5	340	13.5	504	7.5	6
6001	219	300	5.1~12	77±0.5	568	13.5	657	17	9

2)布料

应有专人指挥车辆均匀卸料。布料应与摊铺速度相适应,不适应时应配备适当的布料机械。坍落度为10~40mm的拌和物,松铺系数为1.12~1.25。坍落度大时取低值,坍落度小时取高值。

3)振捣

混凝土拌和物布料长度大于10m时,可开始振捣作业。密排振捣棒组间歇插入振实时,每次移动距离不宜超过振捣棒有效作用半径的1.5倍,并不得大于500mm,振捣时间宜为15~30s。排式振捣机连续拖行振实时,作业速度宜控制在4m/min以内。排式振捣机应匀速缓慢、连续不断地振捣行进。其作业速度以拌和物表面不露粗集料,液化表面不再冒气泡并泛出水泥浆为准。

4)安装拉杆

面板振实后,应随即安装纵缝拉杆。单车道摊铺的混凝土路面,在侧模预留孔中应按设计要求插入拉杆。每次摊铺双车道路面时,除应在侧模孔中插入拉杆外,还应在中间纵缝部位,使用拉杆插入机在1/2板厚处插入拉杆,插入机每次移动的距离应与拉杆间距相同。

5) 三辊轴整平

三辊轴整平机按作业单元分段整平,作业单元长度宜为 20～30m,振捣机振实与三辊轴整平两道工序之间的时间间隔不宜超过 15min。三辊轴滚压振实料位高差宜高于模板顶面 5～20mm,过高时应铲除,过低时应及时补料。三辊轴整平机在一个作业单元长度内,应采用前进振动、后退静滚方式作业,宜 2～3 遍。最佳滚压遍数应经过试铺确定。在三辊轴整平机作业时,应有专人处理轴前料位的高低情况,过高时,应辅以人工铲除,轴下有间隙时,应使用混凝土找补。滚压完成后,将振动辊轴抬离模板,用整平轴前后静滚整平,直到平整度符合要求,表面砂浆厚度均匀为止。

6) 饰面

三辊轴整平后,应立即采用 3～5m 刮尺进行饰面。在纵、横两个方向进行精平饰面,每个方向不少于 2 遍。也可采用旋转抹面机密实精平饰面 2 遍。刮尺、刮板、抹面机、抹刀饰面的最迟时间不得迟于表 11-13 规定的铺筑完毕允许最长时间。

3. 轨道摊铺机铺筑

轨道式施工是指在基层上铺设两条轨道板,作为路面侧向支撑和路形定位模板,顶部作为路面表面基准,施工机械行驶在轨道上进行布料,振动密实,成型、修整和拉毛,养生的混凝土路面施工方法。

水泥混凝土路面轨道摊铺施工工序为:选择拌和场地→备料和混合料配比调整→测量放样→安装模板→架设拉杆→搅拌和运输混凝土→布料机布料→振捣→表面修整→接缝施工→抗滑构造制作→养护→锯缝填缝→养护→开放交通。

1) 施工机械

轨道摊铺机按布料方式不同,可选用刮板式、箱式和螺旋式。轨道摊铺机的选型应根据路面车道数或设计宽度按表 11-17 的技术参数选择。最小摊铺宽度不得小于单车道 3.75m。

轨道摊铺机的基本技术参数　　　表 11-17

项　目	发动机功率 (kW)	最大摊铺宽度 (m)	摊铺厚度 (mm)	摊铺速度 (m/min)	整机质量 (t)
三车道轨道摊铺机	33～45	11.75～18.3	250～600	1～3	13～38
双车道轨道摊铺机	15～33	7.5～9.0	250～600	1～3	7～13
单车道轨道摊铺机	8～22	3.5～4.5	250～450	1～4	≤7

2) 布料

使用螺旋布料器或刮板布料时,料堆不得过高过大,也不得缺料。螺旋布料器前的拌和物应保持在面板以上 100mm 左右。也可使用有布料箱的轨道摊铺机精确布料,箱式轨道摊铺机的料斗出料口关闭时,装进拌和物并运到布料位置后,轻轻打开料斗出料口,待拌和物堆成"堤状",左右移动料斗布料。

3) 振捣

轨道摊铺时的适宜坍落度按振捣密实情况宜控制在 20～40mm。不同坍落度时的松铺系数 K 可参考表 11-18 确定,并按此计算出松铺高度。

松铺系数 K 与坍落度 S_L 的关系　　　表 11-18

坍落度 S_L (mm)	5	10	20	30	40	50	60
松铺系数 K	1.30	1.25	1.22	1.19	1.17	1.15	1.12

轨道摊铺机应配备振捣棒组,振捣方式有斜插连续拖行及间歇垂直插入两种。当面板厚度超过150mm坍落度小于30mm时,必须插入振捣;连续拖行振捣时,宜将作业速度控制在0.5~1.0m/min,并随着坍落度的大小而增减。间歇振捣时,当一处混凝土振捣密实后,将振捣棒组缓慢拔出,再移动到下一处振实,移动距离不宜大于500mm。

轨道摊铺机应配备振动板或振动梁对混凝土表面进行振捣和修整,振动梁的振捣频率宜控制在50~100Hz,偏心轴转速调节到2500~3500r/min。经振捣棒组振实的混凝土,宜使用振动板振动提浆,并密实饰面,提浆厚度宜控制在(4±1)mm。

4)整平饰面

振捣后应及时整平和精光,可采用抹平板和往复式滚筒。往复式整平滚筒前的混凝土堆积物应涌向横坡高的一侧,保证路面横坡高端有足够的料找平。在整平过程中应及时清理因整平推挤到路面边缘的余料,以保证整平精度和整平机械顺利作业。整平后要及时精平饰面,其施工要求与三辊轴施工方式相同。

4. 碾压混凝土面层施工

碾压混凝土施工技术是采用特干硬性水泥混凝土拌和物,使用沥青摊铺机摊铺、压路机械碾压密实成形的混凝土路面施工工艺。

碾压铺筑施工工序为:碾压混凝土拌和→运输→卸入沥青摊铺机→沥青摊铺机摊铺→打入拉杆→钢轮压路机初压→振动压路机复压→轮胎压路机终压→抗滑构造处理→养生→切缝→填缝→养护→开放交通。

5. 滑模机械铺筑

滑模铺筑采用滑模摊铺机铺筑混凝土路面的施工工艺。其特征是不架设边缘固定模板,能够一次完成布料摊铺、振捣密实、挤压成形、抹面修饰等混凝土路面摊铺功能。

1)施工机械

高速公路、一级公路施工,宜选配能一次摊铺2~3个车道宽度(7.5~12.5m)的滑模摊铺机;二级及二级以下公路路面的最小摊铺宽度不得小于单车道设计宽度。硬路肩的摊铺宜选配中、小型多功能滑模摊铺机,并宜连体一次摊铺路缘石。滑模摊铺机可按表11-19的基本技术参数选择。

滑模摊铺路面时选择的施工机械,应与滑模摊铺进度相适应。滑模摊铺系统机械配套宜符合表11-20的要求。

滑模摊铺机的基本技术参数　　　　表11-19

项目	发动机功率(kW)	摊铺宽度(m)	摊铺厚度(mm)	摊铺速度(m/min)	空驶速度(m/min)	行走速度(m/min)	履带数(个)	整机自重(t)
三车道滑模摊铺机	200~300	12.5~16.0	0~500	0~3	0~5	0~15	4	57~135
双车道滑模摊铺机	150~200	3.6~9.7	0~500	0~3	0~5	0~18	2~4	22~50
多功能单车道滑模摊铺机	70~150	2.5~6.0	0~400 护栏高度 800~1900	0~3	0~9	0~15	2,3,4	12~27
路缘石滑模摊铺机	≤80	<2.5	<450	0~5	0~9	0~10	2,3	≤10

滑模摊铺机施工主要机械和机具配套 表11-20

工作内容	主要施工机械设备	
	名称	机型及规格
钢筋加工	钢筋锯断机、折弯机、电焊机	根据需要定规格和数量
测量	水准仪、经纬仪、全站仪	根据需要定规格和数量
基准线	基准线、线桩及紧线器	300个桩、5个紧线器、3000m基准线
搅拌	强制式搅拌楼	≥50(m^3/h),数量由计算确定
	装载机	2~3m^3
	发电机	≥120kW
	供水泵和蓄水池	≥250m^3
运输	运输车	4~6m^3 数量由匹配计算确定
	自卸车	4~24m^3 数量由匹配计算确定
摊铺	布料机、挖掘机、吊车等布料设备	根据需要定规格和数量
	滑模摊铺机1台	技术参数见表11-19
	手持振捣棒、整平梁、模板	根据人工施工接头需要定
抗滑	拉毛养生机*1台	与滑模摊铺机同宽
	人工拉毛齿耙、工作桥	根据需要定规格和数量
	硬刻槽机* 刻槽宽度≥500mm,功率≥7.5kW	数量与摊铺进度匹配
切缝	软锯缝机	根据需要定规格和数量
	常规锯缝机或支架锯缝机	根据需要定规格和数量
	移动发电机	12~60kW,数量由施工需要定
磨平	水磨石磨机	需要处理欠平整部位时
灌缝	灌缝机或插胶条工具	根据需要定规格和数量
养生	压力式喷洒机或喷雾器	根据需要定规格和数量
	工地运输车	4~6t,按需要定数量
	洒水车	4.5~8t,按需要定数量

注:*可按装备、投资、施工方式等不同要求选配。

2)基准线设置

滑模摊铺混凝土路面的施工应设置基准线。基准线设置形式有单向坡双线式、单向坡单线式和双向坡双线式三种。基准线宽度除应保证摊铺宽度外,尚应满足两侧650~1000mm横向支距的要求。基准线桩纵向间距:直线段不应大于10m,竖、平曲线路段视曲线半径大小应加密布置,最小2.5m。线桩固定时,基层顶面到夹线臂的高度宜为450~750mm。基准线桩夹线臂夹口到桩的水平距离宜为300mm。基准线桩应钉牢固。单根基准线的最大长度不宜大于450m。基准线拉力不应小于1000N。基准线的设置精确度应符合表11-21规定。

基准线设置精确度要求 表11-21

项目	中线平面偏位(mm)	路面宽度偏差(mm)	面板厚度(mm)		纵断高程偏差(mm)	横坡偏差(%)	连续纵缝高差(mm)
			代表值	极值			
规定值	≤10	≤±15	≥-3	≥-8	±5	±0.10	±1.5

注:在基准线上单车道一个横断面测3点、双车道测5点测定板厚,其平均值为该断面平均板厚。断面平均板厚不应薄于其代表值;极小值不应薄于极值。每200m测10个断面,其值为该路段平均板厚,路段平均板厚不应小于设计板厚。不满足上述要求,不得摊铺面板。

3) 摊铺准备

基层、封层表面及履带行走部位应清扫干净。摊铺面板位置应洒水湿润,但不得积水。横向连接摊铺时,前次摊铺路面纵缝的溜肩胀宽部位应切割顺直。侧边拉杆应校正扳直,缺少的拉杆应钻孔锚固植入。纵向施工缝的上半部缝壁应满涂沥青。

4) 布料

滑模摊铺机前的正常料位高度应在螺旋布料器叶片最高点以下,也不得缺料。卸料、布料应与摊铺速度相协调。当坍落度在 10~50mm 时,布料松铺系数宜控制在 1.08~1.15。布料机与滑模摊铺机之间施工距离宜控制在 5~10m。摊铺钢筋混凝土路面、桥面或搭板时,严禁任何机械开上钢筋网。

5) 滑模摊铺机的施工参数设定及校准

振捣棒下缘位置应在挤压板最低点以上,振捣棒的横向间距不宜大于 450mm,均匀排列;两侧最边缘振捣棒与摊铺边沿距离不宜大于 250mm。挤压底板前倾角宜设置为 3°左右。提浆夯板位置宜在挤压底板前缘以下 5~10mm。两边缘超铺高程根据拌和物稠度宜在 3~8mm 间调整。搓平梁前沿宜调整到与挤压板后沿高程相同,搓平梁的后沿比挤压底板后沿低 1~2mm,并与路面高程相同。滑模摊铺机首次摊铺路面,应挂线对其铺筑位置、几何参数和机架水平度进行调整和校准,正确无误后,方可开始摊铺。在开始摊铺的 5m 内,应在铺筑行进中对摊铺出的路面高程、边缘厚度、中线、横坡度等参数进行复核测量。

6) 铺筑作业技术要领

(1) 操作滑模摊铺机应缓慢、匀速、连续不间断地作业。严禁料多追赶,然后随意停机等待,间歇摊铺。摊铺速度应根据拌和物稠度、供料多少和设备性能控制在 0.5~3.0m/min,一般宜控制在 1m/min 左右。拌和物稠度发生变化时,应先调振捣频率,后改变摊铺速度。

(2) 应随时调整松方高度板控制进料位置,开始时宜略设高些,以保证进料。正常摊铺时应保持振捣仓内料位高于振捣棒 100mm 左右,料位高低上下波动宜控制在 ±30mm 之内。

(3) 正常摊铺时,振捣频率可在 6000~11000r/min 调整,宜采用 9000r/min 左右。应防止混凝土过振、欠振或漏振。应根据混凝土的稠度大小,随时调整摊铺的振捣频率或速度。摊铺机起步时,应先开启振捣棒振捣 2~3min,再缓慢平稳推进。摊铺机脱离混凝土后,应立即关闭振捣棒组。

(4) 滑模摊铺机满负荷时可铺筑的路面最大纵坡为:上坡 5%;下坡 6%。上坡时,挤压底板前仰角宜适当调小,并适当调轻抹平板压力;下坡时,前仰角宜适当调大,并适当调大抹平板压力。板底不小于 3/4 长度接触路表面时抹平板压力适宜。

(5) 滑模摊铺机施工的最小弯道半径不应小于 50m;最大超高横坡不宜大于 7%。

(6) 单车道摊铺时,应视路面设计要求配置一侧或双侧打纵缝拉杆的机械装置。2 个以上车道摊铺时,除侧向打拉杆的装置外,还应在假纵缝位置配置拉杆自动插入装置。

(7) 软拉抗滑构造时表面砂浆层厚度宜控制在 4mm 左右,硬刻槽路面的砂浆表层厚度宜控制在 2~3mm。

(8) 养护 5~7d 后,方允许摊铺相邻车道。

7) 滑模摊铺中出现的问题处理

(1) 摊铺中应经常检查振捣棒的工作情况和位置。路面出现麻面或拉裂现象时,必须停机检查或更换振捣棒。摊铺后,路面上出现发亮的砂浆条带时,必须调高振捣棒位置,使其底缘在挤压底板的后缘高度以上。

(2)摊铺宽度大于7.5m时,若左右两侧拌和物稠度不一致,摊铺速度应按偏干一侧设置,并应将偏稀一侧的振捣棒频率迅速调小。

(3)应通过调整拌和物稠度、停机待料时间、挤压底板前仰角、起步及摊铺速度等措施控制和消除横向拉裂现象。

(4)摊铺中的滑模摊铺机停机等料最长时间超过当时气温下混凝土初凝时间的4/5时,应将滑模摊铺机迅速开出摊铺工作面,并做施工缝。

(5)滑模摊铺结束后,必须及时清洗滑模摊铺机,进行当日保养等。并宜在第二天硬切横向施工缝,也可当天软作施工横缝。应丢弃端部的混凝土和摊铺机振动仓内遗留下的纯砂浆,两侧模板应向内收进20~40mm,收口长度宜比滑模摊铺机侧模板略长。施工缝部位应设置传力杆,并应满足路面平整度、高程、横坡和板长要求。

6.拆模模板及其架设与拆除

1)模板技术要求

公路混凝土路面板、桥面板和加铺层的施工模板应采用刚度足够的槽钢、轨模或钢制边侧模板。模板的精确度应符合表11-22的规定。钢模板的高度应为面板设计厚度,模板长度宜为3~5m。需设置拉杆时,模板应设拉杆插入孔。

模板(加工矫正)允许偏差　　　　　表11-22

施工方式	高度偏差 (mm)	局部变形 (mm)	垂直边夹角 (°)	顶面平整度 (mm)	侧面平整度 (mm)	纵向变形 (mm)
三辊轴机组	±1	±2	90±2	±1	±2	±2
轨道摊铺机	±1	±2	90±1	±1	±2	±1
小型机具	±2	±3	90±3	±2	±3	±3

2)模板安装

(1)支模前在基层上应进行模板安装及摊铺位置的测量放样,每20m应设中心桩;每100m宜布设临时水准点;核对路面高程、面板分块、胀缝和构造物位置。测量放样的质量要求和允许偏差应符合相应规范的规定。

(2)纵横曲线路段应采用短模板,每块模板中点应安装在曲线切点上。

(3)轨道摊铺应采用长度为3m的专用钢制轨模,轨模底面宽度宜为高度的80%轨道用螺栓、垫片固定在模板支座上,模板应使用钢钎与基层固定。

(4)模板应安装稳固、顺直、平整,无扭曲,相邻模板连接应紧密平顺,不得有底部漏浆、前后错茬、高低错台等现象。模板应能承受摊铺、振实、整平设备的负载行进、冲击和振动时不发生位移。严禁在基层上挖槽,嵌入安装模板。

(5)模板安装检验合格后,与混凝土拌和物接触的表面应涂脱模剂或隔离剂;接头应粘贴胶带或塑料薄膜等密封。模板安装完毕,应经过测量人员使用与设计板厚相同的测板作全断面检验,其安装精确度应符合表11-23的规定。

3)拆模

当混凝土抗压强度不小于8.0MPa方可拆模。当缺乏强度实测数据时,边侧模板的允许最早拆模时间宜符合表11-24的规定。达不到要求,不能拆除端模时,可空出一块面板,重新起头摊铺,空出的面板待两端均可拆模后再补做。

模板安装精确度要求　　表 11-23

检测项目＼施工方式		三辊轴机组	轨道摊铺机	小型机具
平面偏位(mm),≤		10	5	15
摊铺宽度偏差(mm),≤		10	5	15
面板厚度(mm),≥	代表值	-3	-3	-4
	极值	-8	-8	-9
纵断高程偏差(mm)		±5	±5	±10
横坡偏差(%)		±0.10	±0.10	±0.20
相邻板高差(mm),≤		1	1	2
顶面接茬 3m 尺平整度(mm),≤		1.5	1	2
模板接缝宽度(mm),≤		3	2	3
侧向垂直度(mm),≤		3	2	4
纵向顺直度(mm),≤		3	2	4

混凝土路面板的允许最早拆模时间(h)　　表 11-24

昼夜平均气温(℃)	-5	0	5	10	15	20	25	≥30
硅酸盐水泥、R 型水泥	240	120	60	36	34	28	24	18
道路、普通硅酸盐水泥	360	168	72	48	36	30	24	18
矿渣硅酸盐水泥	—	—	120	60	50	45	36	24

注:允许最早拆侧模时间从混凝土面板精整成型后开始计算。

四、施工过程中质量控制

施工质量的控制、管理与检查应贯穿整个施工过程,应对每个施工环节严格控制把关,对出现的问题,立即进行纠正直至停工整顿。

二级及其以上公路混凝土路面工程,使用滑模、轨道、碾压、三辊轴机组机械施工时,在正式摊铺混凝土路面前,必须铺筑试验路段。试验路段长度不应短于 200m,高速公路、一级公路宜在主线路面以外进行试铺。路面厚度、摊铺宽度、接缝设置、钢筋设置等均应与实际工程相同。

(1)试验路段分为试拌及试铺两个阶段,通过试验路段应达到以下目的:

①通过试拌检验搅拌楼性能及确定合理搅拌工艺,检验适宜摊铺的搅拌楼拌和参数:上料速度,拌和容量,搅拌均匀所需时间,新拌混凝土坍落度、振动黏度系数、含气量、泌水性、VC 值和生产使用的混凝土配合比等。

②通过试铺检验主要机械的性能和生产能力,检验辅助施工机械组配合理性,检验路面摊铺工艺和质量。模板架设固定方式或基准线设置方式,摊铺机械(具)的适宜工作参数包括:松铺高度、摊铺速度、振捣时间与频率、滚压遍数、碾压遍数、压实度、中间和侧向拉杆置入情况等。检验整套施工工艺流程。

③使工程技术及工作人员熟悉并掌握各自的操作要领。

④按施工工艺要求检验施工组织形式和人员编制。

⑤建立混凝土原材料、拌和物、路面铺筑全套技术性能检验手段,熟悉检验方法。

试铺中,施工人员应认真做好记录,监理工程师或质监部门应监督检查试验段的施工质量,及时与施工单位商定并解决问题。试验段铺筑后,施工单位应提出试验路段总结报告,上报监理和业主批复,取得正式开工认可。

(2)原材料及拌和物的质量控制

混凝土路面铺筑必须得到正式开工令后方可开工。在混凝土铺筑过程中应按规定的项目和频率对原材料、混凝土拌和物进行检验。检验的项目和频度为:原材料应按表11-9规定进行;拌和物应按表11-12规定进行;混凝土路面应按表11-25规定进行。

混凝土路面的检验项目、方法和频度　　　　表11-25

项次	检查项目	检验方法和频度	
		高速公路、一级公路	其他公路
1	弯拉强度	每班留2~4组试件,日进度<500m取2组;≥500m取3组;≥1000m取4组,测f_{cs}、f_{min}、C_v	每班留2~3组试件,日进度<500m取1组;≥500m取2组;≥1000m取3组,测f_{cs}、f_{min}、C_v
	钻芯劈裂强度	每车道每3km钻取1个芯样,硬路肩为1个车道,测平均f_{cs}、f_{min}、C_v、板厚h	每车道每3km钻取1个芯样,硬路肩为1个车道,测平均f_{cs}、f_{min}、C_v、板厚h
2	板厚度	路面摊铺宽度内每100m左右各2处,连接摊铺每100m单边1处,参考芯样	路面摊铺宽度内每100m左右各1处,连接摊铺每100m单边1处,参考芯样
3	3m直尺平整度	每半幅车道100m²处10尺	每半幅车道200m²处10尺
	动态平整度	所有车道连续检测	所有车道连续检测
4	抗滑构造深度	铺砂法:每幅200m²处	铺砂法:每幅200m 1处
5	相邻板高差	尺测:每200m纵横缝2条,每条3处	尺测:每200m纵横缝2条,每条2处
6	连接摊铺纵缝高差	尺测:每200m纵向工作缝,每条3处,每处间隔2m 3尺,共9尺	尺测:每200m纵向工作缝,每条2处,每处间隔2m 3尺,共9尺
7	接缝顺直度	20m拉线测:每200m 6条	20m拉线测:每200m 4条
8	中心平面偏位	经纬仪:每200m 6点	经纬仪:每200m 4点
9	路面宽度	尺测:每200m 6处	尺测:每200m 4处
10	纵断高程	水准仪:每200m 6点	水准仪:每200m 4点
11	横坡度	水准仪:每200m 6个断面	水准仪:每200m 4个断面
12	断板率	断板面板块占总块数比例	断板面板块占总块数比例
13	脱皮裂纹露石缺边掉角	量实际面积,并计算与总面积比	量实际面积,并计算与总面积比
14	路缘石顺直度和高度	20m拉线测:每200m 4处	20m拉线测:每200m 2处
15	灌缝饱满度	尺测:每200m接缝测6处	尺测:每200m接缝测4处
16	切缝深度	尺测:每200m 6处	尺测:每200m 4处
17	胀缝表面缺陷	每条观察填缝及啃边断角	每条观察填缝及啃边断角
18	胀缝板连浆	每条胀缝板安装时测量	每条胀缝板安装时测量
	胀缝板倾斜	尺测:每块胀缝板每条两侧	尺测:每块胀缝板每条两侧
	胀缝板弯曲和位移	尺测:每块胀缝板每条3处	尺测:每块胀缝板每条3处
19	传力杆偏斜	钢筋保护层仪:每车道4根	钢筋保护层仪:每车道3根

任务实施

能按规范要求进行混凝土的拌和及运输、混凝土路面的铺筑,并能进行混凝土路面施工过程质量控制。

复习思考题

1. 简述混凝土拌和及运输的相关技术要求。
2. 简述混凝土路面铺筑技术要求。
3. 简述混凝土路面施工过程质量控制。

任务三 水泥混凝土路面接缝施工技术

知识目标

1. 掌握混凝土路面接缝的构造与布置。
2. 掌握混凝土路面接缝施工技术要求。

能力目标

1. 能识读混凝土路面接缝的构造与布置。
2. 能按规范要求进行混凝土路面接缝施工。
3. 能进行混凝土路面抗滑构造施工及混凝土路面的养生。

一、接缝的构造

水泥混凝土路面的接缝可分为横向接缝和纵向接缝。

横向接缝是垂直于行车方向的接缝,共有:缩缝、胀缝和施工缝三种。缩缝保证板因温度和湿度的降低而收缩时沿该薄弱断面缩裂,从而避免产生不规则裂缝。胀缝是保证板在温度升高时能部分伸张,从而避免产生路面板在热天的拱胀和折断破坏,同时胀缝也能起到缩缝的作用。每日施工结束或因临时原因中断施工时,必须设置横向施工缝,其位置尽可能选在缩缝或胀缝处。

纵向接缝是指平行于路面行车方向的接缝,包括施工缝和缩缝。

1. 横缝的构造与布置

1)胀缝的构造

在邻近桥梁或其他固定构造物处,或者与其他道路相交处,应设置横向胀缝。胀缝条数应根据膨胀量大小设置。胀缝宽宜为20~25mm,缝内应设置填缝板和可滑动的传力杆。胀缝的构造如图11-1所示。

传力杆应采用光圆钢筋。横向缩缝传力杆的尺寸、间距和要求与胀缝相同,可按表11-26选用。最外侧传力杆距纵向接缝或自由边的距离宜为150~250mm。

2)缩缝的构造

横向缩缝可等间距或变间距布置,应采用假缝形式。极重、特重和重交通荷载公路的横向缩缝,中等和轻交通荷载公路邻近胀缝或自由端部的 3 条横向缩缝,收费广场的横向缩缝,应采用设传力杆假缝形式,其构造如图 11-2a)所示。其他情况可采用不设传力杆假缝形式,其构造如图 11-2b)所示。传力杆的设置不应妨碍相邻混凝土板的自由伸缩,钢筋表面应作防锈处理。

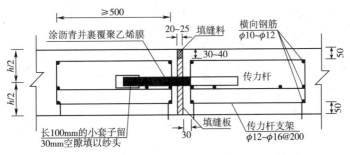

图 11-1 胀缝构造(尺寸单位:mm)

传力杆尺寸和间距(mm)　　　　　　　　　　　　　　　表 11-26

面层厚度	传力杆直径	传力杆最小长度	传力杆最大间距
220	28	400	300
240	30	400	300
260	32	450	300
280	32 ~ 34	450	300
≥300	34 ~ 36	500	300

横向缩缝顶部应锯切槽口,设置传力杆时槽口深度宜为面层厚度的 1/4 ~ 1/3,不设置传力杆时槽口深度宜为面层厚度的 1/5 ~ 1/4。槽口宽度应根据施工条件、填缝料性能等因素而定,宽度宜为 3 ~ 8mm 槽内应填塞填缝料。二级及二级以下公路的槽口可一次锯切成型。高速和一级公路槽口宜二次锯切成型,在第一次锯切缝的上部宜增设宽 7 ~ 10mm 的浅槽口,槽口下部应设置背衬垫条,上部应用填缝料灌填,其构造如图 11-3 所示。

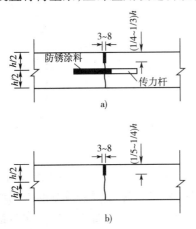

图 11-2 横向缩缝构造(尺寸单位:mm)
a)设传力杆假缝型;b)不设传力杆假缝型

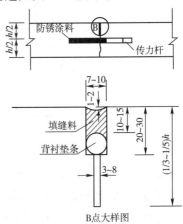

图 11-3 二次锯切槽口构造(尺寸单位:mm)

3)施工缝的构造

每日施工结束或因临时原因中断施工时,必须设置横向施工缝,其位置宜选在缩缝或胀缝

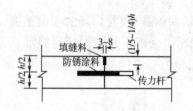

图 11-4 横向施工缝构造(尺寸单位:mm)

处。设在缩缝处的施工缝,应采用加传力杆的平缝形式,其构造如图 11-4 所示;设在胀缝处的施工缝,其构造应与胀缝相同,如图 11-1 所示。

传力杆应采用光面钢筋。其尺寸和间距可按表 11-27 选用。最外侧传力杆距纵向接缝或自由边的距离为 150~250mm。

传力杆尺寸和间距　　　　　　　　　表 11-27

面层厚度(mm)	传力杆直径(mm)	传力杆最小长度(mm)	传力杆最大间距(mm)
220	28	400	300
240	30	400	300
260	32	450	300
280	35	450	300
300	38	500	300

4)横缝的布置

横向接缝的间距(即板长)应按面层类型和厚度选定。普通水泥混凝土面层宜为 4~6m,面层板的长宽比不宜超过 1.35,平面面积不宜大于 25m²。碾压混凝土或钢纤维混凝土面层宜为 6~10m。钢筋混凝土面层宜为 6~15m,面层板的长宽比不宜超过 2.5,平面面积不宜大于 45m²。

2. 纵缝的构造与布置

纵向接缝的布设应视路面总宽度、行车道及硬路肩宽度以及施工铺筑宽度而定。

1)纵向施工缝

一次铺筑宽度小于路面宽度时,应设置纵向施工缝。纵向施工缝应采用设拉杆平缝形式,上部应锯切槽口,深度宜为 30~40mm,宽度宜为 3~8mm,槽内应灌塞填缝料。其构造如图 11-5a)所示。

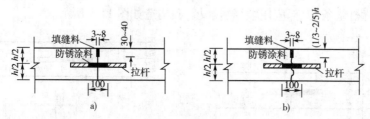

图 11-5 纵缝构造(尺寸单位:mm)
a)纵向施工缝;b)纵向缩缝

2)纵向缩缝

一次铺筑宽度大于 4.5m 时,应设置纵向缩缝。纵向缩缝应采用设拉杆假缝形式,锯切的槽口深度应大于施工缝的槽口深度。采用粒料基层时,槽口深度应为板厚的采用半刚性基层时,槽口深度应为板厚的 2/5。其构造如图 11-5b)所示。碾压混凝土面层一次摊铺宽度大于 7.5m 时,应设置纵向缩缝,缩缝构造如图 11-5b)所示;钢纤维混凝土面层在摊铺宽度小于 7.5m 时,可不设纵向缩缝。

行车道路面与混凝土硬路肩之间的纵向接缝必须设置拉杆。纵缝应与路线中线平行。在路面等宽的路段内或路面变宽路段的等宽部分,纵缝的间距和形式应保持一致。路面变宽段的加宽部分与等宽部分之间,应以纵向施工缝隔开。加宽板在变宽段起终点处的宽度不应小于1m。

纵向接缝在板厚的中央设置拉杆,拉杆应采用螺纹钢筋,设在板厚中央,并应对拉杆中部100mm范围内进行防锈处理。拉杆的直径、长度和间距可参照表11-28选用。施工布设时,拉杆间距应根据横向接缝的实际位置予以调整,最外侧的拉杆距横向接缝的距离不得小于100mm。

拉杆直径、长度和间距　　　　表11-28

面层厚度 (mm)	到自由边或未设拉杆纵缝的距离(m)					
	3.00	3.50	3.75	4.50	6.00	7.5
200~250	14×700×900	14×700×800	14×700×700	14×700×600	14×700×500	14×700×400
≥260	16×800×800	16×800×700	16×800×600	16×800×500	16×800×400	16×800×300

注:拉杆直径、长度和间距的数字为直径×长度×间距。

连续配筋混凝土面层的纵缝拉杆可由板内横向钢筋延伸穿过接缝代替。

纵向接缝的间距(即板宽)宜在3.0~4.5m范围内选用,这对行车和施工都比较方便。当双车道路面按全幅宽度施工时,纵缝可做成假缝形式。

3. 交叉口接缝布设

两条道路正交时,各条道路宜保持本身纵缝的连贯,而相交路段内各条道路的横缝位置应按相对道路的纵缝间距作相应变动,保证两条道路的纵横缝垂直相交,互不错位。两条道路斜交时,主要道路宜保持纵缝的连贯,而相交路段内的横缝位置应按次要道路的纵缝间距作相应变动,保证与次要道路的纵缝相连接。相交道路弯道加宽部分的接缝布置,应不出现或少出现错缝和锐角板。当出现错缝、锐角板时,宜加设防裂钢筋和角隅补强钢筋。

在次要道路弯道加宽段起终点断面处的横向接缝,应采用胀缝形式。膨胀量大时,应在直线段连续布置2~3条胀缝。

4. 端部处理

混凝土路面与桥涵、通道及隧道等固定构造物相衔接的胀缝无法设置传力杆时,可在毗邻构造物的板端部内配置双层钢筋网,或在长度为6~10倍板厚的范围内逐渐将板厚增加20%,如图11-6所示。

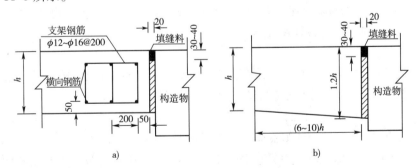

图11-6　邻近构造物胀缝构造(尺寸单位:mm)

二、钢筋布置

1. 边缘钢筋

普通混凝土面层基础薄弱的自由边缘、接缝为未设传力杆的平缝、主线与匝道相接处或与其他类型路面相接处,可在面层边缘的下部配置钢筋。可选用2根直径为12～16mm的螺纹钢筋,置于面层底面之上1/4厚度处并不小于50mm,间距为100mm,钢筋两端向上弯起,如图11-7所示。

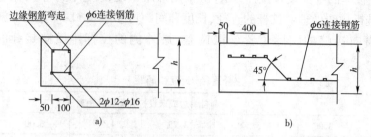

图 11-7 边缘钢筋布置(尺寸单位:mm)
a)横向剖面;b)纵向剖面

2. 角隅钢筋

承受极重、特重或重交通的水泥混凝土面层的胀缝、施工缝和自由边的角隅以及承受极重交通的水泥混凝土面层缩缝的角隅,宜配置角隅钢筋。可选用2根直径为12～16mm的螺纹钢筋,置于面层上部,距顶面不小于50mm,距边缘为100mm,如图11-8所示。

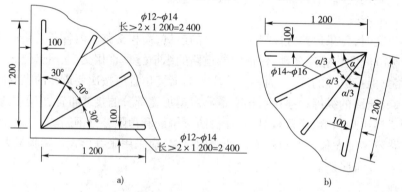

图 11-8 角隅钢筋布置(尺寸单位:mm)

三、接缝施工

接缝是混凝土路面的薄弱环节,接缝施工质量不高,会引起板的各种损坏,并影响行车的舒适性。因此,应特别认真地做好接缝施工。

1. 纵缝施工

小型机具施工时,按一个车道的宽度(3.75～4.5m)一次施工,纵向施工缝一般采用平缝加拉杆或企口缝加拉杆的形式。纵向假缝一般也应设置拉杆。

(1)纵向施工缝拉杆可采用三种方式设置。第一种是在模板上设孔,立模后在浇筑混凝土之前将拉杆穿在孔内,这种方式缺点是拆模板较困难。第二种是把拉杆弯成直角形,立模后用铁丝将其一半绑在模板上,另一半浇在混凝土内,拆模后将露在已浇筑混凝土侧面上的拉杆弯直。第三种方式是采用带螺栓的拉杆,一半拉杆用支架固定在基层上,拆模后另一半带螺栓接头的拉杆同埋在已浇筑混凝土内的半根拉杆相接。

(2)当一次摊铺宽度大于4.5m时,应采用假缝拉杆型纵缝。纵向缩(假)缝施工应预先将拉杆采用门形式固定在基层上,或用拉杆置放机在施工时置入。假缝顶面缝槽用切缝机切缝,缝宽为3～8mm,深为1/4～1/5板厚,使混凝土在收缩时能从此缝向下规则开裂,防止因切缝深度不足引起不规则裂缝。

2. 横缝

1）缩缝

横向缩缝可采用在混凝土凝结后（碎石混凝土抗压强度达到6.2~12.0MPa，砾石混凝土达到9.0~12.0MPa）切缝或在混凝土铺筑时压缝的方式修筑。压缝法施工方法是：当混凝土混合料做面后，应立即用振动压缝刀压缝。当压至规定深度时，应提出压缝刀，用原浆修平缝槽，严禁另外调浆。然后，应放入铁制或木制嵌条，再次修平缝槽，待混凝土混合料初凝前泌水后，取出嵌条，形成缝槽。由于切缝可以得到质量比压缝好的缩缝，因此，应尽量采用这种方式。特别是高等级公路必须采用切缝法。其施工工艺为：

（1）切缝前应检查电源、水源及切缝机组试运转的情况，切缝机刀片应与机身中心线成90°角，并应与切缝线在同一直线上。

（2）开始切缝前，应调整刀片的进刀深度，切割时应随时调整刀片切割方向。停止切缝时，应先关闭旋扭开关，将刀片提升到混凝土板面上，停止运转。

（3）切缝时刀片冷却用水的压力不应低于0.2MPa。同时应防止切缝水渗入基层和土基。

（4）当混凝土强度达到设计强度的25%~30%，即可进行切割，当气温突变时，应适当提早切缝时间，或每隔20~40m先割一条缝，以防因温度应力产生不规则裂缝。应严禁一条缝分两次切割的操作方法。

（5）切缝后，应尽快灌注填缝料。

这里应指出的是，切割时间要特别注意掌握好，切得过早，由于混凝土的强度不足，会引起粗集从砂浆中脱落，而不能切出整齐的缝。切得过迟，则混凝土由于温度下降和水分减少而产生的收缩因板长而受阻，导致收缩应力超出其抗拉强度而在非预定位置出现早期裂缝。合适的切割时间应控制在混凝土获得足够的强度，而收缩应力并未超出其强度的范围内时。它随混凝土的组成和性质（集料类型、水泥类型和含量、水灰比等），施工时的气候等因素而变化。施工技术人员须依据经验并进行试切后决定。表11-29为大致的切缝时间范围。

经验切缝时间　　　　　　　　　　表11-29

昼夜平均温度 （℃）	常规施工方法 （h）	真空脱水作业 （h）	昼夜平均温度 （℃）	常规施工方法 （h）	真空脱水作业 （h）
5	45~50	40~45	20	18~21	12~15
10	30~45	25~30	25	15~18	8~11
15	22~26	18~23	30	13~15	5~7

2）胀缝

胀缝应与路中心线垂直，缝壁必须垂直，缝隙宽度必须一致，缝中不得连浆。缝隙下部设胀缝板，上部灌胀缝填缝料。传力杆的活动端，可设在缝的一边或交错布置，固守后的传力杆必须平行于板面及路面中心线，其误差不得大于5mm，传力杆的固定，可采用顶头木模固定或支架固定安装两种方法。

（1）顶头木模固定传力杆安装方法。宜用于混凝土板不连续浇筑时设置的胀缝。传力杆长度的一半应穿过端头挡板，固定于外侧定位模板中，混凝土拌和物浇筑前应检查传力杆位置，浇筑时应先摊铺下层混凝土拌和物，并用插入式振捣器振实，并应在校正传力杆位置后，再浇筑上层混凝土拌和物。浇筑卸板时应拆除顶头木模，并应设置胀缝板、木制嵌条和传力杆套管。

（2）支架固定传力杆安装方法。宜用于混凝土板连续浇筑时设置的胀缝。传力杆长度的一半应穿过胀缝板和端头挡板，并应用钢筋支架固定就位，浇筑时应先检查传力杆位置，再在胀缝两侧摊铺混凝土拌和物至板面，振捣密实后，抽出端头挡板，空隙部分填补混凝土拌和物，并用插入式振捣器振实。

近年来，人们在施工中对该方法做了一些改进。其做法是：预先设置好胀缝板和传力杆支架，并预留好滑动空间，为保证胀缝施工的平整度以及施工的连续性，胀缝板以上的混凝土硬化后用切缝机按胀缝的宽度切两条线，待填料时，将胀缝板以上的混凝土凿去，这种方法，对保证胀缝施工质量特别有效。

3）施工缝

施工缝宜设设于胀缝或缩缝处，多车道施工缝应避免设在同一横断面上。施工缝如设于缩缝处，板中应增设传力杆，其一半锚固于混凝土中，另一半应先涂沥青，允许滑动。传力杆必须与缝壁垂直。

3. 接缝填封

混凝土板养护期满后应及时填封接缝。填缝前必须保持缝内清洁，防止砂石等杂物掉入缝内。常用的填缝方法有灌入式和预制嵌缝条填缝两种。

四、抗滑构造施工

抗滑构造深度应均匀，不损坏构造边棱，耐磨抗冻，不影响路面和桥面的平整度。摊铺完毕或精整平表面后，洒水湿润后作拉毛处理。当日施工进度超过500m时，抗滑沟槽制作宜选用拉毛机械施工，没有拉毛机时，可采用人工拉槽方式。在混凝土表面泌水完20～30min 内应及时进行拉槽。拉槽深度应为2～4mm，槽宽3～5mm，槽间距15～25mm。可施工等间距或非等间距抗滑槽，为减小噪声，宜使用后者。衔接间距应保持一致。

特重和重交通混凝土路面宜采用硬刻槽，为降低噪声宜采用非等间距刻槽，尺寸宜为：槽深3～5mm，槽宽3mm，槽间距在12～24mm 随机调整。路面结冰地区，硬刻槽的形状宜使用上宽6mm 下窄3mm 的梯形槽；硬刻槽机质量宜重不宜轻，一次刻槽最小宽度不应小于500mm，硬刻槽时不应掉边角，也不得中途抬起或改变方向，并保证硬刻槽到面板边缘。抗压强度达到40%后可开始硬刻槽，并宜在两周内完成。硬刻槽后应随即将路面冲洗干净，并恢复路面的养生。

五、混凝土路面养生

混凝土路面铺筑完成或软作抗滑构造完毕后应立即开始养生。机械摊铺的各种混凝土路面、桥面及搭板宜采用喷洒养生剂同时保湿覆盖的方式养生。在雨天或养生用水充足的情况下，也可采用覆盖保湿膜、土工毡、土工布、麻袋、草袋、草帘等洒水湿养生方式，不宜使用围水养生方式。

混凝土路面采用喷洒养生剂养生时，喷洒应均匀、成膜厚度应足以形成完全密闭水分的薄膜，喷洒后的表面不得有颜色差异。喷洒时间宜在表面混凝土泌水完毕后进行。喷洒高度宜控制在0.5～1m。使用一级品养生剂时，最小喷洒剂量不得少于0.30kg/m²；合格品的最小喷洒剂量不得少于0.35kg/m²。不得使用易被雨水冲刷掉的和对混凝土强度、表面耐磨性有影响的养生剂。当喷洒一种养生剂达不到90%以上有效保水率要求时，可采用两种养生剂各喷洒一层或喷一层养生剂再加覆盖的方法。

覆盖塑料薄膜养生的初始时间,以不压坏细观抗滑构造为准。薄膜厚度(韧度)应合适,宽度应大于覆盖面600mm。两条薄膜对接时,搭接宽度不应小于400mm,养生期间应始终保持薄膜完整盖满。

宜使用保湿膜、土工毡、土工布、麻袋、草袋、草帘等覆盖物保湿养生并及时洒水,保持混凝土表面始终处于潮湿状态,并由此确定每天的洒水遍数。昼夜温差大于10℃以上的地区或日平均温度小于等于5℃施工的混凝土路面应采取保温保湿养生措施。

养生时间应根据混凝土弯拉强度增长情况而定,不宜小于设计弯拉强度的80%,应特别注重前7d的保湿(温)养生。一般养生天数宜为14~21d,高温天不宜少于14d,低温天不宜少于21d。掺粉煤灰的混凝土路面,最短养生时间不宜少于28d,低温天应适当延长。

混凝土板养生初期,严禁人、畜、车辆通行,在达到设计强度40%后,行人方可通行。在路面养生期间,平交道口应搭建临时便桥。面板达到设计弯拉强度后,方可开放交通。

任务实施

1. 能识读混凝土路面接缝的构造与布置。
2. 能按规范要求进行混凝土路面接缝施工。
3. 能进行混凝土路面抗滑构造施工及混凝土路面的养生。

复习思考题

1. 简述混凝土路面接缝的构造与布置。
2. 简述混凝土路面接缝施工技术要求。
3. 简述接缝的类型及功能。

项目十二 路面工程质量检验与评定

任务一 路面工程质量检验一般规定

1. 掌握路面工程质量检验的一般规定。
2. 掌握路面工程单位、分部、分项工程划分。

1. 能进行路面工程质量检验与评定。
2. 能进行路面工程单位、分部、分项工程划分。

一、路面工程质量检验一般规定

(1)路面工程的实测项目规定值或允许偏差按高速公路、一级公路和其他公路(指二级及二级以下公路)两档设定。对于在设计和合同文件中提高技术要求的二级公路,其工程质量检验评定按设计和合同的要求进行,但不应高于高速公路、一级公路的检验评定标准。

(2)路面工程实测项目规定的检查频率为双车道公路每一检查段内的检查频率(按 m^2 或 m^3 或工作班设定的检查频率除外),多车道公路的路面各结构层均须按其车道与双车道之比,相应增加检查数量。

(3)各类基层和底基层压实度代表值(平均值的下置信界限)不得小于规定代表值,单点不得小于规定极值。小于规定代表值2%的测点,应按其占总检查点数的百分率计算合格率。

(4)垫层的质量要求同相同材料的其他公路的底基层;联结层的质量要求同相应的基层或面层;中级路面的质量要求同相同材料的其他公路的基层。

(5)路面表层平整度检查测定以自动或半自动的平整度仪为主,全线每车道连续测定按每100m输出结果计算合格率。采用3m直尺测定路面各结构层平整度时,以最大间隙作为指标,按尺数计算合格率。

(6)路面表层渗水系数宜在路面成型后立即测定。

(7)路面各结构层厚度按代表值和单点合格值设定允许偏差。当代表值偏差超过规定值时,该分项工程评为不合格;当代表值偏差满足要求时,按单个检查值的偏差不超过单点合格值的测点数计算合格率。

(8)材料要求和配比控制列入各节基本要求,可通过检查施工单位、工程监理单位的资料进行评定。

(9)水泥混凝土上加铺沥青面层的复合式路面,两种结构均需进行检查评定。其中,水泥混凝土路面结构不检查抗滑构造,平整度可按相应等级公路的标准;沥青面层不检查弯沉。

(10)路面基层完工后应按时浇洒透层油或铺筑下封层,透层油透入深度不小于5mm,不得使用透入能力差的材料做透层油。对封层、黏层和透层油的浇洒要求同沥青表面处治层中基本规定。

二、路面工程单位、分部、分项工程划分

现行《评定标准》是对公路工程质量进行管理、监控和验收的法规性技术文件,是检验评定公路工程质量和等级的标准尺度。该标准对路基单位工程中分部和分项的划分内容详见表12-1。

路基单位工程中分部工程和分项工程的划分　　　　　表12-1

单位工程	分部工程	分项工程
路面工程 (每10km或每标段)	路面工程(1~3km路段)	底基层、基层*、面层*、垫层、联结层、路缘石、人行道、路肩、路面边缘排水系统

注:①表内标注*号者为主要工程,评分时给以2的权值;不带*号者为一般工程,权值为1。
　　②按路段长度划分的分部工程,高速公路、一级公路宜取低值,二级及二级以下公路可取高值。

任务实施

1.能进行路面工程质量检验与评定。
2.能进行路面工程单位、分部、分项工程划分。

复习思考题

1.简述路面工程质量检验的一般规定。
2.简述路面工程单位、分部、分项工程划分。

任务二　路面工程质量检验与评定

知识目标

1.掌握路面基层、底基层检验内容。
2.掌握路面层检验内容。
3.掌握压实度、弯沉、强度、厚度等的评定方法。

能力目标

1.能进行路面基层、底基层检验与评定。
2.能进行路面层检验与评定。
3.能进行压实度、弯沉、强度、厚度等检验与评定。

一、路面基层与底基层检验内容

1. 稳定类基层和底基层实测项目
1) 水泥土基层和底基层
(1) 基本要求
①土的性能应符合设计要求，土块要进行粉碎。
②水泥用量按设计要求控制准确。
③路拌深度要达到层底。
④混合料处于最佳含水率状况下，用重型压路机碾压至要求的压实度。从加水拌和到碾压终了的时间不应超过 3~4h，并应小于水泥的终凝时间。
⑤碾压检查合格后立即覆盖或洒水养生，养生期要符合规范要求。
(2) 实测项目
水泥土基层和底基层实测项目见表 12-2。

水泥土基层和底基层实测项目　　　　表 12-2

项次	检查项目		规定值或容许偏差				检查方法和频率	权值
			基 层		底 基 层			
			高速公路、一级公路	其他公路	高速公路、一级公路	其他公路		
1	压实度(%)	代表值	—	95	95	93	按附录 B 检查，每 200m 每车道 2 处	3
		极值	—	91	91	89		
2	平整度(mm)		—	12	12	15	3m 直尺：每 200m 测 2 处×10 尺	2
3	纵断高程(mm)		—	+5, -15	+5, -15	+5, -20	水准仪：每 200m 测 4 个断面	1
4	宽度(mm)		符合设计要求		符合设计要求		尺量：每 200m 测 4 处	1
5	厚度(mm)	代表值	—	-10	-10	-12	按附录 H 检查，每 200m 每车道 1 点	2
		合格值	—	-20	-25	-30		
6	横坡(%)		—	±0.5	±0.3	±0.5	水准仪：每 200m 测 4 个断面	1
7	强度(MPa)		符合设计要求		符合设计要求		按附录 G 检查	3

(3) 外观鉴定
①表面平整密实、无坑洼。不符合要求时，每处减 1~2 分。
②施工接茬平整、稳定。不符合要求时，每处减 1~2 分。
2) 水泥稳定粒料基层和底基层
(1) 基本要求
①粒料应符合设计和施工规范要求，并应根据当地料源选择质坚干净的粒料，矿渣应分解稳定，未分解的渣块应予剔除。
②水泥用量和矿料级配按设计控制准确。
③路拌深度要达到层底。
④摊铺时要注意消除离析现象。
⑤混合料处于最佳含水率状况下，用重型压路机碾压至要求的压实度，从加水拌和到碾压终了的时间不应超过 3~4h，并应小于水泥的终凝时间。
⑥碾压检查合格后立即覆盖或洒水养生，养生期要符合规范要求。

(2)实测项目

水泥稳定粒料基层和底基层实测项目见表12-3。

水泥稳定粒料基层和底基层实测项目　　　　表12-3

项次	检查项目		规定值或容许偏差				检查方法和频率	权值
			基层		底基层			
			高速公路、一级公路	其他公路	高速公路、一级公路	其他公路		
1	压实度(%)	代表值	98	97	96	95	按附录B检查,每200m每车道2处	3
		极值	94	93	92	91		
2	平整度(mm)		8	12	12	15	3m直尺;每200m测2处×10尺	2
3	纵断高程(mm)		+5,-10	+5,-15	+5,-15	+5,-20	水准仪:每200m测4个断面	1
4	宽度(mm)		符合设计要求		符合设计要求		尺量:每200m测4处	1
5	厚度(mm)	代表值	-8	-10	-10	-12	按附录H检查,每200m每车道1点	3
		合格值	-15	-20	-25	-30		
6	横坡(%)		±0.3	±0.5	±0.3	±0.5	水准仪:每200m测4个断面	1
7	强度(MPa)		符合设计要求		符合设计要求		按附录G检查	3

(3)外观鉴定

①表面平整密实、无坑洼、无明显离析。不符合要求时,每处减1~2分。

②施工接茬平整、稳定。不符合要求时,每处减1~2分。

3)石灰土基层和底基层

(1)基本要求

①土质应符合设计要求,土块要进行粉碎。

②石灰质量应符合设计要求,块灰须经充分消解才能使用。

③石灰和土的用量按设计要求控制准确,未消解生石灰块必须剔除。

④路拌深度要达到层底。

⑤混合料处于最佳含水率状况下,用重型压路机碾压至要求的压实度。

⑥保湿养生,养生期要符合规范要求。

(2)实测项目

石灰土基层和底基层实测项目见表12-4。

(3)外观鉴定

①表面平整密实、无坑洼。不符合要求时,每处减1~2分。

②施工接茬平整、稳定。不符合要求时,每处减1~2分。

4)石灰稳定粒料基层和底基层

(1)基本要求

①粒料应符合设计和施工规范要求,矿渣应分解稳定后才能使用。

②石灰质量应符合设计要求,块灰须经充分消解才能使用。

③石灰的用量按设计要求控制准确,未消解的生石灰块必须剔除。

④路拌深度要达到层底。

⑤混合料处于最佳含水率状况下,用重型压路机碾压至要求的压实度。

⑥保湿养生,养生期要符合规范要求。

石灰土基层和底基层实测项目 表12-4

项次	检查项目		规定值或容许偏差				检查方法和频率	权值
			基 层		底 基 层			
			高速公路、一级公路	其他公路	高速公路、一级公路	其他公路		
1	压实度(%)	代表值	—	95	95	93	按附录B检查,每200m每车道2处	3
		极值		91	91	89		
2	平整度(mm)		—	12	12	15	3m直尺:每200m测2处×10尺	2
3	纵断高程(mm)		—	+5,-15	+5,-15	+5,-20	水准仪:每200m测4个断面	1
4	宽度(mm)		符合设计要求		符合设计要求		尺量:每200m测4处	1
5	厚度(mm)	代表值	—	-10	-10	-12	按附录H检查,每200m每车道1点	2
		合格值		-20	-25	-30		
6	横坡(%)		—	±0.5	±0.3	±0.5	水准仪:每200m测4个断面	1
7	强度(MPa)		符合设计要求		符合设计要求		按附录G检查	3

(2)实测项目

石灰稳定粒料基层和底基层实测项目见表12-5。

石灰稳定粒料基层和底基层实测项目 表12-5

项次	检查项目		规定值或容许偏差				检查方法和频率	权值
			基 层		底 基 层			
			高速公路、一级公路	其他公路	高速公路、一级公路	其他公路		
1	压实度(%)	代表值	—	97	96	95	按附录B检查,每200m每车道2处	3
		极值		93	92	91		
2	平整度(mm)		—	12	12	15	3m直尺:每200m测2处×10尺	2
3	纵断高程(mm)		—	+5,-15	+5,-15	+5,-20	水准仪:每200m测4个断面	1
4	宽度(mm)		符合设计要求		符合设计要求		尺量:每200m测4处	1
5	厚度(mm)	代表值	—	-10	-10	-12	按附录H检查,每200m每车道1点	2
		合格值		-20	-25	-30		
6	横坡(%)		—	±0.5	±0.3	±0.5	水准仪:每200m测4个断面	1
7	强度(MPa)		符合设计要求		符合设计要求		按附录G检查	3

(3)外观鉴定

①表面平整密实、无坑洼。不符合要求时,每处减1~2分。

②施工接茬平整、稳定。不符合要求时,每处减1~2分。

5)石灰、粉煤灰土基层和底基层

(1)基本要求

①土质应符合设计要求,土块要进行粉碎。

②石灰和粉煤灰质量应符合设计要求,石灰须经充分消解才能使用。

③混合料配合比应准确,不得含有灰团和生石灰块。

④碾压时应先用轻型压路机稳压,后用重型压路机碾压至要求的压实度。

⑤保湿养生,养生期要符合规范要求。

(2)实测项目

石灰、粉煤灰土基层和底基层实测项目见表12-6。

石灰、粉煤灰土基层和底基层实测项目　　　　表12-6

项次	检查项目		规定值或允许偏差				检查方法和频率	权值
			基 层		底基层			
			高速公路、一级公路	其他公路	高速公路、一级公路	其他公路		
1	压实度(%)	代表值	—	95	95	93	按附录B检查,每200m每车道2处	3
		极值	—	91	91	89		
2	平整度(mm)		—	12	12	15	3m直尺:每200m测2处×10尺	2
3	纵断高程(mm)		—	+5,-15	+5,-15	+5,-20	水准仪:每200m测4个断面	1
4	宽度(mm)		符合设计要求		符合设计要求		尺量:每200m测4处	1
5	厚度(mm)	代表值	—	-10	-10	-12	按附录H检查,每200m每车道1点	2
		合格值	—	-20	-25	-30		
6	横坡(%)		—	±0.5	±0.3	±0.5	水准仪:每200m测4个断面	1
7	强度(MPa)		符合设计要求		符合设计要求		按附录G检查	3

(3)外观鉴定

①表面平整密实、无坑洼。不符合要求时,每处减1~2分。

②施工接茬平整、稳定。不符合要求时,每处减1~2分。

6)石灰、粉煤灰稳定粒料基层和底基层

(1)基本要求

①粒料应符合设计和施工规范要求,并应根据当地料源选择质坚干净的粒料。矿渣应分解稳定,未分解的渣块应予剔除。

②石灰和粉煤灰质量应符合设计要求,石灰须经充分消解才能使用。

③混合料配合比应准确,不得含有灰团和生石灰块。

④摊铺时要注意消除离析现象。

⑤碾压时应先用轻型压路机稳压,后用重型压路机碾压至要求的压实度。

⑥保湿养生,养生期要符合规范要求。

(2)实测项目

石灰、粉煤灰稳定粒料基层和底基层实测项目见表12-7。

(3)外观鉴定

①表面平整密实、无坑洼、无明显离析。不符合要求时,每处减1~2分。

②施工接茬平整、稳定。不符合要求时,每处减1~2分。

2.粒料类基层和底基层实测项目

1)级配碎(砾)石基层和底基层

(1)基本要求

①选用质地坚韧、无杂质碎石、砂砾、石屑或砂,级配应符合要求。

石灰、粉煤灰稳定粒料基层和底基层实测项目　　　　　　　　　表12-7

项次	检查项目		规定值或容许偏差				检查方法和频率	权值
			基层		底基层			
			高速公路、一级公路	其他公路	高速公路、一级公路	其他公路		
1	压实度(%)	代表值	98	97	96	95	按附录B检查,每200m每车道2处	3
		极值	94	93	92	91		
2	平整度(mm)		8	12	12	15	3m直尺:每200m测2处×10尺	2
3	纵断高程(mm)		+5, -10	+5, -15	+5, -15	+5, -20	水准仪:每200m测4个断面	1
4	宽度(mm)		符合设计要求		符合设计要求		尺量:每200m测4处	1
5	厚度(mm)	代表值	-8	-10	-10	-12	按附录H检查,每200m每车道1点	2
		合格值	-15	-20	-25	-30		
6	横坡(%)		±0.3	±0.5	±0.3	±0.5	水准仪:每200m测4个断面	1
7	强度(MPa)		符合设计要求		符合设计要求		按附录G检查	3

②配料必须准确,塑性指数必须符合规定。
③混合料拌和均匀,无明显离析现象。
④碾压应遵循先轻后重的原则,洒水碾压至要求的密实度。

(2)实测项目

级配碎(砾)石基层和底基层实测项目见表12-8。

级配碎(砾)石基层和底基层实测项目　　　　　　　　　表12-8

项次	检查项目		规定值或容许偏差				检查方法和频率	权值
			基层		底基层			
			高速公路、一级公路	其他公路	高速公路、一级公路	其他公路		
1	压实度(%)	代表值	98	98	96	96	按附录B检查,每200m每车道2处	3
		极值	94	94	92	92		
2	弯沉值(0.01mm)		符合设计要求		符合设计要求		按附录I检查	3
3	平整度(mm)		8	12	12	15	3m直尺:每200m测2处×10尺	2
4	纵断高程(mm)		+5, -10	+5, -15	+5, -15	+5, -20	水准仪:每200m测4个断面	1
5	宽度(mm)		符合设计要求		符合设计要求		尺量:每200m测4处	1
6	厚度(mm)	代表值	-8	-10	-10	-12	按附录H检查,每200m每车道1点	2
		合格值	-15	-20	-25	-30		
7	横坡(%)		±0.3	±0.5	±0.3	±0.5	水准仪:每200m测4个断面	1

(3)外观鉴定

表面平整密实,边线整齐,无松散。不符合要求时,每处减1~2分。

2)填隙碎石(矿渣)基层和底基层

(1)基本要求

①粗粒料应为质坚、无杂质的轧制石料或分解稳定的轧制矿渣。填缝料为5mm以下的轧制细料或粗砂。

②应用振动压路机碾压,使填缝料填满粗粒料空隙。

(2)实测项目

填隙碎石(矿渣)基层和底基层实测项目见表12-9。

填隙碎石(矿渣)基层和底基层实测项目　　　　表12-9

项次	检查项目		规定值或容许偏差				检查方法和频率	权值
			基 层		底 基 层			
			高速公路、一级公路	其他公路	高速公路、一级公路	其他公路		
1	固体体积率(%)	代表值	—	85	85	83	灌砂法:每200m每车道2处	3
		极值	—	82	82	80		
2	弯沉值(0.01 mm)		符合设计要求		符合设计要求		按附录Ⅰ检查	2
3	平整度(mm)		—	12	12	15	3m直尺:每200m测2处×10尺	2
4	纵断高程(mm)		—	+5,-15	+5,-15	+5,-20	水准仪:每200m测4个断面	1
5	宽度(mm)		符合设计要求		符合设计要求		尺量:每200m测4处	1
6	厚度(mm)	代表值	—	-10	-10	-12	按附录H检查,每200m每车道1点	2
		合格值	—	-20	-25	-30		
7	横坡(%)		—	±0.5	±0.3	±0.5	水准仪:每200m测4个断面	1

(3)外观鉴定

表面平整密实,边线整齐,无松散现象。不符合要求时,每处减1~2分。

二、路面面层的检验内容

1.沥青混凝土面层和沥青碎(砾)石面层

1)基本要求

(1)沥青混合料的矿料质量及矿料级配应符合设计要求和施工规范的规定。

(2)严格控制各种矿料和沥青用量及各种材料和沥青混合料的加热温度,沥青材料及混合料的各项指标应符合设计和施工规范要求。沥青混合料的生产,每日应做抽提试验、马歇尔稳定度试验。矿料级配、沥青含量、马歇尔稳定度等结果的合格率应不小于90%。

(3)拌和后的沥青混合料应均匀一致,无花白,无粗细料分离和结团成块现象。

(4)基层必须碾压密实,表面干燥、清洁、无浮土,其平整度和路拱度应符合要求。

(5)摊铺时应严格控制摊铺厚度和平整度,避免离析,注意控制摊铺和碾压温度,碾压至要求的密实度。

2)实测项目

沥青混凝土面层和沥青碎(砾)石面层实测项目见表12-10。

3)外观鉴定

(1)表面应平整密实,不应有泛油、松散、裂缝和明显离析等现象。对于高速公路和一级公路,有上述缺陷的面积(凡属单条的裂缝,则按其实际长度乘以0.2m宽度,折算成面积)之和不得超过受检面积的0.03%,其他公路不得超过0.05%。不符合要求时每超过0.03%或0.05%减2分。半刚性基层的反射裂缝可不计作施工缺陷,但应及时进行灌缝处理。

沥青混凝土面层和沥青碎(砾)石面层实测项目　　表 12-10

项次	检验项目		规定值或允许偏差		检验方法和频率	权值
			高速公路、一级公路	其他公路		
1△	压实度(%)		试验室标准密度的96%（98%）；最大理论密度的92%（94%）；试验段密度的98%（99%）		按附录B检查，每200m测1处	3
2	平整度	σ(mm)	1.2	2.5	平整度仪：全线每车道连续按每100m计算IRI或σ	2
		IRI(m/km)	2.0	4.2		
		最大间隙 h(mm)	—	5	3m直尺：每200m测2处×10尺	
3	弯沉值(0.01m)		符合设计要求		按附录I检查	2
4	渗水系数		SMA路面200mL/min；其他沥青混凝土路面300mL/min	—	渗水试验仪：每200m测1处	2
5	抗滑	摩擦系数	符合设计要求	—	摆式仪：每200m测1处；横向力系数测定车：全线连续，按附录K评定	2
		构造深度			铺砂法：每200m测1处	
6	厚度(mm)	代表值	总厚度：-5%H 上面层：-10%h	-8%H	按附录H检查，双车道每200m测1处	3
		合格值	总厚度：-10%H 上面层：-20%h	-15%H		
7	中线平面偏位(mm)		20	30	经纬仪：每200m测4点	1
8	纵断高程(mm)		±15	±20	水准仪：每200m测4断面	1
9	宽度(mm)	有侧石	±20	±30	尺量：每200m测4断面	1
		无侧石	不小于设计	不小于设计		
10	横坡(%)		±0.3	±0.5	水准仪：每200m测4处	1

(2) 搭接处应紧密、平顺，烫缝不应枯焦。不符合要求时，累计每10m长减1分。

(3) 面层与路缘石及其他构筑物应密贴接顺，不得有积水或漏水现象。不符合要求时，每一处减 1~2 分。

2. 沥青贯入式面层及沥青表面处治面层(略)

3. 水泥混凝土面层

1) 基本要求

(1) 基层质量必须符合规定要求，并应进行弯沉测定，验算的基层整体模量应满足设计要求。

(2) 水泥强度、物理性能和化学成分应符合国家标准及有关规范的规定。

(3) 粗细集料、水、外掺剂及接缝填缝料应符合设计和施工规范要求。

(4) 施工配合比应根据现场测定水泥的实际强度进行计算，并经试验，选择采用最佳配合比。

(5)接缝的位置、规格、尺寸及传力杆、拉力杆的设置应符合设计要求。

(6)路面拉毛或机具压槽等抗滑措施,其构造深度应符合施工规范要求。

(7)面层与其他构造物相接应平顺,检查井井盖顶面高程应高于周边路面1~3mm。雨水口高程按设计比路面低5~8mm,路面边缘无积水现象。

(8)混凝土路面铺筑后按施工规范要求养生。

2)实测项目

水泥混凝土面层质量检验实测项目见表12-11。

水泥混凝土面层质量检验实测项目　　　　表12-11

项次	检验项目		规定值或容许偏差		检验方法和频率	权值
			高速公路、一级公路	其他公路		
1	弯拉强度(MPa)		在合格标准内		按附录C检查	3
2	厚度(mm)	代表值	−5		按附录H检查,每200m每车道2处	3
		合格值	−10			
3	平整度	σ(mm)	1.2	2.0	平整度仪:全线每车道连续检测,每100m计算IRI或σ	2
		IRI(m/km)	2.0	3.2		
		最大间隙h(mm)	—	5	3m直尺:半幅车道板带每200m测2处×10尺	
4	抗滑构造深度(mm)		一般路段不小于0.7且不大于1.1;特殊路段不小于0.8且不大于1.2	一般路段不小于0.5且不大于1.0;特殊路段不小于0.6且不大于1.1	铺砂法:每200m测1处	2
5	相邻板高差(mm)		总厚度:−5%H 上面层:−10%h	−8%H	抽量:每条胀缝2点;每200m抽纵、横缝各2条,每条2点	2
6	纵、横缝顺直度(mm)		10		纵缝20m拉线,每200m4处;横缝沿板宽拉线,每200m4条	1
7	中线平面偏位(mm)		20		经纬仪:每200m测4点	1
8	路面宽度(mm)		±20		抽量:每200m测4断面	1
9	纵断高程(mm)		±10	±15	水准仪:每200m测4断面	1
10	横坡(%)		±0.15	±0.25	水准仪:每200m测4处	1

3)外观鉴定

(1)混凝土板的断裂块数,高速公路和一级公路不得超过评定路段混凝土板总块数的0.2%,其他公路不得超过0.4%。不符合要求时每超过0.1%减2分。对于断裂板应采取适当措施予以处理。

(2)混凝土板表面的脱皮、印痕、裂纹和缺边掉角等病害现象,对于高速公路和一级公路,有上述缺陷的面积不得超过受检面积的0.2%,其他公路不得超过0.3%。不符合要求时每超过0.1%减2分。对于连续配筋的混凝土路面和钢筋混凝土路面,因干缩、温缩产生的裂缝,可不减分。

(3)路面侧石直顺、曲线圆滑,越位20mm以上者,每处减1~2分。

(4)接缝填筑饱满密实,不污染路面。不符合要求时,累计长度每100m减2分。

(5)胀缝有明显缺陷时,每条减 1~2 分。

三、路面工程主要实测项目的检验评定

1. 路面压实度评定

路面压实度以 1~3km 长的路段为检验评定单元,按要求的检测频率及方法进行现场压实度抽样检查,求算每一测点的压实度 K_i。

压实度的评定要点是:

①控制平均压实度的置信下限,以保证总体水平。

②规定单点极值不得超出给定值,防止局部隐患。

③规定扣分界限以区分质量优劣。

检验评定段的压实度代表值 K(算术平均值的下置信界限)为:

$$K = \bar{k} - t_\alpha S / \sqrt{N} \geq K_0 \tag{12-1}$$

式中:k——检验评定段内各测点压实度的平均值;

t_α——t 分布表中随各测点数和保证率(或置信度)而变的系数。高速、一级公路:基层、底基层为 99%,路基、路面面层为 95%;其他公路:基层、底基层为 95%,路基、路面面层为 90%;

S——检测值的均方差;

N——检测点数;

K_0——压实度标准值。

对于基层和底基层:当 $K \geq K_0$,且单点压实度 K_i 全部大于等于规定值减 2% 时,评定路段的压实度可得规定满分;当 $K \geq K_0$,且单点压实度全部大于等于规定极值时,对于测定值低于规定值减 2% 的测点,按其占总检查点数的百分率计算扣分值;当 $K < K_0$ 或某一单点压实度 K_i 小于规定极值时,该评定路段压实度为不及格,评为零分。

对于沥青面层:当 $K \geq K_0$,且单点压实度 K_i 全部大于等于规定值减 2% 时,评定路段的压实度合格率为 100%;当 $K \geq K_0$,且单点压实度 K_i 全部大于等于规定极值时,按测定值不低于规定值减 2% 的测点数计算合格率;当 $K < K_0$ 时,或某一单点压实度小于规定极值时,该评定路段的压实度为不合格,相应分项工程不合格。

2. 柔性基层、沥青路面弯沉值评定

弯沉值用贝克曼梁或自动弯沉仪测量。每一双车道评定路段(不超过 1km)检查 80~100 个点,多车道公路必须按车道数与双车道之比,相应增加测点。

(1)弯沉代表值用下式计算:

$$L_r = \bar{L} + Z_\alpha S \tag{12-2}$$

式中:L_r——一个评定路段的代表弯沉(0.01mm);

$\bar{L}$——一个评定路段内经各项修正后的各测点弯沉的平均值(0.01mm);

S——一个评定路段内经各项修正后的全部测点弯沉的标准差(0.01mm);

Z_α——与保证率有关的系数。当设计弯沉值按《公路沥青路面设计规范》(JTG D50—2006)确定时,采用表 12-12 中的规定值。

(2)当路基和柔性基层、底基层的弯沉代表值不符合要求时,可将超出计算平均值和标准差时,应将超出 $\bar{l} \pm (2~3)Z_\alpha S$ 的弯沉特异值舍弃,重新计算平均值和标准差。对舍弃的弯沉值大于的点,应找出其周边界限,进行局部处理。

保证率系数 表12-12

层 位	Z_α	
	高速公路、一级公路	二、三级公路
沥青面层	0.645	1.5
路基	2.0	1.645

用两台弯沉仪同时进行左右轮弯沉值测定时,应按两个独立的测点计,不能采用左右两点的平均值。

(3)弯沉代表值大于设计要求的弯沉值时相应分项工程不合格。若在非不利季节测定时,应考虑季节影响系数。

3. 半刚性基层和底基层材料强度评定

半刚性基层和底基层材料强度,以规定温度下饱水养生6d、浸水1d后的7d无测限抗压强度为准。

在现场按规定频率取样,按工地预定达到的压实度制备试件。每2000m²或每个工作班制备一组试件:不论稳定细粒土、中粒土或粗粒土,当多次偏差系数$C_V \leq 10\%$时,可为6个试件;$C_V = 10\% \sim 15\%$时,可为9个试件;$C_V > 15\%$时,可为13个试件。

(1)试件的平均强度$\overline{R}$应满足下式要求:

$$\overline{R} \geq R_d / (1 - Z_\alpha C_V) \tag{12-3}$$

式中:R_d——设计抗压强度(MPa);

C_V——试验结果的偏差系数(以小数计);

Z_α——标准正态分布表中随保证率而变的系数。

(2)高速公路、一级公路:保证率为95%,$Z_\alpha = 1.645$;其他公路:保证率为90%,$Z_\alpha = 1.282$。

(3)评定路段内半刚性材料强度评为不合格时相应分项工程不合格。

4. 路面结构层厚度评定

评定路段内路面结构层厚度按代表值和单个合格值得允许偏差进行评定。厚度代表值为厚度的算术平均值的下置信界限值,即:

$$X_L = \overline{X} - t_\alpha S / \sqrt{n} \tag{12-4}$$

式中:X_L——厚度代表值;

$\overline{X}$——厚度平均值;

S——标准差;

n——检测点数;

t_α——t分布表中随测点数和保证率而变的系数,可查表。采用的保证率:高速公路、一级公路:基层、底基层为99%;面层为95%。其他公路:基层、底基层为95%;面层为90%。

当厚度代表值大于等于设计厚度减去代表值允许偏差时,则按单个检查值的偏差不超过单点合格值来计算合格率;当厚度代表值小于设计厚度减去代表值允许偏差时,相应分项工程评为不合格。

沥青面层一般按沥青铺筑层总厚度进行评定,高速公路和一级公路分2~3层铺筑时还应进行上面层厚度的检查和评定。

任务实施

1. 能进行路面基层、底基层检验与评定。
2. 能进行路面层检验与评定。
3. 能进行路肩及路缘石检验与评定。
4. 能进行压实度、弯沉、强度、厚度等检验与评定。

复习思考题

1. 简述路面基层、底基层检验内容。
2. 简述路面层检验内容。
3. 简述压实度、弯沉、强度、厚度等的评定方法。

参 考 文 献

[1] 中华人民共和国行业标准.JTG B01—2003　公路工程技术标准[S].北京:人民交通出版社,2003.
[2] 中华人民共和国行业标准.JTG C10—2007　公路勘测规范.北京:人民交通出版社,2007.
[3] 中华人民共和国行业标准.JTJ 041—2000　公路桥涵施工技术规范.北京:人民交通出版社,2000.
[4] 中华人民共和国行业标准.JTG F80/1—2004　公路工程质量检验评定标准.北京:人民交通出版社,2004.
[5] 中华人民共和国行业标准.JTG D20—2006　公路路线设计规范[S].北京:人民交通出版社,2006.
[6] 中华人民共和国行业标准.JTG D30—2004　公路路基设计规范[S].北京:人民交通出版社,2004.
[7] 中华人民共和国行业标准.JTG D40—2011　公路水泥混凝土路面设计规范[S].北京:人民交通出版社,2011.
[8] 中华人民共和国行业标准.JTG D50—2006　公路沥青路面设计规范[S].北京:人民交通出版社,2006.
[9] 中华人民共和国行业标准.JTG/T D33—2012　公路排水设计规范[S].北京:人民交通出版社,2012.
[10] 中华人民共和国行业标准.JTG E40—2007　公路土工试验规程[S].北京:人民交通出版社,2007.
[11] 中华人民共和国行业标准.JTG E20—2011　公路工程沥青及沥青混合料试验规程[S].北京:人民交通出版社,2011.
[12] 中华人民共和国行业标准.JTG E30—2005　公路工程水泥及水泥混凝土试验规程[S].北京:人民交通出版社,2005.
[13] 中华人民共和国行业标准.JTG F10—2006　公路路基施工技术规范[S].北京:人民交通出版社,2006.
[14] 中华人民共和国行业标准.JTJ 034—2000　公路路面基层施工技术规范[S].北京:人民交通出版社,2000.
[15] 中华人民共和国行业标准.JTG F40—2004　公路沥青路面施工技术规范[S].北京:人民交通出版社,2004.
[16] 杨松林.测量学[M].北京:中国铁道出版社,2008.
[17] 刘培文.公路施工测量技术[M].北京:人民交通出版社,2006.
[18] 李仕东.工程测量[M].北京:人民交通出版社,2002.
[19] 潘威,等.公路工程实用施工放样技术[M].北京:人民交通出版社,2004.
[20] 马真安,阿巴克力.工程测量实训指导[M].北京:人民交通出版社,2005.
[21] 俞高明.公路施工技术[M].北京:人民交通出版社,2002.
[22] 苏建林.公路施工技术[M].北京:人民交通出版社,2002.
[23] 王常才.桥涵施工技术[M].北京:人民交通出版社,2002.

[24] 刘自明,王邦楣. 桥梁工程检测手册[M]. 北京:人民交通出版社,2001.
[25] 交通部第一公路工程局. 公路施工手册. 桥涵(上、下册)[M]. 北京:人民交通出版社,1985.
[26] 钟孝顺. 测量学[M]. 北京:人民交通出版社,2011.
[27] 王文锐,秦建平. 公路工程实用测设技术[M]. 北京:人民交通出版社,2011.
[28] 周小安. 公路测量[M]. 北京:人民交通出版社,2000.
[29] 王治明. 公路快速测设[M]. 北京:人民交通出版社,1999.
[30] 张坤宜. 交通土木工程测量[M]. 北京:人民交通出版社,2008.
[31] 王秉纲,张起森. 路面(公路施工手册)[M]. 北京:人民交通出版社,2008.